H. Mottek

Die Krisen und die Entwicklung des Kapitalismus

Hans Mottek

Die Krisen und die Entwicklung des Kapitalismus

Akademie-Verlag · Berlin 1982

Dem Andenken meines Freundes Bruno Kaiser

Erschienen im Akademie-Verlag, DDR-1086 Berlin, Leipziger Str. 3—4
Lektor: Leon Beyer

Lizenznummer: 202 · 100/104/82
Gesamtherstellung: VEB Druckerei „Thomas Müntzer", 5820 Bad Langensalza
Bestellnummer: 7538852 (6600)
Printed in the GDR
DDR 16,50 M

Inhalt

Vorwort

Das Ziel des vorliegenden Buches ist, den historischen Reproduktionsprozeß des Kapitalismus unter dem Krisenaspekt zu analysieren. Das Abstraktionsniveau wird dabei von Stufe zu Stufe gesenkt, so daß die Darstellung schließlich in einen kurzen geschichtlichen Abriß einmündet.

Diese angegebene Zielstellung schloß aus, eine Darstellung der verschiedenen Krisentheorien zu geben oder gar eine Auseinandersetzung mit ihnen zu führen. Sie schloß aber auch eine umfassende Erörterung der Geschichte der Krisen und eine eingehende Betrachtung der aktuellen Probleme des Kapitalismus unter dem Krisenaspekt aus.

Letzteres ist eine Aufgabe, der sich der Verfasser in Zukunft stellen will. Dabei kann auch auf Fragen zum Beispiel nach dem unterschiedlichen Verlauf der Zyklen in kapitalistischen Ländern und der Rolle der multinationalen Konzerne eingegangen werden. Die Hintergründe und Wirkungen der kapitalistischen Integration und einzelne Formen der antizyklischen staatsmonopolistischen Regulierung sind unter einer solchen Zielstellung ebenfalls abzuhandeln.

Gegenwärtig sind in der kapitalistischen Welt auf dem Boden der allgemeinen Krise Überproduktionskrisen mit Währungskrisen verflochten, zur „Energiekrise" tritt eine moralische Krise — und alles zusammen wird von entspannungsfeindlichen Kräften ausgenutzt, reaktionäre Ideologien in Ökonomie und Politik zu verbreiten. Den historischen Reproduktionsprozeß des Kapitalismus unter dem Krisenaspekt zu analysieren, heißt daher auch, Impulse für den Kampf um einen fortschrittlichen Weg aus der allgemeinen Krise des Kapitalismus zu geben.

Abschließend möchte ich dem Verlag für seine Unterstützung und Dr. sc. Otto Bittmann für die Durchsicht des gesetzten Manuskriptes danken. Mein persönlicher Dank gilt meiner Frau, die mir bei der Untersuchung der schwierigen Krisenprobleme zur Seite stand.

Berlin, Januar 1982 — Hans Mottek

Erklärung einiger Symbole

Y Produktion, gemessen nach laufenden Goldpreisen

y Produktion, gemessen nach konstanten Preisen, oder:
Gesamtvolumen der Produktion, gemessen nach unveränderlichen Preisen eines Basisjahres

y_w Produktion, gemessen nach ihrem Wert, oder:
Goldwert der Gesamtproduktion

Z Summe aller Käufe, oder:
Gesamtnachfrage

$\mathring{Z}$ Für die Realisierung der Produktion notwendige Nachfrage

$\bar{Z}$ Durch Realisierung der Warenproduktion im vorangehenden Zeitabschnitt entstehendes Nachfragepotential

$\overset{\square}{Z}$ Die für das Zustandekommen der Produktion notwendigen Ausgaben

Y_i Sektor der Investitionsgüterproduktion

Y_k Sektor der Konsumgüterindustrie

U Zusammenfassung der Potentiale (u_1—u_4), oder:
Gesamtheit der antizyklischen Faktoren

u_1 Vorrat technischer Fortschritte, die bereits ökonomisch erprobt, bisher aber noch nicht breit genutzt werden

u_2 Industrielle Reservearmee

u_3 Überschüssige Vorräte und Kapazitäten im Rohstoffsektor

u_4 Überschüssige Geldfonds

m_r Als Revenue verwendeter Teil des Mehrwerts

m_a Zur Akkumulation verwendeter Teil des Mehrwerts

KAPITEL 1

Die Merkmale der zyklischen Krisen

Selbst der oberflächlichste Beobachter der wirtschaftlichen Ereignisse im 19. Jahrhundert stößt, auch wenn er über keinerlei theoretische Kenntnisse verfügt, auf die Tatsache, daß es immer wieder periodische Rückschläge in der damaligen kapitalistischen Entwicklung gegeben hat. Er muß weiterhin feststellen, daß die zeitgenössischen Beobachter, auch wenn sie dem Kapitalismus keineswegs kritisch gegenüberstanden, sich nicht scheuten, einen solchen Rückschlag oder zumindest seinen Beginn mit dem Ausdruck „Krise“ zu bezeichnen, ganz im Gegensatz zu den heutigen Beobachtern im Lager des Kapitalismus, die weitgehend das Wort „Krise“ vermeiden und es durch weniger bedrohlich klingende Ausdrücke, wie Depression oder Rezession, zu ersetzen suchen. Allein die Marxisten haben an der Bezeichnung Krise mit Recht festgehalten, und zwar aus der Überzeugung, daß diese periodischen oder, wie man auch allgemein sagt, zyklischen Störungen die tiefen Widersprüche des Kapitalismus ausdrücken, daß sie immer wieder den Kapitalismus vor schwer zu lösende Probleme stellen, daß sie für den Klassenkampf von wesentlicher Bedeutung sind. Für die Marxisten sind diese sogenannten Rückschläge Marksteine eines irreversiblen Prozesses, der im Endergebnis zur revolutionären Beseitigung des Kapitalismus führt.

Die Feststellung, daß solche periodischen Rückschläge der ökonomischen Entwicklung den Charakter von Krisen haben, läßt aber noch die Frage offen, durch welche Erscheinungen, durch welche äußeren Merkmale diese Krisen gekennzeichnet sind. Die genaue Erfassung dieser Merkmale ist Voraussetzung für eine theoretische Analyse der Krisenprozesse. Sie ist auch wichtig, um die seit dem 19. Jahrhundert bekannten zyklischen Krisen von anderen zu unterscheiden, die seit dem ersten imperialistischen Weltkrieg an Bedeutung gewonnen haben. Es ist bei der Bezeichnung anderer Krisen nicht an die damals beginnende allgemeine Krise des Kapitalismus gedacht, welche ja eine lang andauernde, alle Sphären der Gesellschaft, also nicht nur die ökonomische Sphäre erfassende Krise ist, sondern es ist gedacht an akute ökonomische Krisen. So hat Eugen Varga von einer Unterproduktionskrise als Folge des 1. Weltkrieges gesprochen.[1]

[1] E. Varga, Die Lage der Weltwirtschaft und der Gang der Wirtschaftspolitik in den letzten drei Jahren, o. O. 1922, S. 5.

Obwohl die Frage der Unterproduktionskrisen bisher noch theoretisch wenig untersucht worden ist, können wir doch zunächst als Unterproduktionskrisen jede unmittelbar durch Vernichtung von Produktivkräften bzw. durch ihren niedrigen Stand hervorgerufene negative Störung betrachten, wobei der Unterschied zur zyklischen Krise keinesfalls nur in der fehlenden Periodizität liegt.

Wenn wir die Erscheinungen der zyklischen Krise genauer zu erfassen suchen, dann empfiehlt es sich, zunächst nur die Zeit des 19. Jahrhunderts sowie des 20. Jahrhunderts bis zu seiner Mitte zu betrachten und die Zeit danach zunächst auszulassen, und zwar deshalb, weil sich in der zweiten Hälfte des 20. Jahrhunderts die Krisenerscheinungen wesentlich geändert haben und sich auch die Merkmale der zyklischen Krisen vor der Mitte des 20. Jahrhunderts von denen z. B. der Unterproduktionskrise wesentlich leichter unterscheiden lassen als das später der Fall ist. Das bedeutet aber keinesfalls, daß die Krisenerscheinungen etwa vor der Mitte des 20. Jahrhunderts völlig gleichgeblieben sind, auch hier hat es einen Entwicklungsprozeß gegeben.

Ein allgemeines Merkmal aller zyklischen Krisen vor der Mitte des 20. Jahrhunderts war ein heftiger Abfall der Preise, insbesondere ein Fall der Großhandelspreise. Dabei war der Preisfall — und das ist zu betonen — keinesfalls beschränkt auf industrielle Erzeugnisse. Schon die erste grundlegende zyklische Krise von 1825 weist sowohl einen starken Abfall der Großhandelspreise für Industriewaren als auch der für landwirtschaftliche Produkte auf. Dasselbe läßt sich auch für die folgenden Krisen sagen. Der Fall der Warenpreise war zwar allgemein, aber natürlich nicht bei allen Krisen gleich stark ausgeprägt. Er blieb bis zur Mitte des 20. Jahrhunderts ein wesentliches Symptom der zyklischen Krise.

Der Preisfall hätte aber nicht als Krisenerscheinung angesehen werden können, wäre er durch eine mengenmäßige Steigerung des Produktionsvolumens ausgeglichen worden. Dem war aber keineswegs so. Ganz im Gegenteil: Es ist ein wesentliches Merkmal all dieser Krisen, daß der gesamte Warenumsatz zurückgeht bzw., wenn wir eine dem Umsatz entsprechende Bewegung in der Produktion annehmen, es also zu einer Abnahme der Produktion gemessen an laufenden Preisen kommt. Hierbei ist aber zu beachten, daß in jener Zeit der laufende Preis ein solches Quantum nomineller Geldeinheiten für eine bestimmte Mengeneinheit darstellte, bei der die nominelle Geldeinheit (Mark, Dollar, Franc, Pfund Sterling) einem für lange Zeit konstanten, genau bestimmten Quantum Edelmetall, vor allem Gold, gleich war. Unter den Bedingungen einer Goldwährung fiel also in der Krise die Produktion gemessen nach Gold, nach laufenden Goldpreisen.

Nun gibt es ja, wenn man auf die Feststellung der mengenmäßigen Bewegung der Produktion, also im Grunde des Gebrauchswertvolumens bedacht ist, gegen eine Messung dieser Bewegung durch die laufenden Goldpreise Bedenken, wobei wir für „Produktion, gemessen nach laufenden Goldpreisen“ das Symbol „Y“ einführen wollen. Gewiß ist durch die Verwendung des gemeinsamen Maßstabes

Gold die Addierung unterschiedlicher Gebrauchswerte, wie Weizen, Stahl, Kohle, Baumwolle, Baumwollgarn, sinnvoll möglich. Aber daß die quantitative Veränderung oder auch die Nichtveränderung des Produktionsvolumens dadurch nur sehr unvollkommen ausgedrückt werden wird, zeigt sich z. B. in dem Falle deutlich und in dem die Quanten aller produzierten Waren — also etwa Stahl, Eisen, Baumwollgewebe — völlig konstant blieben, ihre Preise aber in Gold um 20% stiegen und dann in Y eine entsprechende Steigerung gemessen würde. Also hier käme es, gemessen nach laufenden Goldpreisen, zu einer Steigerung bzw. Senkung der Produktion ohne irgendeine wirkliche mengenmäßige Bewegung. Der offensichtliche Grund für diese Erscheinung ist die Tatsache, daß das Preisniveau bei der Goldwährung zunächst einmal durch das Wertverhältnis zwischen der Goldware und anderen Waren bestimmt wird, wobei dieses Wertverhältnis aber keineswegs stabil ist. Hinzu kommt weiterhin, daß die Kaufkraft des Goldes, sein „Preis" um dieses Wertverhältnis schwankt. Deshalb lag der Versuch nahe zu einer solchen Messung, zu einer solchen Addition unterschiedlicher Gebrauchswerte zu gelangen, die von der Preisbewegung abstrahiert, und das Gesamtvolumen der Produktion nach unveränderlichen Preisen eines Basisjahres — wir wollen für dieses Volumen das Symbol „y" einführen — berechnet. Und tatsächlich wird heute diese Art der Messung des Produktionsvolumens weitgehend angewandt. Das hängt in den kapitalistischen Ländern mit dem Hervortreten des Wachstumsaspektes in den letzten Jahrzehnten zusammen, und zwar sowohl in der Wirtschaftspolitik als auch in der Wirtschaftstheorie; eine Folge des Wettbewerbes zwischen Sozialismus und Imperialismus, der zunehmenden staatsmonopolistischen Regulierung mit ihrem Bedarf nach „exakten" aggregierten Größen, sowie des Kampfes um den sozialökonomischen Weg, die gesellschaftliche Orientierung der schwach entwickelten, ehemaligen Kolonialländer. Vor allem aber hat sich die Messung der Produktion nach konstanten Preisen infolge der Auflösung der Goldwährung durchgesetzt; nunmehr verkörpern irgendwelche nominellen Geldeinheiten, wie Pfund oder Franc, nicht mehr wie früher für eine lange Zeit ein bestimmtes Quantum Gold. Auf der anderen Seite aber gibt es auch keine Grundlage für eine direkte Berechnung in Goldpreisen, da alle geschäftlichen Operationen in nominellen Geldeinheiten wie Dollar, Franc oder Mark durchgeführt und in diesen Medien auch die Schulden festgelegt und bezahlt werden müssen.

Wenn wir nun die Produktion nach konstanten Preisen — y — messen, so können wir in der ersten Hälfte des 20. Jahrhunderts einen bedeutenden Rückgang in der Krisenphase feststellen. Für das 19. Jahrhundert kommt aber der Wirtschaftshistoriker zu einer unwiderlegbaren Feststellung, die für den mit dem konkreten Verlauf der wirtschaftlichen Entwicklung des 19. Jahrhunderts nicht Vertrauten befremdlich erscheinen mag. Es läßt sich nämlich für diese Zeit ein erheblicher Rückgang von y, der Produktion gemessen nach konstanten Preisen, nicht feststellen. Das gilt sogar, wenn wir nur — was weitgehend üblich ist — die Industrieproduktion betrachten. Das gilt noch mehr, wenn wir die Gesamtproduktion abschätzen, bei der ja auch in den fortgeschrittensten kapitalistischen Ländern damals noch die Landwirtschaft eine wesentliche Rolle spielte, teilweise sogar bei weitem überwog. Und wir wissen, daß das mengenmäßige Volumen der landwirtschaftlichen Produktion während der akuten zyklischen Krisen nicht zurückging, sondern nur der Umfang der Investitionen. Teilweise haben wir bei der bäuerlichen Produktion sogar zeitweilig den umgekehrten Effekt, indem die sinkenden Preise die Bauern veranlaßten, mehr zu produzieren. Nur mit starker Zeitverzögerung, also als Späteffekt, zeigen sich negative Auswirkungen der Krisen auf das Wachstum der agrarischen Produktion.

Wenn aber auch im 19. Jahrhundert in der Krisenphase die Gesamtproduktion, gemessen an konstanten Preisen, also y, keineswegs absolut zurückging, so schloß das die große qualitative Bedeutung eines starken mengenmäßigen Rückgangs in einzelnen, vielleicht sogar führenden Zweigen der Industrie keineswegs aus.

Darüber hinaus ist aber auch als sicher anzunehmen, daß es insgesamt im 19. Jahrhundert während der Krisenphase zumindest zu einem prozentualen Rückgang des Zuwachses des Produktionsvolumens, also zu einer erheblichen Verminderung seines Wachstumstempos kam.

So hat die Tatsache, daß für die Krisen des 19. Jahrhunderts zum mindesten kein starker Rückgang des Produktionsvolumens y, ja nicht einmal der industriellen Produktion allein charakteristisch ist, zusammen mit den besseren Statistiken für die späteren Perioden dazu geführt, daß sich die Messungen und Modelle, insbesondere der amerikanischen Theoretiker und Statistiker, auf bestimmte Erscheinungsformen der Krisen im 20. Jahrhundert beschränken, daß sie von diesen Krisen ausgehen. In dieser Literatur ist es eben üblich, Krisen, zyklische Abfallsbewegungen, Depressionen oder Rezessionen nahezu ausschließlich durch den Rückgang der Produktion, gemessen an konstanten Preisen, zu charakterisieren. Man übersieht dabei aber, daß man die Krisenphänomene des 19. Jahrhunderts mit diesem Herangehen nicht deuten kann. Im 19. Jahrhundert begann man sich aber mit der Krisenphase, mit den zyklischen Krisen auseinanderzusetzen, im 19. Jahrhundert entstanden die ersten Krisentheorien, im 19. Jahrhundert und schon vor seinem letzten Drittel setzten sich Karl Marx und Friedrich Engels im Kommunistischen Manifest mit dem Phänomen der Krise auseinander. Eine Beschränkung auf das 20. Jahrhundert wäre gefährlich, weil gewisse Krisenerscheinungen der Gegenwart in mancher Beziehung mehr Ähnlichkeit mit Krisen des 19. Jahrhunderts haben, mehr Ähnlichkeit z. B. mit der bekannten Gründerkrise von 1873 als etwa mit der großen Weltwirtschaftskrise des 20. Jahrhunderts, der Krise von 1929. Diese Tatsache wird uns noch beschäftigen, wenn wir uns mit dem Verlauf des Zyklus auseinanderzusetzen haben.[2]

Wenn aber auch die Produktion, gemessen nach konstanten Preisen, im 19. Jahrhundert im Gegensatz zum 20. Jahrhundert in der Krisenphase jedenfalls nicht beträchtlich zurückging, sondern es im wesentlichen nur zu einem

[2] Vgl. insbesondere unten S. 111ff. sowie S. 159.

erheblichen relativen Rückgang der Produktion, zu einer Abnahme ihres prozentualen Wachstumstempos kam, so ging schon im 19. Jahrhundert die Produktion, gemessen an ihrem Wert — wir wollen ihn mit dem Symbol „w“ bezeichnen — zurück, d. h. die dafür aufgewandte gesellschaftliche Arbeit verminderte sich. Messen wir aber entsprechend den Hinweisen von Karl Marx den Wert nicht direkt in Arbeitsstunden, sondern an dem allgemeinen Äquivalent, dem Wertmesser Gold, so erscheint der Wert, der Umfang der gesellschaftlichen Gesamtarbeitszeit, in einem Goldquantum y_w. Jedoch war der Abfall von Y größer als der von y_w, d. h. die Produktion, gemessen an effektiven laufenden Goldpreisen, ging stärker zurück als die Produktion, gemessen mit Gold als Wertmesser, und zwar infolge der Steigerung der Kaufkraft des Goldgeldes, was nur eine andere Seite der Senkung des Preisniveaus ist, d. h. also der Erhöhung der Kaufkraft des Goldgeldes über den relativen Wert des Goldes im Vergleich zu den anderen Waren. Dieses Auseinanderfallen zwischen Goldwert der Gesamtproduktion y_w, also der Produktion gemessen am Wert des Goldes, und des Goldgeld-Preisniveaus aller Waren, also der Produktion gemessen an laufenden Goldgeldpreisen Y, ist überhaupt für die Wirtschaftsgeschichte des Kapitalismus charakteristisch und trat in jeder Krisenphase während der Herrschaft der Goldwährung auf. Dabei war und ist allerdings die Höhe von y_w kaum festzustellen. Das gilt jedoch nicht für die prozentuale Veränderung der Größe von y_w, also für

$$\frac{y'_{w(t)}}{y_w} \quad \text{oder} \quad \frac{y'_w}{y_w}\,.$$

Diese Bewegung entspricht, wenn wir mit Karl Marx den Wert des Goldes für die Zeit des Zyklus als konstant betrachten und von einer etwaigen Verschiebung des Anteils der qualifizierten Arbeit an der Gesamtarbeit absehen, der Bewegung der produktiven Beschäftigung, für die wir das Symbol „A“ einführen wollen, es gilt also, für diese Veränderung

$$\frac{\dot{y}_w}{y_w} = \frac{\dot{A}}{A} = \frac{\dot{w}}{w}$$

Die gesellschaftliche Gesamtarbeit, und damit w sowie y_w, ging nicht nur bei einer Verminderung des Produktionsvolumens y, sondern infolge fortdauernder, ja sogar beschleunigter Steigerung der Arbeitsproduktivität, bei einem konstanten bzw. verlangsamten Wachstumstempo zurück. Das ist eine Erscheinung, die uns modern anmutet, die aber bereits für die Krisen des 19. Jahrhunderts charakteristisch ist. Berücksichtigt man noch weiter, daß auch die Bevölkerung und damit das Arbeitskräftepotential in der Krise weiter zunahm, so folgt daraus die Annahme einer Massenarbeitslosigkeit in der Krisenphase, und das ist eine Annahme, die ihre Bestätigung in wirtschaftshistorisch feststellbaren Tatsachen findet.

So betrug auf dem Höhepunkt und am Ende der Krisenphase 1873—1879 die Arbeitslosigkeit in den Städten etwa 25%.[3] Dabei stieg die Arbeitslosigkeit von Jahr zu Jahr, obwohl von 1875/76 an auch nur das industrielle Produktionsvolumen, gemessen nach konstanten Preisen, keineswegs mehr sank. Wir kommen also zu dem Ergebnis, daß bis zum 2. Weltkrieg die zyklischen Krisen durch folgende Hauptmerkmale gekennzeichnet sind:

1. Durch einen starken und anhaltenden Rückgang von Y, dem Rückgang der Produktion, gemessen nach laufenden Goldgeldpreisen, wobei dieser Rückgang mit einem starken Abfall der laufenden Goldgeldpreise selbst verbunden war.
2. Im 20. Jahrhundert durch einen absoluten Rückgang, im 19. Jahrhundert aber nur durch einen relativen Rückgang von y, der Produktion gemessen nach konstanten Preisen, wobei der Rückgang durch die Bewegung der Industrie, des seit der industriellen Revolution führenden Zweiges, bestimmt wurde.
3. Durch einen Rückgang des Wertes der Produktion, also von w und von y_w.

Auf der Grundlage dieser drei Merkmale kommen wir auch zu einer exakten Festlegung der Dauer der Krisenphase. Sie dauerte genau so lange, wie die Produktion, gemessen nach laufenden Goldgeldpreisen, zurückging, wie gleichzeitig die Produktion gemessen nach konstanten Preisen absolut oder zumindest relativ zurückging, wobei die Industrie als führender Faktor besondere Berücksichtigung erfordert, und der Wert der Produktion wesentlich abnahm.

Die Heraushebung des ersten Merkmals steht in scharfem Widerspruch zu den üblichen bereits erwähnten Modellen moderner Ökonomen. Das hängt damit zusammen, daß sie einseitig den gewiß sehr wichtigen Wachstumsaspekt hervorheben, die sozialökonomischen Erscheinungen aber vernachlässigen, für welche gerade das erste sowie das dritte Merkmal von wesentlicher Bedeutung sind. Diese sozialökonomischen Aspekte machen es eben erforderlich, jene Merkmale der Krisenphase hervorzuheben, welche das Verhalten der entscheidenden Klassen, den Kampf zwischen den Klassen bzw. einzelnen Gruppen der herrschenden Klasse verändern, von denen dieser Kampf und dieses Verhalten beeinflußt wird. Wenn wir so vorgehen, wird es deutlich, warum gerade der Rückgang der Produktion, gemessen nach laufenden Goldpreisen, der Rückgang des Umsatzes, von solch wesentlicher Bedeutung ist. Denn dieser Rückgang kennzeichnet deutlich für die industrielle, aber nicht zuletzt auch die agrarische Bourgeoisie, den ungünstigen Verlauf des Geschäftsganges, die schlechten Geschäftsergebnisse, die ungünstige Entwicklung der Profitabilität. Dabei nützt es auch gar nichts, wenn man erklärt, daß es sich bei dieser Orientierung auf die laufenden Goldgeldpreise, um die sogenannte Geldillusion handelt. Denn Gold als Geld ist nach Marx die absolute Verkörperung des Reichtums. Nach mehr Gold streben die Kapitalisten nicht vor allem deshalb, weil sie mehr Konsumgüter kaufen wollen; sondern die Bereicherung, die Vermehrung des Besitzes an Gold bzw. des nach

[3] H. Mottek, Die Gründerkrise, in: Jahrbuch für Wirtschaftsgeschichte, Berlin 1966, Teil I, S. 102f.

seinem Goldäquivalent gemessenen Kapitals wird in der kapitalistischen Gesellschaft zum Selbstzweck. Die Frage der Revenue, die deshalb keineswegs vernachlässigt werden darf, steht dahinter zurück. Die Bemessung der Kapitalerweiterung, des Geschäftserfolges, des Umsatzes eben nach den Goldpreisen erscheint auch um so berechtigter, als während der Herrschaft der Goldwährung das Goldgeld trotz aller Schwankungen eine Kaufkraftstabilität zeigte, oder anders ausgedrückt, selbst ein Rückgang in der Kaufkraft des Goldgeldes wurde später von einer Zunahme abgelöst, so daß bei langfristigen Berechnungen diese Kaufkraft als konstant angenommen werden konnte. Für den einzelnen Kapitalisten kam nur eine Wertbemessung der Kapitalerweiterung nach laufenden Preisen und nicht etwa auf Grund eines Lebenshaltungsindexes, berechnet nach konstanten Preisen, in Betracht. Der sinkende Umsatz, die sinkende Profitabilität, gemessen nach laufenden Preisen, die sich daraus ergebenden Bankrotte, bzw. die Gefahr von Bankrotten, kennzeichnete nicht nur für den einzelnen Bourgeois, sondern auch für die Bourgeoisie als ganzes ihre Lage in der Krisenphase und erklärte die Reaktion auf die Krise. Insbesondere auf schwere Krisen, wie die Krise von 1873, haben die herrschenden Klassen mit einer Veränderung ihres Verhaltens, ihrer Politik reagiert.[4] So wirkte die Krise von 1873 in der Richtung, sich der gewachsenen Gefahren des immer bedrohlicher werdenden sogenannten freien Marktes durch Bildung monopolistischer Organisationen bzw. durch aktive Unterstützung ihres Staates zu erwehren. Und ähnliche Wirkungen in Richtung von Monopolisierung, Verstärkung bzw. Neuorientierung der Rolle des bürgerlichen Staates im Prozeß der Herausbildung und Entfaltung des staatsmonopolistischen Kapitalismus gingen auch von späteren Krisen aus. Dabei war aber vor allem der Preisfall in der Krisenphase schon früh ein wesentliches Instrument bei dem Konzentrationsprozeß, bzw. der Ausschaltung und Ruinierung der einfachen kleinen Warenproduzenten durch die kapitalistischen Betriebe, durch die kapitalistische Warenproduktion. Auch in späteren Krisen waren die kleinen Warenproduzenten, Handwerker und Bauern Leidtragende des Falls der Großhandelspreise, wobei die Höhe ihrer Schulden nicht zurückging und infolge des Preisfalls immer drückender wurde.

Für die Arbeiterklasse war demgegenüber vor allem das dritte Krisenmerkmal, der Rückgang des Wertes, der Beschäftigung, die zunehmende Arbeitslosigkeit, von entscheidender Bedeutung. Massenarbeitslosigkeit bedeutete Bedrohung der Existenz für den davon Betroffenen, aber auch erhöhte Unsicherheit für den, der noch über einen Arbeitsplatz verfügte. Zunehmende Arbeitslosigkeit bedeutete verstärkten Druck auf die Arbeiterklasse, und das gerade war die Hauptfolge. Genausowenig wie etwa in den 70er Jahren des 19. Jahrhunderts den Kapitalisten die Entwicklung der Produktion, gemessen nach konstanten Preisen, interessierte, interessierte das die Arbeiterklasse. Die Arbeiterklasse interessierte vor allem die

[4] Vgl. hierzu und zum folgenden H. Mottek/W. Becker/A. Schröter, Wirtschaftsgeschichte Deutschlands, Bd. III, Berlin 1975, S. 108.

Abnahme der Beschäftigung, die Zunahme von Arbeitslosigkeit, Kurzarbeit, Unsicherheit, Ausbeutungsdruck und die sich daraus ergebende Abnahme der Löhne. Das war für sie entscheidend. Der Rückgang der Preise hätte sich für die Arbeiter nur vorteilhaft auswirken können, hätte der Fall nicht vor allem die Großhandelspreise und weit weniger die Einzelhandelspreise für den täglichen Bedarf betroffen.

Das Merkmal der Krisenphase — die zunehmende Arbeitslosigkeit — konnte, wenn diese zur lang andauernden Massenarbeitslosigkeit führte, die Existenz des Kapitalismus bedrohen. Dabei bedeutete lang andauernde Massenarbeitslosigkeit im 19. Jahrhundert etwas anderes als im 20. Jahrhundert, sie bedeutete auch in einem solchen kapitalistischen Land wie in Deutschland z. B. in der nach dem Gründerkrach von 1873 folgenden Krisenphase: Erhöhung der Überschußbevölkerung auf dem Lande. Dabei war lang andauernde Arbeitslosigkeit keineswegs mit ununterbrochener identisch, sondern schloß Gelegenheitsarbeit in Stadt und Land ein, manchmal selbst für solche Familienmitglieder, die vorher in dieser Weise nicht tätig gewesen waren. Es gab ja keine offizielle Arbeitslosenunterstützung, wie wir sie im Kapitalismus nach dem ersten Weltkrieg kennen. Die physische Not, das Elend der Arbeitslosen bzw. auch der Kurzarbeiter waren deshalb in schärferem Maße vorhanden als später, während allerdings die Tatsache, daß viele der Arbeitslosen noch ein wenig Land bzw. Familienmitglieder mit Land hatten, mildernd wirkte. In dem Maße aber, in dem diese Unterstützung wegfiel, bedrohte der Verlust des Arbeitsplatzes den einzelnen Arbeiter mit so katastrophalen Folgen, daß bei lang andauernder Massenarbeitslosigkeit eine Rebellion unvermeidlich gewesen wäre, hätte sich eben das Unterstützungssystem nicht weiterentwickelt, und zwar zu einem auf Versicherung beruhenden Unterstützungsanspruch. Trotzdem wurde gerade die moderne Massenarbeitslosigkeit im 20. Jahrhundert mit ihren physischen und psychischen Auswirkungen, vor allem wenn sie lange anhielt, zu einem die Stabilität des Kapitalismus gefährdenden Faktor, obwohl auf der anderen Seite — worauf wir noch näher eingehen werden — in gewissem Ausmaße Arbeitslosigkeit unter dem Gesichtspunkt der proletarischen Reservearmee ebenfalls für den Profit und die Stabilität des Kapitalismus erforderlich war und ist.

Wenn also vom marxistischen Standpunkt die sozialökonomischen Folgen in den Vordergrund gestellt werden müssen, die Krisenerscheinungen vor allem vom sozialökonomischen Aspekt her betrachtet werden müssen, dann erweist es sich auch als durchaus berechtigt, die Krisenphasen eben so lange anzusetzen, wie die Produktion nach ihrem Wert, nach laufenden Goldgeldpreisen, zurückging, was mit einer relativen Abnahme der Produktion, gemessen nach konstanten Preisen, durchaus vereinbar war; d. h., die Krisenphase dauerte so lange wie die so gekennzeichnete Abwärtsbewegung und keineswegs nur so lange, wie etwa das Volumen der industriellen Produktion, gemessen nach konstanten Preisen, abnahm. Gehen wir so vor, dann würden wir die Zeit der Krisenphase mit der Zeit identifizieren, die die „Augenzeugen" aus den im Klassenkampf stehenden Klassen der Gesellschaft als eine schlechte wirtschaftliche ansahen. Gingen wir anders vor, dann stellten wir uns auf einen oberflächlichen wachstumstheoretischen Standpunkt wie viele bürgerliche Ökonomen und Statistiker, die einfach die Krise oder, wie sie es nennen, die Depression oder Rezession als eine bloße Unterbrechung des Wachstumsprozesses ansehen und die sozialökonomischen Wirkungen bzw. die sie charakterisierenden Kenngrößen dabei völlig außer acht lassen. Solche Auffassungen sind nicht nur einseitig, sondern auch oberflächlich. Denn, wenn man auch nur von den Wachstumsprozessen ausgeht, kann man das Krisenmerkmal, den Rückgang der Produktion, abzulesen an den laufenden Goldgeldpreisen am Wert keineswegs außer Acht lassen, und zwar aus folgendem wichtigen Grund: Gerade diese Krisenerscheinung führt zu strukturellen Veränderungen, zu neuen Verhaltensweisen innerhalb der herrschenden Klassen und schaltet auch auf diese Weise vorübergehend Wachstumshemmungen aus. Krisenprozesse sind deshalb auch vom reinen Wachstumsaspekt her nicht einfach Ausdruck einer bloßen Fluktuation, sie bedeuten insbesondere bei so grundlegenden Krisen wie etwa den 1837, 1873 und 1929 einsetzenden, daß der Wachstumsprozeß in der bisherigen Weise nicht weitergehen konnte, daß er auf eine relativ neue Weise wiederaufgenommen werden mußte.

Ohne diese Änderung wäre eine lang andauernde Stagnation eingetreten bzw. vielleicht sogar ein Rückgang der Produktion. Der Wachstumsprozeß selbst ist eben nicht zu erklären, wenn man die strukturellen Veränderungen außer acht läßt, die zum mindesten von wichtigen Krisenphasen ausgehen, wenn man nicht berücksichtigt, daß ohne diese Änderungen das Wachstum auf die Dauer unmöglich gewesen wäre. Diese Änderungen hängen aber eng mit den sozialökonomischen Wirkungen der Krise zusammen.

Indem wir die Krise mit der Krisenphase und letztere wiederum mit der Fortdauer der Abwärtsbewegung nach den drei Krisenmerkmalen gleichsetzen, haben wir uns nicht nur gegen eine einseitige Betonung des Wachstumsaspektes ausgesprochen, sondern auch die herkömmliche Unterscheidung zwischen Krise und Depression aufgegeben, wie das schon früher Jürgen Kuczynski getan hat. Diese herkömmliche Unterscheidung hat dabei noch den Nachteil, daß sie den Eindruck erweckt, die Abwärtsbewegung sei an ihrem Beginn, der „Krise", besonders schroff gewesen, wobei dann in der Depressionszeit es eine Minderung der Abwärtsbewegung gegeben hätte. Denn dieser Eindruck läßt sich vom Standpunkt des Wirtschaftshistorikers nicht rechtfertigen, sie entspricht keineswegs der allgemeinen wirtschaftshistorischen Erfahrung. In diesem Zusammenhang sei auf die 1873 bzw. 1929 begonnenen Krisenphasen hingewiesen, wobei bei letzterer allerdings häufig die Bezeichnung Depression für die langsame Aufwärtsbewegung in den Jahren 1933 und 1934 bzw. in den USA noch für die spätere Zeit verwendet wird, eine Bezeichnung, die man wohl besser durch „mangelhaft entfalteter Aufschwung" ersetzen sollte.

Der Eindruck, daß die Krisenphase bei ihrem Beginn besonders heftig sei, hat einen ganz anderen Grund. Er besteht darin, daß diese Phase zumeist mit einem dramatischen Ereignis begann, das man im 19. Jahrhundert einen Krach nannte, einem Krach, der deutlich demonstrierte, daß es auf dem bisherigen Aufschwungswege nicht mehr weiterging. Beispiele für solche Krachs finden sich im Jahre 1873 an den Börsen Wiens, New Yorks und Berlins, im berüchtigten sogenannten „Schwarzen Freitag“ an der New Yorker Börse 1929 oder vielleicht auch im Arabischen Ölboykott 1973. Es ist dieser Krach, den man häufig mit der Krise verwechselt, der aber nur die eigentliche Krisenphase einleitete, wobei er durch seinen katastrophenartigen Charakter einen tiefen Eindruck auf die Zeitgenossen machte. Um dieser Verwechslung von Krach und Krise entgegenzutreten, sollte man besser anstatt von der Krise von 1873 und 1929 von der Krise 1873 bis 79 bzw. 1929 bis 1932 sprechen und ähnlich auch bei anderen Krisen, wie etwa denen, die 1857 und 1900 begannen, vorgehen.

KAPITEL 2

Die Überproduktion

Die Kennzeichnung der Krisenphasen in der Periode bis zum zweiten Weltkrieg durch die genannten drei Merkmale läßt eine Erscheinung außer acht, die sowohl von den Zeitgenossen der jeweiligen Krise als auch von den Theoretikern als ein äußeres Merkmal der Krise angesehen wird. Fred Oelßner betont in seinem Werk über die Krisen dieses Merkmal mit folgenden Worten: „Jede Krise tritt äußerlich als massenhafte Unverkäuflichkeit von Waren in Erscheinung“.[1] Und auch der bürgerliche Schweizer Nationalökonom Jöhr spricht in seinem Buch „Die Konjunkturschwankungen“[2] davon, daß das „Erfahrungsbild“ derjenigen Erscheinung, für die er das Wort Krise vermeidet, bei ihm gewissermaßen der negative Teil der Konjunkturschwankung, durch eine „Absatzstockung“ bestimmt sei. Für „massenhafte Unverkäuflichkeit“ und „Absatzstockung“ könnte der Terminus „allgemeiner Absatzmangel“ gebraucht werden, und wir könnten ihn als Unmöglichkeit definieren, die gesamte Produktion jedenfalls zu den bisherigen Preisen zu verkaufen. Wir gingen dabei von der Produktion in einem Zeitpunkt t, in dem die Produktion zu einem bestimmten Preisniveau verkauft werden konnte, aus, und verglichen sie mit der im Zeitpunkt $t + 1$, wo das nicht mehr der Fall war und dann also diese massenhafte Unverkäuflichkeit und Absatzstockung, dieser allgemeine Absatzmangel eintrat, oder anders ausgedrückt, die Produktion größer war als der Absatz, als die Nachfrage zu den gegebenen Preisen. Wir sind dabei von der Produktionsseite ausgegangen, haben also bei dem Gegensatzpaar Produktion — Absatz die Produktion betont, indem wir vom Überwiegen der Produktion über die Nachfrage sprachen. Dieses Überwiegen und damit der allgemeine Absatzmangel stellt sich also als mit dem identisch heraus, was im 19. Jahrhundert überall und keineswegs nur von Kritikern des Kapitalismus als Überproduktion bezeichnet wurde. Denn bei der Bezeichnung Überproduktion haben jedenfalls die Marxisten immer wieder betont, daß dieser Begriff keineswegs bedeutet, daß zuviel produziert wurde in bezug auf den Bedarf der Bevölkerung, daß aber in der kapitalistischen Wirtschaft nicht die Bedürfnisse als solche von entscheidender Bedeutung sind, sondern

[1] F. Oelssner, Die Wirtschaftskrisen, Bd. 1, Berlin 1949, S. 17.

[2] W. A. Jöhr, Die Konjunkturschwankungen, Tübingen-Zürich 1952, S. 12f.

vielmehr die zahlungsfähigen Bedürfnisse, die in effektiven Käufen, in zahlungsfähiger Nachfrage wirksam werden. Es war unter den marxistischen Ökonomen niemals zweifelhaft, daß dem „Über" bei dem Terminus Überproduktion ein „Unter" an mangelndem Absatz auf dem Markt, ein Mangel an zahlungsfähiger Nachfrage entsprach. Trotzdem kann man keineswegs die Identität zwischen Überproduktion auf der einen und allgemeinem Absatzmangel, Absatzstockung, massenhafter Unverkäuflichkeit von Waren auf der anderen Seite für trivial halten. Das dürfte damit zusammenhängen, daß man im Gegensatz zum Begriff Absatzmangel, unter dem Begriff Überproduktion unmittelbar — also nicht nur als Ursache — die Nichtübereinstimmung der Kaufkraft der Massen mit der Möglichkeit Konsumgüter zu produzieren, bzw. mit der tatsächlichen Konsumgüterproduktion verstand. Man machte dabei keinen Unterschied zwischen der Überproduktion von Konsumgütern und der Überproduktion insgesamt.

Keineswegs trivial ist auch die Betonung des Preisfaktors bei der Überproduktion, bei dem allgemeinen Absatzmangel. Gewiß gibt es über diesen Punkt keine Meinungsverschiedenheit. Gewiß hat schon Karl Marx diese Seite betont, indem er sagte: „Die Übermasse der Waren ist immer relativ, d. h., Übermasse bei gewissen Preisen"[3]; und auch spätere marxistische Autoren, z. B. Jürgen Kuczynski, haben es ausdrücklich betont, daß es bei dem Verhältnis Produktion — Nachfrage natürlich immer auch auf die Preise und nicht nur auf das Produktionsvolumen ankommt[4]. Aber bei den populären Betrachtungen der Überproduktion wurde weitgehend nur der mengenmäßige Überschuß in den Vordergrund gestellt und die Frage der Preise vernachlässigt. Allerdings ist in dieser Hinsicht in der Gegenwart, jedenfalls in der Presse der revolutionären Arbeiterbewegung, ein Wandel eingetreten, indem bei der Darlegung heutiger Krisenprobleme die Absatzbeschränkung durch Preissteigerung eine große Rolle spielt.

Übermasse der Produktion zu gewissen Preisen, Überproduktion, massenhafte Unverkäuflichkeit von Waren, Absatzmangel, Absatzstockung bedeuten keineswegs nur ein viertes Merkmal der Krisenphase, das zu den drei Merkmalen einfach hinzutritt, sondern vielmehr steht dieses vierte Merkmal mit den drei anderen in einem, und zwar kausalen Zusammenhang. Dieser besteht einmal darin, daß während der Krisenphase Nichtübereinstimmung von Produktion und Nachfrage zum Rückgang der Produktion führt. Er besteht aber ferner auch darin, daß der Anlaß zum Beginn der Krisenphase selbst durch eine starke Überproduktion gegeben wird. Dabei kann es zwischen diesem Anstoß und dem Beginn der Krisen-

[3] K. Marx/F. Engels, Werke (im folgenden MEW), Bd. 26.2, Berlin 1967, S. 506.

[4] Vgl. dazu auch J. Kuczynski, Studien zur Geschichte der zyklischen Überproduktionskrisen in Deutschland 1873 bis 1914, Berlin 1961, S. 26 (Die Geschichte der Lage der Arbeiter unter dem Kapitalismus, Bd. 12), der ausdrücklich betont, daß es bei dem Verhältnis von Produktion und Nachfrage natürlich immer auch auf die Preise und nicht nur auf das Produktionsvolumen ankommt.

phase mit ihren drei Merkmalen noch eine beträchtliche Zeitverzögerung geben, wobei es zunächst nur zu einer Anhäufung von Warenvorräten als Folge des ungenügenden Absatzes, zu einer, wie man es auch nennen kann, Überproduktion von Warenhandlungskapital kommt. Infolge dieses kausalen Zusammenhanges ist es formell nicht unkorrekt, von der Überproduktion im Sinne des Absatzmangels als einer unmittelbaren Ursache der zyklischen Krise und nicht nur als ihrem dauernden Merkmal zu sprechen. Dabei besteht aber die Gefahr, daß man darin auch die tiefere Ursache dieser Krise erblickt und übersieht, daß die zyklische Krise wie alle anderen ökonomischen Krisen im Kapitalismus auf dem Grundwiderspruch zwischen gesellschaftlicher Produktion und privater Aneignung beruht, sowie auch, daß die Verbindung zwischen Grundwiderspruch und Absatzmangel durch eine Reihe weiterer Widersprüche hergestellt wird und diese Widersprüche den Grundwiderspruch konkretisieren. Man sollte richtiger den Zusammenhang auf diese Weise formulieren, daß der Grundwiderspruch durch Vermittlung konkreter Widersprüche periodisch zur Überproduktion führt, und daß diese Überproduktion die bekannten Krisenerscheinungen (drei Merkmale) auslöst, weshalb man die entsprechenden ökonomischen Krisen auch als Überproduktionskrisen bezeichnet. In diese Formulierung ist eingeschlossen, daß der Grundwiderspruch auch zu anderen Arten von akuten ökonomischen Krisen führen kann und tatsächlich führt.

Die Beschränkung des Begriffes ökonomische Krisen im Kapitalismus auf Überproduktionskrisen ist nicht nur deshalb falsch, weil in der Gegenwart unmittelbar auch Unterproduktions- bzw. Hyperinflationskrisen in den Vordergrund treten, sondern weil heute auch neue Störungen des Reproduktionsprozesses als Krisen bezeichnet werden. Es sei hier nur daran erinnert, wie auch in der Presse der Arbeiterbewegung die Verbindung von Inflation und Massenarbeitslosigkeit in unseren Tagen als Krise bezeichnet wird, obwohl infolge fehlenden Produktionsrückganges weder von einer Überproduktionskrise noch, auch wegen eines geringen Inflationstempos, von einer Hyperinflationskrise gesprochen werden kann. Diese anderen Krisenformen stellen — und das ist von nicht geringer Bedeutung — in bezug auf den Grundwiderspruch Alternativen dar. In diesen Alternativen bricht sich der Grundwiderspruch gewissermaßen Bahn, wenn der klassischen Überproduktionskrise Schranken in den Weg gelegt werden, Schranken, die ihren Ausbruch zum mindesten verzögern. Den Absatzmangel, die Überproduktion, als tiefere Ursache der ökonomischen Krisen im allgemeinen zu erklären wäre auch deshalb so gefährlich, weil so den Anhängern des praktischen Keynesianismus nicht wirksam entgegengetreten werden könnte. Denn dieser sieht bekanntlich in einem sogenannten Nachfragedefizit die grundlegende Ursache der Krisen, ein Defizit, dem er durch Nachfrageschöpfung abhelfen und dadurch den Kapitalismus von der Krisenkrankheit bewahren wollen.

Andererseits wäre es falsch, wenn wir als Marxisten dadurch verleitet würden, die „massenhafte Unverkäuflichkeit" von Waren nicht mehr als unmittelbaren Auslösungsfaktor der zyklischen Krisen zu sehen. Letzteres tun westdeutsche Theoretiker von der Linken, die die Frage dadurch umgehen, daß sie die Realisierung der Produktion, das Problem des Absatzes in den Hintergrund stellen. Man sagt sinngemäß, es komme nicht auf die Realisierung der Produktion, sondern auf die Verwertung des Kapitals an. Dabei übersieht man das Folgende: Wenn das Produktionsvolumen zu profitablen Preisen realisiert wird, dann heißt das nichts anderes, als daß das vorhandene Kapital profitabel verwertet wird; und umgekehrt, die fehlende Realisierung des Produktionsvolumens zu profitablen Preisen führt zur mangelnden Verwertung des Kapitals, zu einem Zustand der Überproduktion von Kapital, auf die später noch näher einzugehen sein wird.

KAPITEL 3

Die Möglichkeit der Überproduktionskrise unter den Bedingungen der einfachen Warenproduktion

Wir können also mit gutem Grund davon ausgehen, daß die Überproduktionskrise jene Form gewöhnlich zyklisch auftretender Krisen ist, in der sich die Zuspitzung des Grundwiderspruchs durch Überproduktion und nicht auf andere Weise Bahn bricht, wo also die Krisenerscheinungen durch Überproduktion ausgelöst werden. Damit verlangt die Erklärung der Überproduktionskrise zunächst die Beantwortung der Frage, wie Überproduktion überhaupt möglich, bzw., wie und warum sie im Prozeß der Entfaltung des Kapitalismus immer wieder notwendig ist. Dieses theoretische Problem der Möglichkeit der Überproduktionskrise im Sinne eines allgemeinen Absatzmangels hat bereits im 19. Jahrhundert eine umfassende Diskussion ausgelöst. In ihr wurde von einer Seite geleugnet, was der zeitgenössische Beobachter und der spätere Wirtschaftshistoriker feststellen konnte und auch heute noch feststellen kann. Bei der näheren Analyse wollen wir dieses Problem zunächst unter den Voraussetzungen der einfachen Warenproduktion untersuchen. Solch ein Vorgehen hat drei Aspekte.

Erst einmal und vor allem liegt darin eine von Karl Marx am Beginn des ersten Bandes des „Kapital" vorgenommene anfängliche Konzentration der Untersuchung auf die Ware vor, auf die Beziehungen also, welche eine Produktion auf der Grundlage der Arbeitsteilung voneinander unabhängiger Produzenten ermöglicht; das geschieht unter Abstraktion zunächst von der entscheidenden Tatsache, daß diese Waren im Kapitalismus durch Lohnarbeiter hergestellt werden, daß die Arbeitskraft in dieser Gesellschaft selbst zur Ware geworden, die Warenproduktion dort in Wirklichkeit keine einfache, sondern eben eine kapitalistische ist. Gerade unter diesen Voraussetzungen zeigte Karl Marx bereits die formale Möglichkeit einer Überproduktion. Weiterhin — zweitens — gewinnt die Betrachtung des Verhältnisses einfache Warenproduktion — Überproduktion konkret praktische Bedeutung aus der Tatsache, daß es in jeder realen kapitalistischen Wirtschaft neben der kapitalistischen eine einfache Warenproduktion gab und gibt, und schließlich — drittens — kennen wir aus der wirtschaftsgeschichtlichen Vergangenheit Zeitabschnitte, in welchen die einfache Warenproduktion die vorherrschende Form der Warenproduktion darstellte. In erneuter Abstraktion von der historischen Realität könnten wir sogar zu dem Modell einer Gesellschaft gelangen, in der nur einfache Warenproduzenten vorhanden sind. Dabei würden wir so verfahren, wie Karl Marx es tat, als er einen reinen Kapitalismus nur mit Lohnarbeitern und Kapitalisten zum Ausgangspunkt seiner Betrachtung des kapitalistischen Reproduktionsprozesses nahm. Auch in einer Gesellschaft nur mit einfachen Warenproduzenten müßte es wie im „reinen" bzw. realen Kapitalismus das Realisierungsproblem, d. h. Waren bzw. Quanta von Waren geben, für die der Absatz fehlt.

Karl Marx spricht in diesem Zusammenhang vom „salto mortale" der Ware. Bezeichnen wir den Wert einer bestimmten Ware mit w_i und den ihrem Wert entsprechenden Geldbetrag mit g_i, so können wir unter Verwendung der Marxschen Schreibweise die geglückte Transformation durch den Ausdruck $w_i - g_i$ und zum Unterschied davon die mißglückte Transformation mit $w_i \nparallel g_i$ bezeichnen. Natürlich besteht zwischen dieser Nichtrealisierung für eine einzelne Ware und der Nichtrealisierung der gesamten Warenproduktion eines bestimmten Zeitabschnittes, und das ist ja mit allgemeiner Überproduktion, allgemeinem Absatzmangel also mit $w \nparallel G$ identisch — ein Unterschied. Aber dieser Unterschied ist nicht so groß wie die Anhänger der Unmöglichkeit der Überproduktion behaupten, da sich die allgemeine Nichtrealisierung aus einer Addition einer Vielzahl von Nichtrealisierungsfällen ergibt.

Karl Marx hat sich mit dieser Ursache für den Nichtrealisierungsfall, für die Gefahr der Nichtrealisierung bei einzelnen Waren nicht ausführlich auseinandergesetzt, sondern die Erscheinung selbst als allgemein bekannt vorausgesetzt. Aber man geht doch nicht fehl, wenn man die Ursache für dieses Phänomen folgendermaßen bestimmt: Den Warenproduzenten fehlen Informationen darüber, welche Waren, in welchem Umfange in dem Sinne gebraucht werden, daß dafür auch die dem Wert entsprechende Geldsumme gezahlt werden kann und auch gezahlt werden wird. Die Korrektur innerhalb der Produktion, falls eine Verwendungsmöglichkeit dieser Art fehlt, erfolgt im Nachhinein auf Grund der fehlenden Realisierung, und zwar durch Produktionseinstellung bzw. Einschränkung der Produktion der betreffenden Ware oder durch Senkung der Preise unter ihren Wert mit einer dadurch bewirkten späteren Einschränkung des Produktionsvolumens.

Damit stoßen wir auf den elementaren Faktor der Information; es ist im Grunde eine triviale aber nichtdestoweniger notwendige Feststellung, daß in einer Warenproduktion wie in jeder anderen Gesellschaft nicht nur Warenströme hin und her laufen, sondern auch Informationsströme. Ohne deren Analyse sind weder die Störungen noch das normale Funktionieren dieser Gesellschaft zu erklären. So vorzugehen bedeutet doch keineswegs in Subjektivismus zu verfallen, da Informationsströme ebenso objektiv wie Warenströme sind. Ohne Informationen über Kundenwünsche und Kunden, aber ebenso über Kosten, über die eigenen Kosten und die Kosten anderer Warenproduzenten, wäre eine Warenproduktion mit völligem Chaos identisch und könnte dementsprechend nicht existieren.

Nur die Tatsache, daß solche Informationen bestehen und auf diesem Wege die Produktion steuern, verhindert solches Chaos.

Das Vorhandensein einer solchen Steuerung schließt natürlich eine Vielzahl nicht geglückter Realisierungen keineswegs aus, sie beschränken sie nur auf das Ausmaß, das überhaupt mit dem Bestehen einer geordneten Warenproduktion verträglich ist. Die Verbindung zwischen Information und fehlender Realisierung wird in einem bekannten und auch von Fred Oelßner zitierten Ausspruch Lenins betont, in dem er sagt: „Wenn Waren keine Nachfrage finden, so bedeutet das, daß der Fabrikant bei ihrer Produktion die Nachfrage nicht kannte.“[1]

Aber nicht nur bei den Fabrikanten, sondern auch bei den einfachen Warenproduzenten, mit denen wir uns ja noch beschäftigen, wirken sich die Fehlsteuerung und die sich daraus ergebende Nichtrealisierung im folgenden einfachen Fall nicht so schwerwiegend aus. Das ist der Fall, in dem ohne Fehlsteuerung genau so gut von demselben Produzenten eine andere Ware hätte hergestellt werden können, dementsprechend als Reaktion auf die Fehlrealisierung eine solche Umstellung ohne weiteres vorgenommen werden kann. Anders liegt es jedoch, wenn der Produzent auf Grund seiner Spezialisierung sowie entsprechend spezialisierter Produktionsmittel diese Umstellung nicht vornehmen kann und selbst bei richtiger Vorinformation auch hätte nicht vornehmen können, in dem Falle, wo also die Spezialisierung im entscheidenden Maße die Ursache der Fehlrealisierung war. Allerdings wird in vielen und sogar in den meisten Fällen eine Fehlsteuerung auch hier die Ursache der Nichtrealisierung sein, und zwar die Fehlsteuerung, die den betreffenden Produzenten dazu bewegte, sich gerade auf den Bereich schlechter werdender Absatzmöglichkeiten zu spezialisieren. Hierbei ist der Zeitintervall zwischen Steuerung der Produktion und Realisierung bzw. Nichtrealisierung auch viel größer als in dem ersten einfachen Fall. Auf dieser Grundlage kann es auch bei Fehlsteuerung einer Anzahl von Produzenten zu Teilkrisen in einem bestimmten Produktionszweig kommen, deren Lösung durch Umverteilung der gesellschaftlichen Gesamtarbeit, d. h. durch Abwanderung eines Teils der Produzenten in einen anderen Zweig eben wegen der Spezialisierung keineswegs einfach ist. Hierbei besteht in der einfachen Warenproduktion die Möglichkeit, in der kapitalistischen Warenproduktion schon die Tendenz der Umwandlung der Teilkrise in eine Gesamtkrise, bzw. die nicht geringe Wahrscheinlichkeit, daß sich hinter einer nach außen als Teilkrise erscheinenden Störung eine Gesamtkrise verbirgt. Das wird immer dann der Fall sein, wenn die Kompensation der Teilkrise in einem Zweig durch einen Teilaufstieg in einem anderen Zweig fehlt. Jedoch bevor wir auf dieses Phänomen eingehen, gilt es, die Analyse der fehlenden Realisierung beim einzelnen Warenproduzenten noch in einer anderen Hinsicht weiterzuführen.

Bei jeder vorhandenen Nichtrealisierung muß es vorher eine Zeit der Realisierung gegeben haben, wenn es sich nicht um eine neue Ware handelt, es muß also im Zeitabschnitt $t + 1$ zu einer Veränderung im Absatz, zu einem Absatzmangel gekommen sein, den es im Zeitraum t noch nicht gegeben hat. Stellen wir

[1] W. I. Lenin, Zur Charakterisierung der ökonomischen Romantik, in: Werke, Bd. 2, Berlin 1966, S. 164; F. Oelssner, Die Wirtschaftskrisen, Bd. 1, Berlin 1949, S. 17.

nun die Frage nach den formalen Bedingungen einer solchen Veränderung, so müssen wir den komplizierteren Fall einer Produktionssteigerung zwischen t und t + 1 von den einfacheren unterscheiden, bei dem die Produktion zwischen t und t + 1 insgesamt gleichgeblieben ist, wobei nur der letztere als Elementarfall den Ausgangspunkt bilden kann. Gehen wir entsprechend vor, dann gibt es bei unverminderter Kaufkraft für die Veränderung zwischen t und t + 1, für die Verminderung des Absatzes nur zwei Möglichkeiten: Entweder der oder die bisherigen Käufer haben einen Teil ihrer Kaufkraft in t + 1 jetzt für andere Käufe verwendet oder die Käufer haben die Verwandlung ihrer Kaufkraft in tatsächliche Käufe eingeschränkt, also im Zeitabschnitt t + 1 insgesamt weniger gekauft als im Zeitabschnitt t. Hat sich zur selben Zeit bei den Käufen anderer Waren nichts geändert, so ist damit eine — zunächst noch kleine — Verringung der Summe aller Käufe im Zeitabschnitt t + 1 im Vergleich zum Zeitabschnitt t eingetreten. Oder, wenn wir diese Summe der Käufe als Gesamtnachfrage bezeichnen und dafür das Symbol Z bzw. Z_{t+1} einführen, dann gilt in diesem Falle $Z_{t+1} < Z_t$.

Oder $Z_t - r = Z_{t+1}$ mit $r > 0$. Wenn ferner nach Voraussetzung für t Gleichheit zwischen Produktion und Nachfrage besteht, also

$$Z_t = Y_t \qquad \text{(Bedingung 1)}$$

$$\text{bzw. } Z_t - Y_t = 0$$

und zwischen t und t + 1 die Produktion gleich bleibt (. . .) also gilt $Y_{t+1} = Y_t$ (. . .) so ist bei $Z_{t+1} < Z_t$

$$\ddot{U} = Y_{t+1} - Z_{t+1} > 0\,, \qquad (1)$$

wobei Ü den Tatbestand der Überproduktion charakterisiert.[2] Man müßte dabei allerdings die Einschränkung machen, daß eine sehr kleine Überproduktion — und darum wird es sich auch bei der nicht kompensierten Überproduktion nur einer Ware handeln — kaum zum Ausgangspunkt der durch die drei Krisenmerkmale gekennzeichneten Erscheinungen werden kann, daß Überproduktion einen bestimmten Schwellenwert überschreiten muß, was wir durch die Ungleichung $\ddot{U} = Y - Z \gg 0$ beschreiben. Damit haben wir die allgemeine Überproduktion, oder genauer, den Elementarfall der allgemeinen Überproduktion formal gekennzeichnet. Dieser Schwellenwert wird bei der bereits erwähnten Nichtrealisierung zwar nicht einer beliebigen Ware, wohl aber in einem wichtigen Zweig und der fehlenden Kompensierung durch verstärkte Ankäufe in einem anderen Zweig überschritten werden. Dabei wird die Überproduktion, worauf noch einzugehen sein wird, durch Ausbreitung der Folgeeffekte des Absatzmangels in diesem

[2] Vgl. hierzu L. H. Dupriez, Des mouvements economiques generaux, Louvain 1951, S. 96, der den Terminus allgemeine Überproduktion durch „Überschuß des Angebots über die Nachfrage" zu ersetzen vorschlägt. Diese Änderung hat den Nachteil, daß die Produktion aus dem Blickpunkt verschwindet.

Zweig auf andere Zweige und weitere Selbstverstärkungsmechanismen noch in großem Maße erweitert.

Kehren wir aber zunächst zur Entstehung der Ausgangsüberproduktion, des nicht kompensierten Absatzmangels zurück, dann bleibt die Notwendigkeit, den Übergang von einem Gleichgewicht zwischen Produktion und Nachfrage zu einem Ungleichgewicht, in der ein Rest r verbleibt, formal zu analysieren. Hier muß vor allem die Gleichung (1) unser Interesse erregen. Zunächst bedeutet das erwähnte r nichts weiter als die Nachfrageverringerung, die bei gleichbleibender Produktion elementare Überproduktion darstellt. Aber, wenn wir berücksichtigen, daß in t im Gegensatz zu t + 1 alle Produzenten ihre Waren zu ihrem Werte realisiert haben und damit, wenn wir ausschließliche Barzahlung annehmen, dafür den Verkaufserlös $E_t = Z_t = Y_t$ erhalten haben, so bedeutet das die Tatsache, daß Z_t sowie der Verkaufserlös E_t, um r größer war als die Nachfrage, die Summe der Käufer in t + 1, daß also ein Teil des vorherigen Verkaufserlöses — und dieser Teil ist eben der Rest r — nicht wieder im nächsten Zeitabschnitt t + 1 in Käufe, in Nachfrage verwandelt worden ist. Daran ändert nichts die von den Gegnern einer Möglichkeit der allgemeinen Überproduktion angeführte notwendige bilanzmäßige Gleichheit von Verkauf und Kauf, Verkaufserlös und Kaufsumme, denn diese Gleichheit besteht in t ebenso wie in t + 1. Für beide gilt $E_t = Z_t$ bzw. $E_{t+1} = Z_{t+1}$; aber das verhindert doch keinesfalls eine Verringerung von Käufen und Verkäufen und damit des Umsatzes zwischen beiden Zeiträumen. In diesem Sinne hatte Karl Marx auch denjenigen geantwortet, die sich auf diese unbestreitbare bilanzmäßige Gleichheit beriefen, indem er im „Kapital" sagte: „Keiner kann verkaufen, ohne daß ein anderer kauft. Aber keiner braucht unmittelbar zu kaufen, weil er selber verkauft hat"[3]. In dieser Marxschen Feststellung, in der der unmittelbare Kauf im Verhältnis zu dem Verkaufthaben gesetzt wird, liegt eben nichts anderes als die Erkenntnis, daß aus der bilanzmäßigen Gleichheit der Käufe und Verkäufe im Zeitabschnitt t keineswegs folgt, daß E_t, der der Nachfrage und Verkaufssumme Z_t gleiche Verkaufserlös aller Waren in diesem Zeitabschnitt, vollständig zum Kauf, also für Z_{t+1}, verwendet werden muß. Damit sind wir auf das gestoßen, was hier als Karl Marxsche äußere Grundform der Überproduktionsmöglichkeit bezeichnet werden soll, und zwar die Verminderung der Nachfrage durch die nicht vollständige Verwandlung des vorherigen Verkaufserlöses in spätere Käufe, also $Z_t = E_t > Z_{t+1}$.

Auf der anderen Seite reicht aber bei gleichbleibender Produktion die volle Umwandlung des Verkaufserlöses in Nachfrage, also $E_t = Z_{t+1}$, auch für die volle Realisierung der Produktion aus. Das gilt jedoch nur, um vorzugreifen, für die konstante Warenproduktion, in der also die Produktion in t + 1 dieselbe bleibt, aber keinesfalls für die zunehmende Warenproduktion. Wenn wir nun die für die Realisierung der Produktion im Zeitpunkt t + 1 notwendige Nachfrage mit $\mathring{Z}_{t+1}$ bezeichneten, und das für den Käufer in t + 1 in Betracht kommende, durch

[3] K. Marx, Das Kapital, Bd. 2, in: MEW, Bd. 23, Berlin 1963, S. 127.

die Realisierung der Warenproduktion im Zeitabschnitt t entstandene Nachfragepotential mit $\bar{Z}_t$, gilt:

$$\bar{Z}_t = E_t = Z_t \quad \text{und} \quad \mathring{Z}_{t+1} = \bar{Z}_t = E_t = Z_t \tag{2}$$

Während für die wachsende Warenproduktion gilt:

$$\mathring{Z}_{t+1} > \mathring{\bar{Z}}_t = E_t = Z_t\,, \qquad \text{(Ungleichung 1)}$$

was zu einem Teil die großen Schwierigkeiten der Realisierung bei der wachsenden, ja sogar rasch wachsenden Warenproduktion erklärt.

Bei unserer bisherigen Betrachtung der Entstehung der Überproduktion sind wir davon ausgegangen, daß die Produktion nicht nur bis zum Zeitpunkt t, also dem Zeitpunkt, in dem noch Gleichgewicht zwischen Nachfrage und Produktion bestand, konstant war, sondern auch, daß sie sich zwischen t und t + 1 nicht änderte, wobei wir in allen Fällen den Zeitintervall zwischen Produktion und Verkauf vernachlässigt haben. Wir sind also von der Voraussetzung $Y_{t+1} = Y_t = Y_{t+1}$ ausgegangen und haben dann die Differenz zwischen gleichgebliebener Produktion und der wegen Nichtverwandlung des Verkaufserlöses in Käufe in t + 1 verringerten Nachfrage als äußere Grundform der Überproduktionsmöglichkeit gekennzeichnet. Gegen die Möglichkeit einer solchen Differenz gibt es aber das Argument, daß die Verminderung der Käufe gleichzeitig, also bereits in t + 1, eine Verringerung der Produktion mit sich bringen müßte. Das müßte jedenfalls so sein, wenn man von dem Verzehr eines Teils von Vorräten bei den Produzenten, ebenso wie vom Zeitintervall zwischen Kauf und Verkauf, zwischen Kauf und Produktion absieht. Wenn man von beidem absieht, bedeutet der verringerte Ankauf von Baumwollgarn eine verringerte Produktion von Baumwollgeweben.

Aber dennoch gibt es sicherlich andere Ausgaben, andere Käufe, welche die Produzenten durch unvollständige Umwandlung ihrer Verkaufserlöse in Käufe verringern, welche selbst unter den angegebenen zwei Voraussetzungen keineswegs zu einer gleichzeitigen Verringerung der Produktion in t + 1 führen müssen. Das ist dann der Fall, wenn es sich bei den verringerten Ausgaben um solche handelt, von denen das Zustandekommen der Produktion in t + 1 nicht abhängt. Solche Ausgaben betreffen solche Konsumgüter bzw. Quanta von Konsumgütern, deren Nichtverbrauch die Leistungsfähigkeit der einfachen Warenproduktion unberührt läßt, eine Problematik, auf welche wir bei der kapitalistischen Warenproduktion noch näher zurückkommen werden. Jedenfalls läßt sich schon für die einfache Warenproduktion nachweisen, daß sich die Produktion keineswegs die für ihre Realisierung notwendige Nachfrage schafft, daß also die für das Zustandekommen eines bestimmten Produktionsvolumens erforderlichen Ausgaben, die Ausgaben für die notwendigen Lebensmittel der Produzenten sowie die notwendigen Produktionsgüter der Produzenten keineswegs gleich denen für die Realisierung der Produktion erforderlichen Ausgaben sind. Offenkundig sind letztere Ausgaben wesentlich größer.

Damit haben wir die formale Möglichkeit der allgemeinen Überproduktion in ihrem Elementarfall auch unter den Bedingungen einer Gesellschaft einfacher Warenproduzenten festgestellt. Diese Möglichkeit wird in der marxistischen Krisenliteratur auch von Fred Oelßner mit Recht betont, der schreibt, daß diese Möglichkeit sich „bereits aus den Widersprüchen der einfachen Warenproduktion" ergibt.[4] In dieser Möglichkeit zeigt sich die Labilität, die Störanfälligkeit der bürgerlichen Warenproduktion selbst auf ihrer niedrigsten Stufe. Hier beruht die Vergesellschaftung der Produktion auf der wechselseitigen Abhängigkeit der Arbeit von Produzenten bzw. Produzentengruppen, die durch Arbeitsteilung und Informationsströme miteinander verbunden sind. Dabei wird die Verbindung zwischen den Produzenten und Produzentengruppen nur durch den Markt, durch die Realisierung bzw. Nichtrealisierung ihrer Waren bzw. der Waren anderer Produzenten vermittelt. Man kann in diesem Zusammenhang sagen, daß der Grundwiderspruch des Kapitalismus, der zwischen gesellschaftlicher Produktion und privater Aneignung, in der einfachen Warenproduktion bereits in seiner Elementarform existiert.

Bei unserer bisherigen Analyse haben wir allerdings nur die Möglichkeit jener Überproduktion betrachtet, die den Übergang von dem Gleichgewichtszustand zur Krisenphase auslöst und haben sie bereits als Ausgangsüberproduktion gekennzeichnet. Wir sind noch nicht auf jene wiederkehrenden Überproduktionszustände eingegangen, ohne die die Überproduktion nicht die Erscheinung einer längeren Phase, eben der Krisenphase sein könnte.

Die Ausgangsüberproduktion führt — das zeigt die historische Erfahrung — doch immer wieder zu neuen Überproduktionszuständen, welche den Krisenprozeß aufrechterhalten. Es empfiehlt sich aber, die nähere Betrachtung jener fortlaufenden Überproduktionszustände und ihre Entstehung bis zur Analyse der kapitalistischen Krise zu verschieben. Hier sei nur folgendes bemerkt: Die Aufrechterhaltung bzw. das immer wieder neue Auftauchen von Überproduktionszuständen in der Krisenphase hängt eng mit der Ausbreitung bzw. Selbstverstärkung der anfänglichen Überproduktion zusammen, ja ist sogar weitgehend mit ihr identisch. Wenn ein Teil der Produzenten weniger kauft — wir wollen diesen Teil A nennen — ohne daß dies auf der anderen Seite durch Mehrkäufe kompensiert wird, dann ergibt sich zunächst bei einem Teil der bisherigen Käufer B, die in altem Maße weiter produziert haben, eine Überproduktion. Diese Überproduktion, dieser verringerte Umsatz führt aber ihrerseits wiederum zu verringerten Käufen, also zu verringerten Käufen bei C, und wir haben dann dieselbe Entwicklung in bezug auf C und D, bis die verminderten Käufe sich auch auf die Ausgangsgruppe, wiederum A, auswirken. Wir haben hier die bekannte und von den zeitgenössischen wie späteren Betrachtern ökonomischer Krisen immer wieder beobachtete Ausbreitung, die auf einer Vervielfältigung der ursprünglichen Nachfrageverringerung bei A, von einer Übertragung des Absatzmangels von A zu B, von B zu C und von C zu D beruht und die

[4] F. Oelssner, Die Wirtschaftskrisen, Bd. 1, a. a. O., S. 12.

wir als multiplikative Ausbreitung bezeichnen, in Anlehnung an den in der modernen mathematischen ökonomischen Literatur sehr bekannten, dort im einzelnen auf seine formalen Eigenschaften betrachteten Multiplikatoreffekt. Außer dieser Ausbreitung der ursprünglichen Nachfrageverringerung gibt es aber noch eine zweite Form der Aufrechterhaltung bzw. Selbstverstärkung der Überproduktion. Diese zweite Form beruht auf der Nachfrageverringerung bei den einzelnen Gruppen, die nicht eine unmittelbare Reaktion auf die Verringerung ihres eigenen Absatzes darstellt, bei der es sich gewissermaßen um eine Reaktion auf den gesamten Krisenprozeß handelt, und zwar zu einer solchen, in der infolge der sich verschlechternden Wirtschaftslage weniger ausgegeben wird. Es ist dies eine echte Selbstverstärkung der einmal begonnenen Überproduktion, eine Selbstverstärkung, die in der ökonomischen Praxis immer wieder zu beobachten ist.

Aus der Darlegung der Faktoren, welche die Überproduktion immer wieder aufrechterhalten bzw. erneut herstellen, ergibt sich aber nur eine Folge von Überproduktionszuständen nach dem Ausgangsüberproduktionszustand; aber es ist damit noch keineswegs gesagt, inwieweit es auf der Grundlage der Überproduktion zur Herausbildung der drei Merkmale der Überproduktionskrise kommt, inwieweit sich dieser Rückgang etwa nur auf Y, die Produktion gemessen nach laufenden Preisen in Gold bzw. Silbergeld bezieht und nicht auch auf Y_w, die Produktion gemessen nach ihrem Wert, oder/und auf y, die Produktion gemessen nach konstanten Preisen. Aber, da wir nur von der Möglichkeit der Krise, der Möglichkeit der allgemeinen Überproduktion sprechen, müssen wir auch die Möglichkeit bejahen, daß sowohl Y als auch y_w, und sogar y, von der Nachfrageverringerung betroffen wird. Es besteht jedenfalls unter den angenommenen Voraussetzungen nicht nur die formale Möglichkeit der Überproduktion, sondern auch der Auslösung von Überproduktionskrisenerscheinungen, der Überproduktionskrise, sogar einer Krisenphase. Von einer Phase müßte man schon deshalb sprechen, weil die Krisendauer nur als begrenzt angenommen werden kann und dann eine Aufwärtsbewegung folgen müßte. Auf diese Weise würde durch die Ausgangsüberproduktion nicht nur eine Überproduktionskrise, sondern ein ganzer Zyklus mit aufsteigender und absteigender Phase erzeugt werden können.

Allerdings haben wir damit, wie überhaupt in unserer bisherigen Analyse, noch nichts über etwaige Erscheinungen, Ursachen gesagt, welche in der Lage wären, zu einer solchen Ausgangsüberproduktion, zur Verwirklichung der Marxschen äußeren Grundform der Überproduktionsmöglichkeit zu führen, und zwar eben unter den genannten Bedingungen einer nur theoretisch vorstellbaren Gesellschaft, die ausschließlich auf einfacher Warenproduktion beruht. Unter diesen Bedingungen, die von der historischen Realität sehr weit entfernt sind, ließe sich über die Verwirklichungsfaktoren der Marx'schen Grundform nur eine in gewissem Maße triviale, aber deshalb noch keineswegs überflüssige Feststellung machen, eine Feststellung, die auch für die Analyse realer Krisen keineswegs ohne Bedeutung ist. Diese Feststellung besagt: Wenn auch für einzelne Produzenten Absatzkrisen, Absatzmängel immer wieder auftauchen müssen, so doch für andere

Produzenten ebenfalls Nachfrageüberschüsse, die sich innerhalb der Vielzahl gegenseitig aufheben können, so daß es nicht zu einer allgemeinen Absatzverringerung zu kommen braucht. Und das dürfte sogar der Normalfall sein. Insgesamt läßt sich sagen: Nur, wenn ein Faktor eine größere Anzahl von einfachen Warenproduzenten ausschließlich in einer bestimmten Richtung beeinflußt, nämlich der Verringerung ihrer Käufe, kann es zu einer allgemeinen Überproduktion kommen und tritt nicht gegenseitige Aufhebung von Absatzmangel und Überabsatz ein. Es muß sich also um Erscheinungen handeln, die imstande sind, gerichtet auf einen größeren Teil der Gesellschaft einfacher Warenproduzenten zu wirken und bei diesen Produzenten zu einer Unterbrechung der Warenzirkulation zu führen, zu einer massenhaften Unterbrechung der Transformation W—G—W, mit ihren negativen Wirkungen auf die gesamte Warenproduktion. Eine Unterbrechung mit ebenfalls negativen Wirkungen könnte auch dann eintreten, wenn eine Vielzahl von Produzenten aus gleichgelagerten Gründen ihre Produkte zurückzuhalten suchte — man kann hier etwa an die Produzenten der Landwirtschaft denken; auf diese Weise wäre von der Seite W her die Transformation W—G unterbrochen. Auf diesen Fall, der in der historischen Realität vor allen Dingen mit einer Entwertung des Geldmediums zusammenhängt, mit einem Schwinden des Vertrauens in das Geld und daher mit der mangelnden Bereitschaft der Verwandlung der Ware in Geld, soll hier nicht näher eingegangen werden. Diese Erscheinung wird uns bei der Betrachtung der Inflation und der Hyperinflationskrise noch beschäftigen.

Wenn es auch eine Gesellschaft, die nur auf einfache Warenproduktion gegründet ist, niemals gegeben hat, so gab es doch — wie bereits angedeutet — vor dem Sieg des Kapitalismus in großen Teilen Europas eine Gesellschaft, in der die einfache Warenproduktion eine sehr große Rolle spielte, wo Bauern und Handwerker die Hauptträger des Arbeitsprozesses waren. Jedoch gab es gerade im Mittelalter neben den einfachen Warenproduzenten auch solche, die auf Haushaltsproduktion ausgerichtet waren, also auf Produktion nicht für den Verkauf, sondern für den unmittelbar eigenen Bedarf bzw. den Bedarf des Feudalherren arbeiteten. Soweit für den Verkauf hergestellt wurde, geschah das bei den Bauern in nicht geringem Maße für den Verkauf durch den Feudalherren, auf dessen Weisung. Dieses für den Feudalherren, für den Verkauf durch ihn hergestellte und ihm auf dem Wege der Naturalrente oder durch Frondienste übergebene Produkt können wir als eine solche Ware bezeichnen, die einen Teil der feudalen Warenproduktion im eigentlichen Sinne darstellt; Warenproduktion, die also ähnlich wie die auf Sklaverei beruhende Warenproduktion in Bergwerken des alten Griechenlands auf einem bestimmten nichtbürgerlichen Produktionsverhältnis beruhte. Wir können also nur bei dem Teil der bäuerlichen Produktion, der sich in Arbeits- und Naturalrente darstellte und nachher verkauft wurde, von solcher feudalen Warenproduktion sprechen, während es sich bei dem anderen Teil, welchen der Bauer für den eigenen Verkauf herstellte, sei es auch allein zur Bezahlung einer Geldrente, um einfache Warenproduktion handelt. Ganz abgesehen davon gab es in Deutschland etwa im 14. Jahrhundert schon Elemente, Anfänge der kapitalistischen Warenproduktion, vor allem in der Form des Verlages, aber auch schon der Manufaktur. Darüber hinaus traten nicht nur Bauern, Handwerker und Feudalherren als Käufer und Verkäufer auf, sondern auch Kaufleute, kleine und große, letztere als Repräsentanten des Handelskapitals, die auch weitgehend die Funktion des Wucherkapitals überhaupt, des Kreditgebers ausübten. Schließlich blieb die Produktion, auch wenn wir von den jährlichen Schwankungen der Ernte absehen, keineswegs konstant; sie folgte vielmehr, wenn auch recht langsam, einem aufsteigenden Trend; noch mehr gilt das für den außeragrarischen Teil der Warenproduktion. Entsprechend gab es zu dem Zeitpunkt, als die einfache Warenproduktion eine große Rolle zu spielen begann, in Deutschland etwa seit dem 14. Jahrhundert, neben Handwerkern und Bauern nicht nur die Klasse der Feudalherren, sondern auch des städtischen Bürgertums.

Die Faktoren, die in der historischen Wirklichkeit jener vorkapitalistischen Zeit wirkten, in der die einfache Warenproduktion eine große Rolle spielte (von der sich unser theoretisches Modell der „reinen" einfachen Warenproduktion allerdings unterscheidet), erleichterten sicherlich die Verwirklichung der Karl Marx'schen äußeren Grundform der Überproduktionsmöglichkeit. Wir wollen hierauf nicht im einzelnen eingehen, vor allem deshalb, weil wir die damit zusammenhängenden Fragen, z. B. des Kredits, bei unserer Betrachtung der Krise im Kapitalismus analysieren werden. Es ist aber zunächst naheliegend, daß die Feudalherren wie auch reiche Stadtbürger, leichter und länger und zu einem größeren Teile die Gelderlöse ihrer Waren nicht in einen Kauf verwandeln können als die Bauern und Handwerker, die ihre Geldeinnahmen fast ausschließlich, wenn auch nicht vollständig, zum dringendsten Lebensunterhalt brauchten. Was den Kredit betrifft, so machte die Verschuldung in großem Ausmaß den Preisfall für den einfachen Warenproduzenten drückend. Schließlich bedeutet der Kredit bei Zinszahlungen, daß die Warenverkäufer nicht den vollständigen Verkaufserlös in eigene Nachfrage umwandeln können; und dasselbe gilt bei Geldzahlungen an die Feudalherren. Aber insoweit dieser Teil sofort in Nachfrage der Feudalherren bzw. der Kreditgeber bzw. der neuen Kreditnehmer umgewandelt wird, kommt es nicht zur Senkung der Gesamtnachfrage, aber die Wahrscheinlichkeit einer solchen Senkung, einer solchen Störung erhöht sich offensichtlich durch diese Zwischenschaltung.

Trotz dieser theoretisch die Gefahr einer allgemeinen Überproduktionskrise erhöhenden Faktoren lassen sich solche Krisen auch unter den Bedingungen der entfalteten einfachen sowie der feudalen Warenproduktion nicht nachweisen, wohl aber langandauernde Absatzkrisen im damals führenden Sektor, dem landwirtschaftlichen. Die meisten Kenntnisse hat dabei die wirtschaftshistorische Forschung über die Agrarkrise des 14. Jahrhunderts.[5] Damals verringerte sich die Nachfrage des Hauptkäufers für landwirtschaftliche Produkte infolge der Ver-

[5] Vgl. dazu H. Mottek, Wirtschaftsgeschichte Deutschlands, Bd. I, Berlin 1968, S. 226f.

minderung der Stadtbevölkerung durch den „Schwarzen Tod", dem eine keineswegs gleich große physische Reduzierung der Anzahl der Dorfbewohner und noch weit weniger der agrarischen Produktion gegenüberstand. Daraus ergab sich eine relative Überproduktion im agrarischen und eine relative Unterproduktion im nichtagrarischen Sektor, aber keine allgemeine Überproduktionskrise. Auf die Phase der relativen agrarischen Überproduktion folgte dann in der ersten Hälfte des 15. Jahrhunderts eine Phase der gewerblichen Überproduktion, da die überkompensierende Reaktion auf die frühere Agrarkrise eine ungleich größere Anzahl von Landbewohnern in die Städte, in die gewerbliche Produktion brachte, als es den Absatzmöglichkeiten entsprach. Dem folgte ein neuer Aufschwung der außeragrarischen Produktion — mit schon stärkeren kapitalistischen Elementen — in der zweiten Hälfte des 15. Jahrhunderts, wobei das Aufkommen neuer Techniken und die steigende Silberproduktion eine große Rolle spielten; hinzu kam dann noch die durch Münzverschlechterung gesteigerte fürstlich-staatliche Nachfrage. Das war damals ein Prozeß, welcher sich in der ersten Hälfte des 16. Jahrhunderts im Zusammenhang mit den geografischen Entdeckungen, der erhöhten Einfuhr von Silber nach Europa infolge Raub von Silberschätzen und überseeischer Silberförderung mit Sklaven fortsetzte.

Die Weiterentwicklung bis zum Anfang des 18. Jahrhunderts verlief in den einzelnen westeuropäischen Ländern recht unterschiedlich. Das hing mit den entgegengesetzten Wirkungen der neuen Handelswege, mit den unterschiedlichen Auswirkungen der großen Kriege, vor allem des Dreißigjährigen Krieges, zusammen. Zu bemerken wäre hier nur, daß die Revolution der Preise, die mit dem Zustrom billigen Silbers begann, billig infolge des Raubes bzw. niedriger überseeischer Förderkosten, schließlich mit einer explosiven Zunahme von Münzverfälschungen gerade in Deutschland einherging. Das führte zu einem Zustand, den man im gewissen Sinne mit einer Hyperinflation im modernen Kapitalismus vergleichen kann.

In Deutschland ist das 17. Jahrhundert ferner im hohen Maße charakterisiert durch die Unterproduktion infolge Zerstörungen des Dreißigjährigen Krieges und den damit sowie den genannten Münzverfälschungen verknüpften hyperinflationären Erscheinungen. Quasiinflationistische Störungen des Geldsystems, bei denen in zunehmendem Maße seit der mit dem berüchtigten John Law verknüpften Krise das Papiergeld eine Rolle zu spielen beginnt, finden sich auch im 18. Jahrhundert. Vor allem aber bringt die ökonomische Entwicklung im 18. Jahrhundert schon vor dem Beginn der industriellen Revolution in zunehmendem Maße Absatzstörungen von kürzerer Dauer hervor, die größere Teilbereiche der gewerblichen Produktion, des Handels berühren und sich allmählich in ihrem Charakter den zyklischen Überproduktionskrisen annähern. Aber all diese Erscheinungen spielten sich in England unter den Bedingungen ab, in denen die kapitalistische Warenproduktion im Vergleich zur einfachen eine bedeutende Rolle spielte, es eine feudale überhaupt nicht mehr gab, eine Ära, in der die kapitalistischen Produktionsverhältnisse die Vorherrschaft erlangten, und die Warenproduktion insgesamt, insbesondere aber die außeragrarische, rascher wuchs als bisher. Dennoch kam es erst nach einer weiteren Beschleunigung der kapitalistischen Entwicklung, des ökonomischen Wachstums, mit der industriellen Revolution zu echten allgemeinen zyklischen Überproduktionskrisen, oder exakter, wurden solche Krisen zu einer Notwendigkeit. Um diese Notwendigkeit zu verstehen, gilt es, zunächst in einer theoretischen Analyse mit höherem Abstraktionsgrad wiederum die Möglichkeit einer Krise, und im Zusammenhang damit auch das Problem des Zustandekommens eines bestimmten Volumens der Warenproduktion, seines Absatzes, seiner Realisierung, aber eben jetzt im Kapitalismus, zu untersuchen. Da bestimmte grundlegende dabei zu behandelnde Zusammenhänge sich bereits unter den Voraussetzungen der einfachen kapitalistischen Reproduktion herauskristallisieren lassen, soll unsere Analyse zunächst unter dieser Annahme erfolgen. Wenn wir dabei im Unterschied zu unserer bisherigen Betrachtung von einfacher Reproduktion anstatt konstanter, stationärer Produktion sprechen, so heißt das keineswegs, daß der Reproduktionsbegriff nicht auf vorkapitalistische — oder überhaupt nichtkapitalistische — Produktionsweisen angewandt werden kann; es bedeutet vielmehr nur, daß der hohe Grad der Vergesellschaftung, der hohe Anteil der vergegenständlichten Arbeit die Rolle jener Elemente verstärken, welche einfache, aber auch erweiterte und verminderte Reproduktion von konstanter — oder vergrößerter bzw. sinkender — Produktion unterscheiden, Elemente, die auch den Anlaß zur Marxschen Reproduktionstheorie gebildet haben.

Karl Marx spricht im zweiten Band des „Kapital" von Reproduktion im Sinne der Reproduktion des Kapitals, und zwar sowohl in wertmäßiger als auch in gebrauchswertmäßiger Beziehung, wobei er in seinen Reproduktionsschemata hier wie dort die gleiche Richtung, die gleiche Bewegung annimmt. Verallgemeinern wir den Marxschen Begriff der Reproduktion des Kapitals über seine historisch bedingte Form hinaus, wie wir es auch in der Politischen Ökonomie des Sozialismus tun, dann ist Reproduktion mit solcher Produktion identisch, welche die Bedingungen für eine gleiche, größere oder auch geringere Gesamtproduktion in der darauf folgenden Zeit schafft, indem sie für den Verbrauch jener stofflichen Voraussetzungen der Produktion, die im Kapitalismus als stoffliche Vergegenständlichungen des Kapitals erscheinen, einen zureichenden, mehr als zureichenden oder auch unzureichenden Ausgleich herstellt. Insoweit es sich bei diesen stofflichen Vergegenständlichungen um Arbeitsmittel und angehäufte Arbeitsgegenstände handelt, so bedeutet ihre Reproduktion auch Erhaltung, Vergrößerung bzw. Verringerung, bedeutet sie Reproduktion der materiell-technischen Produktivkräfte. Verallgemeinern wir in dieser Richtung weiter, indem wir die Gesamtheit der Produktivkräfte einbeziehen, so tritt die Reproduktion aller Produktivkräfte in unser Blickfeld. In dieser verallgemeinerten Form gewinnt das Reproduktionsproblem aktuelle Bedeutung; und wir werden uns damit noch — zuerst bei der Untersuchung der verminderten Reproduktion — auseinanderzusetzen haben.

KAPITEL 4

Die Möglichkeit der Krisen im Kapitalismus unter den Voraussetzungen der einfachen Reproduktion

In einer „reinen“ Gesellschaft einfacher Warenproduzenten gibt es die Möglichkeit der Überproduktion in ihrer äußeren Marxschen Grundform nur dann, wenn die Produzenten dort mehr erzeugen und entsprechend höhere Einnahmen haben als sie unbedingt zur Aufrechterhaltung ihres Lebens brauchen; denn nur dann sind sie imstande, einen Teil ihrer Einnahmen, des Gelderlöses der von ihnen erzeugten Waren — eben den Teil, den sie nicht unbedingt benötigen — zurückzustellen, ihn für längere Zeit nicht wieder in Nachfrage zu verwandeln. In der kapitalistischen Gesellschaft gibt es diese Möglichkeit, jedenfalls für die Klasse der Eigentümer der Produktionsmittel, der für die Produktion erforderlichen Arbeitsmittel, Arbeitsgegenstände sowie Geldfonds, die jetzt alle zum Kapital werden, eben die Kapitalisten, die Bourgeoisie. Die Kapitalisten treten dann in einer „reinen“ kapitalistischen Gesellschaft, in der es also keine einfachen Warenproduzenten gibt, als einzige Käufer von Arbeitsmitteln und Arbeitsgegenständen auf. Darüber hinaus kaufen sie die zur Ware gewordene Arbeitskraft, die im Prozeß ihrer Aktivierung in der Produktion zur Quelle des Mehrwertes wird. Mit diesem Kauf übertragen sie aber auch dem Arbeiter, der den Preis für seine Arbeitskraft, den Lohn, erhält, einen Teil des ihnen zur Verfügung stehenden Nachfragepotentials. Dadurch erhalten die Arbeiter die Fähigkeit, benötigte Konsumgüter zu kaufen und zu verbrauchen, Güter, welche für die Reproduktion ihrer Arbeitskraft erforderlich sind. Sind im „reinen“ Kapitalismus, von dem wir hier ausgehen, mithin Kapitalisten und Arbeiter die einzigen Käufer, der einzige Markt für die erzeugten Waren, d. h. also sowohl für Produktionsmittel als auch für Konsumgüter, so ist doch der Umfang der Käufe durch den vorhergehenden Verkauf bei den Arbeitern in viel höherem Maße determiniert als bei den Kapitalisten. Die Kapitalisten würden im Gegensatz zu den Arbeitern keine Not leiden, wenn sie den Ankauf von Gegenständen, von Waren für ihren eigenen Verbrauch einschränken; sie würden auch keine Not leiden bei Einschränkung des Ankaufs von Arbeitskraft. Darin ist eben die ökonomische Macht dieser Klasse begründet. Das ist eingeschlossen, wenn wir von der Monopolisierung des Privateigentums an Produktionsmitteln durch diese Klasse, wenn wir vom kapitalistischen Privateigentum sprechen.

Für die kapitalistische Klasse ist damit in einem viel höheren Ausmaße als für die einfachen Warenproduzenten die Möglichkeit gegeben, ihre Käufe durch Zurückbehaltung eines Teils des Verkaufserlöses zu verringern und damit die Marxsche äußere Grundform der Überproduktionsmöglichkeit zu verwirklichen. Das führt aber, wie wir das bereits bei der Betrachtung der einfachen Warenproduktion kurz erwähnten, zum Elementarfall der Überproduktion eben dann, wenn sich nicht gleichzeitig in demselben Umfange die Produktion vermindert. Eine solche Verminderung würde dem bekannten Argument gegen die Möglichkeit der allgemeinen Überproduktion entsprechen, dem Argument, wonach sich die Produktion immer ihren entsprechenden Absatz schafft, also ein verminderter Absatz logisch eine gleichzeitig verminderte Produktion bedeutete; dieselbe Verbindung müßte dann auch für die Produktionssteigerung gelten. Dieses Argument läuft aber auf die Behauptung hinaus, daß die für einen bestimmten Umfang der Produktion notwendigen Ausgaben gleich der für die Realisierung dieser Produktion notwendigen Nachfrage sind.

Diese außerordentlich wichtige Fragestellung bedarf einer näheren Analyse. Dabei wollen wir zunächst von den Bedingungen der einfachen Reproduktion in einem „reinen“ Kapitalismus ausgehen, einem Kapitalismus, der nach außen abgeschlossen ist. Wir wollen weiter voraussetzen, daß Y, die Produktion gemessen nach laufenden Gold- bzw. Silbergeldpreisen gleich y_w, der Produktion gemessen nach ihrem Wert, ist und entsprechend auch der Lohn gleich dem Wert der Arbeitskraft. Wir können dann zunächst feststellen, daß bestimmte Ausgaben der Kapitalisten für das Zustandekommen der Produktion in einem bestimmten Zeitraum erforderlich sind. Das sind einmal die Ausgaben für die Arbeitsgegenstände, die verarbeitet werden sollen, sowie für die Arbeitsmittel auf der einen und für den Ankauf der Ware Arbeitskraft auf der anderen Seite. Soll also unter den Bedingungen der einfachen Reproduktion bei gleichbleibender Arbeitsproduktivität, bei gleicher Effektivität im Verbrauch von Produktionsmitteln, die Produktion im Zeitabschnitt t + 1 dieselbe sein wie im Zeitabschnitt t, dann darf es in t + 1 keineswegs zu einer Einschränkung dieser Ausgaben kommen, wobei wir von gleichbleibenden Vorräten an Produktionsmitteln ausgehen. Wir wollen ferner bei der einfachen Reproduktion die außerordentlich wichtigen Zeitverzögerungen zwischen Ausgaben für die Produktion auf der einen und ihrer Nutzung auf der anderen Seite vernachlässigen, ein Problem, das uns dann bei der Analyse der kapitalistischen erweiterten Reproduktion sehr beschäftigen wird. Unter all diesen Voraussetzungen sind also die Ausgaben für die Produktion in t, die notwendig sind, gleich den Käufen für den stofflichen Ersatz des konstanten Kapitals, also c, sowie den Ausgaben für das variable Kapital, also v. Führen wir für die für das Zustandekommen der Produktion notwendigen Ausgaben das Symbol $\overset{\square}{Z}_t$ ein und für die Ausgaben bzw. die Nachfrage für jene Waren, welche das Substrat des genutzten konstanten Kapitals darstellen, das Symbol Z_{ct} und, soweit es für die Produktion in t notwendig ist, $\overset{\square}{Z}_{ct}$, und wählen wir entsprechend für die Ausgaben für die genutzte

Arbeitskraft die Symbole Z_{vt} und $\overset{\square}{Z}_{vt}$ und berücksichtigen wir, daß unter den gemachten Voraussetzungen die notwendigen Ausgaben gleich dem in derselben Zeit genutzten variablen sowie auch konstanten Kapital, also v und c, sind, dann gilt

$$\overset{\square}{Z}_t = \overset{\square}{Z}_{vt} + \overset{\square}{Z}_{ct} = c_t + v_t\,. \tag{3}$$

Die Produktion in t mit $y_w = Y$ schließt aber den in jener Zeit erzeugten Mehrwert m mit ein. Für die zur Realisierung der Gesamtproduktion einschließlich des Mehrwertes notwendige Nachfrage gilt also, wenn wir die Zeitverzögerung zwischen Verkauf und Produktion vernachlässigen,

$$\overset{\circ}{Z}_t = Y_t = Y_{wt} = c_t + v_t + m_t \tag{4}$$

oder, wenn wir von der zur Realisierung der gesamten Produktion in t notwendigen Nachfrage die für das Zustandekommen der Produktion notwendige Nachfrage abziehen,

$$\overset{\circ}{Z}_t - \overset{\square}{Z}_t = m_t\,. \tag{5}$$

In Worten bedeutet das: Die für das Zustandekommen der Produktion in t notwendigen Ausgaben sind immer kleiner als der Wert der Produktion, sie reichen demnach keineswegs für eine Realisierung aus. Die Produktion schafft sich also keineswegs die entsprechende Nachfrage, nicht einmal dem Potential nach; auf diese Weise braucht eine Verringerung der Ausgaben, der Nachfrage der Kapitalisten im Zeitraum t + 1 im Vergleich zu t nicht zu einer Verringerung der Produktion in demselben Zeitraum führen. Das gilt jedenfalls dann, wenn diese Verringerung nicht die Ausgaben für c und v erfaßt, sondern nur die Ausgaben für das stoffliche Substrat des erzeugten Mehrwertes. Dieses stoffliche Substrat ist aber bei der einfachen Reproduktion bzw. einer auf einfache Reproduktion eingestellten kapitalistischen Wirtschaft gleich den Quanta von Konsumgütern, die wir, wenn wir die zur Ernährung der Bourgeoisie erforderlichen Güter vernachlässigen, mit Marx als Luxuskonsumgüter bezeichnen können. Die Ausgaben für Luxusgüter sind aber für das Zustandekommen der Produktion keineswegs erforderlich, sie können eingeschränkt werden, ohne damit das Ausmaß der gleichzeitigen Produktion zu verringern.

Als Motiv für eine solche Verringerung der Luxusausgaben ohne gleichzeitige, kompensierende Erhöhung anderer Käufe käme das der Schatzbildung in Frage, bei der die Anhäufung von Gold bzw. Edelmetall zum Selbstzweck wird, ein Motiv, welches in der historischen Wirklichkeit bei den Feudalherren — aber nicht nur bei ihnen — eine sehr große Rolle gespielt hat. Ferner kommt es bei Störungen, die vom reinen ökonomischen Standpunkt als exogen zu betrachten sind, wie z. B. bei unmittelbarer Kriegsgefahr, leicht zu einer plötzlichen Senkung der Luxuskäufe zwecks Ausdehnung von Geldreserven für später benötigte Käufe. Von besonderem Interesse, auch für die Betrachtung des entfalteten Kapitalismus, ist ein von Karl Marx erwähntes Beispiel, das wir als Geldakkumulations-Krisenbeispiel bezeichnen wollen. Hier häuften die Kapitalisten Geld an, weil sie den Übergang zur erweiterten Reproduktion vorbereiten, wofür ein höheres Geldkapital benötigt wird. Insoweit aber diese Geldanhäufung auf einer solchen Einschränkung von Luxusgüterkäufen beruht, die größer ist als eine etwaige gleichzeitige Zunahme von Produktionsmittelkäufen, der Tatbestand der äußeren Form der Überproduktionsmöglichkeit erfüllt, kann, muß aber nicht, wie wir noch sehen werden, eine entsprechende Krise ausgelöst werden. Und in diesem Falle führt paradoxerweise die scheinbar konsequente Vorbereitung der erweiterten Reproduktion zu einer verminderten Reproduktion als Begleiterscheinung der so erzeugten Krise. Das Akkumulationskrisenbeispiel hat aber deshalb eine außerordentlich große Bedeutung, weil es sich auch für die schon in Gang gekommene erweiterte kapitalistische Reproduktion verallgemeinern läßt; denn auch hier erfordert jede neue höhere Stufe, jede Ausdehnung des Gesamtkapitals auch eine Ausdehnung des Geldkapitals, und auch hier kann diese Ausdehnung, wenn sie durch vorherige Anhäufung von Geld mittels Verminderung der Nachfrage nach Luxusgütern erfolgt, ebenso zum allgemeinen Absatzmangel führen, wie wir das beim Übergang zur erweiterten Reproduktion gesehen haben. Das ist ein Komplex, auf den wir bei der Analyse des Prozesses der kapitalistischen erweiterten Reproduktion noch näher eingehen werden.

Wir haben bisher bei der Beantwortung der Frage, wo die Käufe der Kapitalisten vermindert werden können, ohne gleichzeitig die Reproduktion zu senken, die strenge Annahme gemacht, daß ohne vollen Ersatz des variablen bzw. konstanten Kapitals die Produktion sofort zurückgehen muß. Was v betrifft, so hieße das, wenn wir jede Erhöhung der Arbeitsproduktivität und jede sonstige Leistungssteigerung bei einfacher Reproduktion durch erhöhte Ausbeutung der Arbeiter außer acht lassen, daß sowohl die Anzahl der Arbeitsstunden als auch der Lohn gleich bleibt und dem Wert der Ware Arbeitskraft entspricht. Wenn wir aber in bezug auf v der Realität gemäß annehmen, daß eine Senkung der Löhne unter ihrem Wert keinesfalls zum sofortigen, gleichzeitigen Rückgang der Produktion führen muß, kann es durch eine solche Senkung zu einer allgemeinen Überproduktion kommen, falls der Verminderung der Nachfrage der Lohnarbeiter keine gleichzeitige Erhöhung der Nachfrage der Kapitalistenklasse gegenübersteht. Dasselbe gilt für die Ausgaben für die stofflichen Bestandteile des konstanten Kapitals, wie Arbeitsgegenstände und Arbeitsmittel. Während bei Arbeitsgegenständen eine Verminderung der Ausgaben ohne Beeinträchtigung der Produktion auf Kosten der Vorräte nur für eine kurze Zeit vor sich gehen kann, liegt das bei den Arbeitsmitteln, bei dem Ersatz des konstanten fixen Kapitals, anders. Es besteht hier sicherlich die Möglichkeit, die entsprechenden Ausgaben, die Ersatzinvestitionen, für eine etwas längere Zeit — vielleicht ein bis eineinhalb Jahre — ohne sofortige größere technisch-ökonomische Auswirkungen auf die Produktion zurückzustellen und auf diese Weise die Gesamtnachfrage zu verringern. Karl Marx hat den Schwankungen der Ersatzinvestitionen, des Ersatzes des konstanten fixen Kapitals große Bedeutung für den Krisenzyklus beigemessen.[1] Er ist dabei allerdings von einer Situation ausgegangen, die eine gar nicht sehr weit entfernte frühere erweiterte Reproduktion voraussetzt, und zwar eine solche erweiterte Reproduktion, die mit einem Stoß, einer Häufung von Anlageinvestitionen einsetzt, wie es auch in der historischen Wirklichkeit der Fall war. Mußten doch diese stoßweisen Investitionen zu einem stoßweisen Erneuerungsbedarf, zu einer ungleichmäßigen Erneuerung führen. Die bürgerliche Literatur hat lange nach Karl Marx und zumeist ohne sein Verdienst in dieser Hinsicht zu nennen, dieser Erscheinung die Bezeichnung „Echoeffekt" gegeben. Bei diesem „Echoeffekt" allerdings kommt es zu Schwankungen selbst dann, wenn die Abnutzung der Arbeitsmittel, des konstanten fixen Kapitals voll ausgeglichen wird. Man kann es auch so ausdrücken: Nicht der Ersatz, oder richtiger, die Differenz zwischen Ersatz und Abnutzung unterliegt in diesem Fall Schwankungen, sondern vielmehr die Abnutzung selbst, der objektiv bedingte Investitionsbedarf.

Die Tatsache aber, daß die kapitalistische Klasse in bestimmten Jahren zur einfachen Reproduktion nicht dieselben Mittel benötigt wie in der Zeitdauer und deshalb insgesamt weniger verausgabt, um die Mittel flüssig zu machen für jene Zeit, in der dann der Ersatz doch vorgenommen werden muß, führt ebenfalls zur Verwirklichung der Marxschen äußeren Grundform der allgemeinen Überproduktionsmöglichkeit in einer gewissen Analogie zum Geldakkumulations-Krisenbeispiel; denn auch hier wird zwecks späteren Ankaufs von Produktionsmitteln einen Zeitabschnitt früher Geld zurückgehalten, werden Käufe eingeschränkt, ohne in einer anderen Richtung Käufe zu erweitern.

Die Produktion bleibt in diesem wie in anderen erörterten Beispielen auf demselben Stand, während die Nachfrage zur selben Zeit sinkt, was zum Elementarfall der allgemeinen Überproduktion führt. Was geschieht aber, wenn die für das Zustandekommen der Produktion unbedingt erforderlichen Ausgaben für c und v, die Ausgaben für die Ware Arbeitskraft und für die Arbeitsgegenstände ohne Kompensationsmöglichkeiten aus den Vorräten vermindert werden? Hier kommt es zu einem Rückgang der Produktion. Dieser Rückgang der Produktion in einem Bereich vermag zwar dort unmittelbar und gleichzeitig eine Überproduktion in ihrer Elementarform zu verhindern, aber danach führt die Verminderung der Ausgaben für die Arbeitsgegenstände zu einer Absatzkrise in dem Sektor, welcher diese Gegenstände produziert; wenn sie nicht durch eine Absatzbelebung in einen anderen Sektor kompensiert wird, ist wiederum der Tatbestand der allgemeinen Überproduktion erfüllt.

[1] Vgl. insbesondere K. Marx, Das Kapital, Bd. 2, in: MEW, Bd. 24, a. a. O., S. 463ff.

Dasselbe geschieht bei verringerten Ankäufen der Ware Arbeitskraft, bei verringerter Beschäftigung, mit ihren unmittelbaren Auswirkungen auf die Konsumgüterproduktion. Aber selbst in dem Teilbereich der kapitalistischen Wirtschaft, in dem die Produktion gesenkt wird, erweist sich als Folge der Produktionseinschränkung ein Teil des angelegten Kapitals, vor allem aber des konstanten fixen Kapitals, als überflüssig, als überschüssig. In diesem Fall fungieren die betreffenden Anlagen nicht mehr als Kapital; es kommt zur Überproduktion von konstantem Kapital, wobei Karl Marx übrigens in der Überproduktion von Kapital nur einen Sonderfall der Überproduktion von Waren sah;[2] denn in diesem Fall sind eben „zuviel" von den entsprechenden Produktionsgütern produziert worden. Eine solche Überproduktion im weiteren Sinne führt dann aber ebenfalls zum Elementarfall der Überproduktion, da der Überschuß an Kapital den Bedarf, die Nachfrage nach Produktionsgütern zwecks Ersatzes und damit die Ersatzinvestitionen verringert. Wir stoßen hier auf den Selbstverstärkungsmechanismus des Produktionsrückganges, der Überproduktion, der uns aber später noch beschäftigen wird.

Die Verringerung der für die Aufrechterhaltung des Produktionsvolumens in demselben Umfange erforderlichen Ausgaben führt aber nur dann zur Überproduktion von konstantem Kapital, wenn es durch diese Verringerung nicht zu einer physischen Zerstörung von Kapital kommt. Zu einer solchen physischen Zerstörung kommt es jedoch, wenn der Ersatz physisch abgenutzter Bestandteile des konstanten fixen Kapitals, also von Anlagen und Maschinen, über einen bestimmten Zeitpunkt hinaus verzögert wird, die Produktion aber während dieser Zeit auf dem alten Stand bleibt. Das muß geschehen, wenn die Kapitalisten unter den Bedingungen der einfachen (oder auch der schwach erweiterten Reproduktion) oder genauer gesagt, unter den Bedingungen, in denen bisher eine einfache Reproduktion herrschte, die bisher für den Ersatz von Arbeitsmitteln, für den Ersatz abgenutzter Teile des konstanten fixen Kapitals benutzten Mittel für Luxusausgaben verwenden, ihre Ausgaben dafür also auf Kosten vor allem des konstanten fixen Kapitals erhöhen. Bei einer solchen Erhöhung braucht man nicht unbedingt nur an den individuellen Verbrauch der herrschenden Klasse zu denken, sondern auch an ihren Konsum als Klasse insgesamt, etwa Ausgaben für Repräsentation, unter Umständen sogar für erhöhte Rüstungen oder vielleicht auch für Kolonien, wenn sie keine profitablen Investitionen darstellen. Diese Verlagerung der Nachfrage zu ungunsten der Produktionsmittel zwecks Ersatzes abgenutzten fixen Kapitals aber zugunsten von Luxusgütern der individuellen bzw. gesellschaftlichen Konsumtion leitet einen Prozeß der verminderten Reproduktion als Gegenstück zur erweiterten Reproduktion ein.

Diese Einschränkung des Ersatzes führt zunächst zu einem Aufschwung der Luxusgütererzeugung auf der einen und einer Absatzteilkrise der Produktionsmittelindustrie auf der anderen Seite. Soweit Absatzteilkrise und Absatzteilauf-

[2] K. Marx, Theorien über den Mehrwert, in: MEW, Bd. 26.2, a. a. O., S. 517.

schwung sich in ihren Wirkungen auf die Gesamtproduktion gegenseitig aufheben, kommt es nicht zu einer allgemeinen Überproduktionskrise. Aber zu einer solchen Kompensation braucht es nicht zu kommen, die Tendenz der Umwandlung in eine Gesamtabsatzkrise kann sich geltend machen, was vor allem mit der bereits erörterten Zeitverzögerung bei der Umverteilung der gesellschaftlichen Gesamtarbeit von einem Zweig zum anderen zusammenhängt. In der historischen Realität führte der Anfang des Überganges zur verminderten Reproduktion beim Beginn des ersten imperialistischen Weltkrieges in Deutschland zum sogenannten Kriegsstoß,[3] zu einer kurze Zeit andauernden allgemeinen Absatzkrise. Sie beruhte darauf, daß die Verringerung der Ausgaben für die einfache bzw. erweiterte Reproduktion sich eher auswirkte als die Vergrößerung der gesellschaftlichen Ausgaben für die Rüstungen.

Aber auch wenn es vorher nicht zu einer allgemeinen Absatzkrise gekommen bzw. diese wie der „Kriegsstoß" bald überwunden ist, muß es zu einem Rückgang der Produktion aus dem Grunde kommen, weil die nicht durch Ersatz ausgeglichene Abnutzung verringerte Funktionsfähigkeit der Produktionsmittel nach einem bestimmten Zeitintervall bedeutet. Hier liegt also ein Rückgang der Produktion, nicht als unmittelbare Auswirkung des Rückganges der Gesamtnachfrage, sondern als Folge der Zerstörung von Produktivkräften und damit eine Unterproduktionskrise infolge verminderter Reproduktion des Gebrauchswertes der stofflichen Bestandteile des konstanten fixen Kapitals vor, der keineswegs nur im Kriegsfalle einzutreten braucht. Vom Standpunkt der theoretischen Analyse vermag aber auch verminderte Reproduktion in Bezug auf das konstante zirkulierende und Warenkapital, die Vorräte an Arbeitsgegenständen und Konsumgütern, zu einer Unterproduktionskrise dann zu führen, wenn bei Überschreitung eines bestimmten Schwellenwertes dadurch der Wirtschaft die zum Schutz gegen verheerende Folgen bestimmter exogener Ereignisse wie z. B. Naturkatastrophen notwendigen Reserven genommen werden.

Bei den bisher angeführten Beispielen handelt es sich um die verminderte Reproduktion solcher Voraussetzungen des Fortganges der Produktion, die unter bestimmten historischen Bedingungen Kapitalcharakter annehmen, die dort das stoffliche Substrat bestimmter Formen des Kapitals bilden und die wir insgesamt als materiell-technische Produktivkräfte bezeichnet hatten. Es gibt aber bekanntlich andere Voraussetzungen des Fortganges der Produktion, andere Produktivkräfte wie z. B. das notwendige Wissen, das insgesamt auch im Kapitalismus keinen Kapitalcharakter annimmt, das aber auch reproduziert, bewahrt werden muß, was keineswegs eine Selbstverständlichkeit darstellt. Darüber hinaus bedarf sogar die Erhaltung der Leistungsfähigkeit, des Gebrauchswertes der modernen materiell-technischen Produktivkräfte, des stofflichen Substrats des konstanten

[3] Vgl. H. Mottek/W. Becker/A. Schröter, Wirtschaftsgeschichte Deutschlands, Bd. III, Berlin 1975, S. 203.

Kapitals einer Zunahme des Wissens. Das hängt damit zusammen, daß diese Produktivkräfte zum Ausgleich für Abnutzung und produktiven Verbrauch eines Zuflusses von sich nicht selbst regenerierenden Ressourcen, von Mineralien in großem Maße bedürfen, die bei gleichbleibender Förderung und gleichbleibendem Wissen abnehmen, sich langsam erschöpfen, sich dem Versiegen nähern würden. Sie würden damit — zunächst durch eine immer kostspieligere, schwieriger werdende Gewinnung — die vollständige einfache Reproduktion der materiell-technischen Produktivkräfte unmöglich machen und zu ihrer verminderten Reproduktion führen. Vermeidbar wird und wurde bisher diese Verminderung, ermöglicht wurde nicht nur die einfache, sondern sogar die erweiterte gebrauchswertmäßige Reproduktion des Gesamtkapitals eben nur dadurch, daß infolge geologischer Erkundungen, verminderter Förderungskosten, ärmerer bzw. tiefer liegender Mineralien, oder auch den Gebrauchswert neuer Naturstoffe als Substitute entdeckender Technologien, also auf der Grundlage früher einmal vermehrten Wissens neue Ressourcen erschlossen und entsprechende Investitionen vorgenommen wurden. Auf diese Weise allein kann der negative Effekt des Verbrauches aus dem System sich nicht selbst regenerierender Ressourcen kompensiert, die Verfügungsgewalt über Naturressourcen erhöht werden. Das wird allerdings durch den zunehmenden Aufwand für die Erzeugung des entsprechenden Wissens, die tendenzielle Vergrößerung ihres Vorlaufzeitraumes und die Langfristigkeit der erforderlichen Investitionen erschwert.

Festzuhalten bleibt jedenfalls die Tatsache, daß bei einer auf Nutzung sich nicht selbst regenerierender Ressourcen beruhenden Ökonomie bereits für die einfache Reproduktion von Industrie, Transport und Landwirtschaft eine erweiterte Reproduktion des diesbezüglichen Wissens erforderlich ist und das umso mehr, je mehr solche Ressourcen bereits genutzt werden. Daraus ergeben sich das hohe Ausmaß und die Zunahme der Gefahren bei einem solchen System der materiell-technischen Produktivkräfte, eine wachsende Gefährdung, welche eine auf weite Voraussicht beruhende Planung immer mehr zu einer Lebensnotwendigkeit für die menschliche Gesellschaft, zur Voraussetzung wenigstens für die Vermeidung von schweren Unterproduktionskrisen macht.

Zur Vermeidung solcher Unterproduktionskrisen gehört auch die bewußte Erhaltung und Pflege der regenerierbaren Ressourcen, des Naturpotentials der Umwelt, z. B. ihres Wasserdargebotes und nicht zuletzt die Reproduktion der menschlichen Arbeit als entscheidender Produktivkraft, ihr Schutz vor physischer und moralischer Zerstörung. Um diesen Schutz handelt es sich bei den Kämpfen um den Normalarbeitstag, dem Karl Marx einen großen Teil des ersten Bandes des „Kapital" widmete. Dabei vollzog sich dieser Kampf allerdings unter den Bedingungen der kapitalistischen erweiterten und nicht der einfachen Reproduktion; es ist ja auch die erweiterte Reproduktion des Kapitals, welche bereits die einfache Reproduktion, die Erhaltung der Naturressourcen so schwierig macht und die damit den Umschlag von der erweiterten zur verminderten Reproduktion des Kapitals, der durch Zerstörung des Naturpotentials erzwungenen Unterproduktionskrise, zu einer großen Gefahr werden läßt. Das ist eine immer aktueller werdende Frage, auf die wir noch einzugehen haben werden.

Schließen wir nun unsere Betrachtungen der Unterproduktionskrise und der Möglichkeit ihrer Entstehung ab.

Wir haben sie unter den Bedingungen einer vorangegangenen einfachen Reproduktion des Kapitals untersucht, bzw. unter Bedingungen, bei denen auf eine langandauernde einfache Reproduktion eine verminderte Reproduktion des Kapitals folgte, die die Unterproduktionskrise auslöste.

Dabei fällt uns folgendes auf: Überproduktion und Unterproduktion bilden keineswegs in jeder Hinsicht Begriffspaare. Das zeigt sich schon darin, daß als Folge der Krise und damit als ein Merkmal in beiden Fällen zwar ein Rückgang der Produktion eintritt, dieser sich bei der Unterproduktionskrise nur auf das gebrauchswertmäßige Volumen, das wir recht und schlecht mit dem Maßstab konstanter Preise gemessen haben, und keineswegs auf den Wert w bzw. y_w oder den laufenden Goldgeldpreis der Produktion Y zu beziehen braucht. Die unterschiedliche Wertbewegung hängt mit folgendem zusammen:

Infolge der Zerstörung von Produktivkräften etwa durch nicht kompensierte Abnutzung von Arbeitsmitteln oder nicht durch Wissenszuwachs und entsprechende Investitionen kompensierten Verbrauch sich nicht selbst regenerierender Ressourcen sinkt die Arbeitsproduktivität, was aber, da nach Karl Marx die Arbeitsproduktivität sich umgekehrt proportional wie der Wert entwickelt, die Erhöhung des Wertes der einzelnen Ware bedeutet und damit Erhöhung ihres Preises, ausgedrückt in Gold bzw. Silber. Die Verminderung der Warenmenge würde also dann durch die Vergrößerung des Wertes der einzelnen Waren ausgeglichen, der Gesamtwert der Produktion y_w bliebe also unverändert. Dasselbe trifft für die Produktion, gemessen nach Goldgeldpreisen, zu. Allerdings haben wir dabei vorausgesetzt, daß die Gesamtbeschäftigung nicht durch die verminderte Funktionsfähigkeit der Produktionsmittel, nicht durch solche Ausfälle ergänzt wird, die zum Stillstand ganzer Betriebe führen, bzw. haben wir vorausgesetzt, daß die Anzahl der Arbeitskräfte nicht etwa zwecks Kriegsdienst bzw. durch Zerstörung des Arbeitskräftepotentials verringert wird. Und das wäre bei den realen Unterproduktionskrisen zu erwarten, indem also ein Rückgang von y_w eher als ein Gleichbleiben wahrscheinlich ist. Ein solcher Rückgang könnte, brauchte aber wiederum nicht mit einem Rückgang von Y, der Produktion gemessen nach Goldgeldpreisen, identisch zu sein. Darüber hinaus gewinnt bei einer Unterproduktionskrise die Tatsache Bedeutung, daß mit dem steigenden Wert der zur Reproduktion der Arbeitskraft notwendigen Waren der Wert der Ware Arbeitskraft selbst steigt. Bei gleichbleibender Wertmasse hieße das sinkende Mehrwertmasse, sinkender Anteil des Mehrwerts am erzeugten Neuwert und damit zunehmender Druck der Bourgeoisie darauf, den Lohn der Ware Arbeitskraft unter ihren Wert zu senken. Ebenso muß die Tendenz entstehen, infolge sinkender Profitabilität der Produktion die für die weitere Produktion erforderlichen Ausgaben für Arbeitsgegenstände und Arbeitskräfte und damit die Produktion selbst zu senken.

Insoweit dieser Produktionsrückgang nicht unmittelbare Folge der Zerstörung von Produktivkräften ist, sondern unmittelbare Folge des Absatzmangels infolge aus Profitgründen verringerter Nachfrage der Kapitalisten, wäre sie ein Ausdruck der Verflechtung und gegenseitigen Erzeugung von Unterproduktion auf der einen und Überproduktion im Sinne des Absatzmangels auf der anderen Seite.

In diesem Zusammenhang stößt man somit auf die gemeinsamen Züge von Unterproduktion infolge für die einfache Reproduktion unzureichender Produktion von Produktionsmitteln, vor allem von stofflichen Bestandteilen des konstanten fixen Kapitals auf der einen Seite und allgemeinen Absatzmangels, d. h. also Überproduktion im Sinne der Marxschen äußeren Grundform auf der anderen Seite. Beide können sich formal durch Verminderung der für den ungestörten Fortgang des Reproduktionsprozesses notwendigen Ausgaben (unter den Bedingungen einer vorangegangenen einfachen Reproduktion) vollziehen. Diese Form, diese Möglichkeit ist aber in beiden Fällen der Ausdruck des kapitalistischen Privateigentums an Produktionsmitteln, das den Eigentümern die Möglichkeit gibt, bestimmte Ausgaben vorzunehmen oder nicht vorzunehmen. Dabei tendiert die Tatsache, daß die Eigentümer als Mitglieder einer Klasse über gemeinsame Merkmale verfügen und gegenseitig nicht nur durch Warenströme, sondern auch durch Informationsströme vieler Art verbunden sind, zur Wahrscheinlichkeit gleichgerichteter Handlungen in Bezug auf Ausgaben, in Bezug auf die Verfügung über ihr Privateigentum, so daß sich die verschiedenen Handlungen, wie etwa Veränderungen bei Ausgaben, keineswegs gegenseitig zu kompensieren brauchen. Da auf der anderen Seite solche Verfügungen der Kapitalisten über das Privateigentum, über die daraus fließenden Einnahmen und Profite, Störungen des Reproduktionsprozesses und bei den stark gesellschaftlich miteinander verknüpften Produktionsbereichen Kettenreaktionen auslösen können, so stellt diese Möglichkeit einen Ausdruck des Grundwiderspruchs zwischen der gesellschaftlichen Produktion und der privaten Aneignung dar, einen Widerspruch, der also sowohl den Über- als auch den Unterproduktionskrisen zugrunde liegt.

Dies ist ein Komplex, auf den im folgenden noch tiefer und umfassender eingegangen werden muß, und zwar auf der Grundlage der Analyse der erweiterten kapitalistischen Reproduktion, spitzt doch die erweiterte Reproduktion die Widersprüche des Kapitalismus, insbesondere den Grundwiderspruch zu. Sie entspricht überdies der Realität des entfalteten Kapitalismus, für den seit der industriellen Revolution sogar die Beschleunigung der erweiterten Reproduktion charakteristisch ist. Erst auf dieser Grundlage wird die zyklische Überproduktionskrise unvermeidlich. Es ist aber dabei nicht zuletzt die nach der industriellen Revolution in besonders hohem Maße sich vollziehende Zunahme des konstanten fixen Kapitals, welche die Labilität der jetzt rascheren Wachstumsprozesse erhöht. Diese Tatsachen haben sogar eine Reihe von Theoretikern, nicht zuletzt Rosa Luxemburg[4],

[4] R. Luxemburg, Die Akkumulation des Kapitals, in: Gesammelte Werke, Bd. 5, Berlin 1975.

zu der These geführt, daß es im „reinen“ Kapitalismus unmöglich sei, eine ständige Überproduktion zu vermeiden, daß also unter diesen Voraussetzungen die erweiterte kapitalistische Reproduktion an ihren eigenen Widersprüchen von Anfang an scheitern müsse. Folgt man dieser These, dann wäre der fortgesetzte Prozeß der erweiterten kapitalistischen Reproduktion nur möglich gewesen, weil es eben in der historischen Realität nicht einen „reinen“ Kapitalismus, d. h. einen Kapitalismus im Weltmaßstab, bzw. auch nur in einem Lande mit ausschließlich nur Lohnarbeitern und Kapitalisten gegeben hat.

Aber auch, wenn man sich dieser These nicht anschließt und, dem Gedankengang von Karl Marx im zweiten Band des „Kapital“ folgend, die Möglichkeit einer solchen erweiterten Reproduktion, die nicht schon bei ihrem ersten Anlauf scheitert, aufzeigt und damit anerkennt — und zwar unter der Annahme eines „reinen“ Kapitalismus —, bleibt die Fragestellung von Nutzen. Es bleibt von Nutzen das Zustandekommen einer verhältnismäßig raschen erweiterten Reproduktion, das Fehlen — für einige Jahre — ihrer Unterbrechung durch schwere Störungen, die Vermeidung ständiger Krisen bei ständigen Versuchen einer erweiterten Reproduktion keineswegs als selbstverständlich zu nehmen, und zwar weder im „reinen“ Kapitalismus noch im Kapitalismus, wie wir ihn in der historischen Realität vor uns haben. Es bleibt von Nutzen, angesichts des komplizierten, widersprüchlichen Charakters, insbesondere der beschleunigt erweiterten kapitalistischen Reproduktion, erstens nach Faktoren zu suchen, welche diese trotzdem möglich machten und von da aus zweitens die Frage zu klären, warum diese Faktoren nicht auf längere Zeit, nicht über einige Jahre hinaus die Unterbrechung des Reproduktionsprozesses durch Krisen verhindert haben. Dabei ist es wiederum zweckmäßig, diese Fragen doch zunächst unter den Marxschen Voraussetzungen eines „reinen“ Kapitalismus zu stellen. Bei der so zuerst erforderlichen Untersuchung der Möglichkeit der erweiterten Reproduktion im „reinen“ Kapitalismus steht das Realisierungsproblem im Vordergrund, das Problem der Realisierung der gesteigerten Produktion zu ihrem Wert, wobei aber dieses Problem eng mit der Frage des Zustandekommens des Zuwachses der Produktion, der gesteigerten Produktion verbunden ist.

KAPITEL 5

Die Voraussetzungen für einen störungsfreien Verlauf der erweiterten kapitalistischen Reproduktion

Die Frage der Möglichkeit bzw. der Unmöglichkeit oder zumindest der Störanfälligkeit des Zustandekommens der zusätzlichen Produktion kann ebensowenig wie die der Realisierung des Zuwachses an Waren verstanden werden, ohne den Gesamtmechanismus der erweiterten kapitalistischen Reproduktion, die im Vergleich zur einfachen Reproduktion komplizierter ist, auf der Grundlage der insbesondere im zweiten Band des „Kapital" — aber nicht allein dort — dargelegten Marxschen Theorie zu analysieren. Dabei kommt es hier natürlich auf den Zusammenhang mit Krise und Krisenzyklus an. Es sind sicherlich wesentliche Aussagen über die Krisen nicht nur in den bekannten Kapiteln des zweiten Bandes enthalten, sondern auch im ersten und dritten Band bzw. in den Theorien über den Mehrwert. Aber gegenüber der Feststellung, daß sie eben auch im zweiten Band enthalten sind, schlägt das Argument keineswegs durch, daß Karl Marx sich im zweiten Band auf den ungestörten Verlauf der kapitalistischen erweiterten Reproduktion konzentrierte, die Krise aber eine Störung darstellt. Darauf wird sinngemäß etwa folgendes geantwortet: Indem Marx auf die komplizierten, sehr schwer zu erfüllenden Vorbedingungen einer störfreien kapitalistischen Reproduktion hinweist, wird zum mindesten implizit gesagt — selbst, wenn er nicht darauf mehrfach ausdrücklich hingewiesen hätte — wie wahrscheinlich eben deshalb Krisen und wie unwahrscheinlich ein krisenfreier Verlauf des Reproduktionsprozesses sei. Aber damit stoßen wir gerade auf das bereits angedeutete Problem, den neuen Zweifel, den wir hier wegen seiner Bedeutung wiederholen wollen: Kann wegen der Kompliziertheit der Bedingungen für eine ungestörte erweiterte kapitalistische Reproduktion überhaupt damit gerechnet werden, daß diese erweiterte Reproduktion in Gang kommt, daß sie nicht schon in ihren Anfängen durch Krisen, durch schwere Störungen erstickt wird? Und damit kommen wir wiederum auf unseren Ausgangspunkt zurück. Ist erweiterte Reproduktion überhaupt, jedenfalls in einem „reinen" Kapitalismus möglich oder unmöglich, wie es Rosa Luxemburg meint; kann ihr Zustandekommen, das Fehlen einer Dauerkrise nur, wie Rosa Luxemburg meint, durch eine nichtkapitalistische Umwelt des Kapitalismus erklärt werden, auf deren Kosten der Kapitalismus expandiert?

Die Beantwortung all dieser Fragen hat zwei methodische Voraussetzungen. Die erste besteht darin, daß man mit Marx bei der Darstellung der Bedingungen der störfreien Reproduktion von einem Übergang aus der Phase der einfachen zu der Phase der erweiterten Reproduktion ausgeht. Die zweite besteht darin, daß mit großer Sorgfalt die Faktoren angegeben werden, von denen zunächst abstrahiert werden soll. Einer Annahme der ersten Voraussetzung könnte entgegengehalten werden: Ein Übergangszustand von der einfachen zur erweiterten Reproduktion wäre ganz unrealistisch, da es eine einfache kapitalistische Reproduktion nie gegeben habe. Bei der Widerlegung dieses Einwandes wollen wir uns nicht auf das Argument beschränken, die Betrachtung des Übergangszustandes sei aus demselben angeführten Grund erforderlich wie das der einfachen Reproduktion, nämlich auf den bekannten Hinweis, daß die einfache Reproduktion immer in der erweiterten Reproduktion enthalten sei. Wir wollen vielmehr noch folgendes hinzufügen: In der historischen Realität gibt es solche Übergänge, vor allem in dem von Karl Marx erwähnten Beispiel des Überganges von der Krisenphase zur Aufschwungsphase.[1] Aber auch wenn wir dieses Beispiel vorläufig ausnehmen, weil wir zunächst von einem störungsfreien Verlauf der einfachen Reproduktion und der kapitalistischen erweiterten Reproduktion sowie des Überganges vom ersten Zustand zum zweiten ausgehen wollen, könnten wir jedoch nicht an der historischen Realität von solchen Übergangszuständen zweifeln, die fast die gleichen Probleme aufwerfen. Das ist jedenfalls dann der Fall, wenn wir uns vergegenwärtigen, daß der Übergang von einer langsam erweiterten Reproduktion zu einer beschleunigten ähnliche Umverteilungsprobleme zwischen Akkumulation und Konsumtion, zwischen Abteilung I und Abteilung II zwischen den verschiedenen Sektoren der Volkswirtschaft, also insgesamt neue Proportionen notwendig macht. Außerdem kann man bei einer langsam erweiterten Reproduktion für eine kleine Anzahl von Jahren, etwa zehn, von der Erweiterung absehen und sie im Vergleich zum alten Zustand als einfach betrachten. In der historischen Realität sind solche Übergänge bei Beginn der industriellen Revolution in England ebenso wie immer bei dem Beginn einer neuen industriellen Revolution in einem anderen Lande aufgetreten. Vom Standpunkt des Weltkapitalismus bedeutet darüber hinaus der Anfang jeder weiteren industriellen Revolution eine erneute Beschleunigung des Wachstums der kapitalistischen Weltproduktion insgesamt, eine erneute Beschleunigung des internationalen Reproduktionsprozesses. Die Annahme eines Übergangszustandes erweist sich unter Berücksichtigung dieser Tatsachen nicht nur aus Gründen der Einfachheit, der Vereinfachung der theoretischen Analyse erforderlich. Auf der anderen Seite verlangt aber die theoretische Analyse sicherlich — wie bereits angedeutet — eine Reihe von Abstraktionen, womit wir zur zweiten Voraussetzung für die Beantwortung der Frage nach der Möglichkeit der kapitalistischen erweiterten Reproduktion, eines Kapitalismus ohne ständige Krisen, kommen.

[1] K. Marx, Das Kapital, Bd. 2, in: MEW, Bd. 24, a. a. O., S. 515; vgl. zum folgenden das 21. Kapitel, ebenda, S. 488—518.

Diese Abstraktionen müssen wir von solchen Annahmen unterscheiden, die sich bei Karl Marx im zweiten Band des „Kapital" unmittelbar aus seiner Darstellung des ungestörten Verlaufs des Reproduktionsprozesses ergeben, die unter der Voraussetzung der Störungsfreiheit notwendige Bestandteile dieses Prozesses sein müssen. Mit ihnen werden wir uns später zu beschäftigen haben, wenn wir diesen ungestörten Verlauf näher analysieren. Was nun zunächst die eigentlichen Abstraktionen betrifft, so müssen wir uns ihren Zweck vor Augen halten. Er besteht doch zunächst einfach darin, daß, um des besseren Verständnisses des Wesens der Erscheinungen willen, bei der Betrachtung der ökonomischen Realität eine Reihe komplizierender Faktoren zunächst außer acht gelassen werden. Marx ging gerade im zweiten Band des „Kapital" — aber nicht nur dort — in Bezug auf die Gesellschaft ebenso vor, wie (um ein oft angeführtes Beispiel zu gebrauchen) Galilei und Newton in Bezug auf die Natur, indem sie bei der Betrachtung realer Fallprozesse auf der Erde vom Luftwiderstand abstrahierten und ebenso bei der Analyse der Bewegung der Erde die Reibungskräfte vernachlässigten. Die Auswahl der realen Faktoren, von denen abgesehen werden kann, hängt aber schließlich von der theoretischen Fragestellung ab, und das ist gerade für das Verhältnis von marxistischer Reproduktionstheorie im Sinne des zweiten Bandes des „Kapital" und Krisentheorie von Bedeutung. Denn, wie bereits ausgeführt wurde, analysierte Karl Marx in diesem zweiten Band keineswegs den Krisenprozeß, sondern den Prozeß einer ungestörten, d. h. auch krisenfreien Reproduktion mit ihren Voraussetzungen. Dabei mußte er in die Anzahl der Faktoren, die zunächst zwecks vereinfachender Analyse zu vernachlässigen waren, gerade auch von solchen Faktoren absehen, die für den Krisenprozeß von Bedeutung sind oder sein können. Andererseits konnte er keineswegs nur von den in der Realität bestehenden Störfaktoren der Reproduktion absehen; vielmehr mußte er auch der Vereinfachung der theoretischen Analyse halber teilweise von Faktoren absehen, die die Störfaktoren kompensieren und den Reproduktionsprozeß leichter machen bzw. sogar von Faktoren, die eventuell den Reproduktionsprozeß erst ermöglichten. Gerade auf letzteres läuft Rosa Luxemburgs Argument von der Notwendigkeit der Expansion auf Kosten einer nichtkapitalistischen Umgebung hinaus, also darauf, daß man mit der Annahme eines „reinen" Kapitalismus im Marxschen Reproduktionsmodell gerade auf die Berücksichtigung der Hauptfaktoren verzichtet, denen der Fortgang der erweiterten kapitalistischen Reproduktion im Kapitalismus zu verdanken sei, Faktoren, die eine Dauerkrise, eine Dauer-Überproduktionskrise im Kapitalismus verhindern würden.

Zur Klärung dieses Problems der ständigen Überproduktionskrise empfiehlt es sich, wie bereits bei der einfachen Reproduktion, auch jetzt bei der Analyse des Überganges von der einfachen zur erweiterten sowie der Fortsetzung der einmal begonnenen erweiterten Reproduktion ebenfalls von der Modellannahme eines „reinen", nach außen abgeschlossenen Kapitalismus auszugehen; d. h., wir nehmen wiederum eine Ökonomie an, in der es nur Arbeiter und Kapitalisten gibt, also keine einfache Warenproduktion bzw. Produktion naturalwirtschaftlichen Charakters und damit auch keine Bauern und keine Soldaten, Beamten im Staatsapparat, in der es nur das kapitalistische Wirtschaftsgebiet gibt, keine nichtkapitalistischen Gebiete und darum keine nichtkapitalistische Umgebung. In der kapitalistischen Welt werden entsprechend keine Grenzen und damit kein Außenhandel angenommen, bzw., was weitgehend auf dasselbe hinausläuft, wir beschränken uns auf die kapitalistische Wirtschaft eines Landes ohne Außenhandel. Diese Abstraktionen, die wir auch in den nächsten beiden Kapiteln beibehalten, sollen unter der Kurzbezeichnung „reiner" Kapitalismus zusammengefaßt werden. Damit beschäftigen wir uns in diesen Kapiteln mit der ungestörten und dann der durch Krisen unterbrochenen, erweiterten Reproduktion eines „reinen" Kapitalismus. Über diese Abstraktion hinaus nehmen wir zunächst um der Vereinfachung willen eine Reihe weiterer Abstraktionen vor, die wir aber, da sie das Krisenphänomen unmittelbar berühren, bald wieder aufgeben werden. In diesem Zusammenhang soll zunächst davon ausgegangen werden, daß der Preis der Ware Arbeitskraft, der Lohn, wie das Karl Marx im „Kapital" seinen Untersuchungen gewöhnlich zugrunde legt, ihrem Wert genau entspricht, und daß weiterhin der Preis aller produzierten Waren, in Goldgeld ausgedrückt, genau ihrem Wert entspricht, wobei die durch die Unterschiedlichkeit von Produktionspreis und Wert bedingten Differenzen in der gesamten Wirtschaft sich gegenseitig ausgleichen; es wird also angenommen, daß Y, die Produktion gemessen in Gold- bzw. Silbergeldpreisen, dem Wert der Produktion, gemessen nach dem Wert des Wertmessers Edelmetall, dem metallischen Äquivalent — also Y_w — entspricht, die Preise aller Waren also keineswegs, wie gerade im Zyklus, um ihre Wertsumme schwanken; kurz, es wird eine stabile Kaufkraft des Edelmetalles und des daraus gemünzten Geldes angenommen. Und schließlich wird in unserer Analyse zunächst wenigstens ausschließliche Edelmetallzirkulation angenommen. Ohne jetzt näher darauf einzugehen, drängt sich dort sofort der Gedanke auf, daß zum mindesten die letzte Annahme, zum Teil aber auch die vorletzte, von Faktoren absieht, die einer negativen Störung bzw. ihrer Verschärfung in der Realität entgegentreten.

Schließlich sei noch darauf hingewiesen, daß Karl Marx bei der Darstellung seiner Reproduktionsschemata — aber auch nur dort — von der so wichtigen, von ihm selbst herausgearbeiteten Unterscheidung zwischen konstantem fixen und konstantem zirkulierenden Kapital sowie von den Unterschieden in der Zeitverzögerung zwischen Beginn der Kapitalerweiterungen und den durch diese bewirkten Produktionssteigerungen absieht. Aber diese Fragen können am besten und sollen deshalb mit der Erörterung jener zweiten Menge von Annahmen verbunden werden, die ganz unmittelbar mit einem zunächst störungsfreien Verlauf des Reproduktionsprozesses zusammenhängen.

Wenn wir nun auf diese Annahmen eingehen, muß ganz ausdrücklich betont werden, daß wir dabei Annahmen betreffs der Störungsfreiheit des ganzen Reproduktionsprozesses meinen, d. h. wir betrachten eine ungestörte einfache Reproduktion, einen ungestörten Übergangszustand sowie einen ungestörten Fortgang der erweiterten Reproduktion. Daraus ergibt sich zunächst eine logische Folgerung: In der einfachen Reproduktion darf es, abgesehen nur vom Zeitpunkt unmittelbar vor dem tatsächlichen Beginn der erweiterten Reproduktion, keine überschüssigen Vorräte an Arbeitsgegenständen, stofflichen Bestandteilen des konstanten zirkulierenden Kapitals geben. Dabei wird unter „Überschuß" ein Vorrat verstanden, der größer ist, als für den Fortgang der Produktion auf dem gegenwärtigen Niveau erforderlich ist. Das Vorhandensein solcher Überschüsse, die nicht unmittelbar einer zusätzlichen Produktion dienen sollen, würde Überproduktion bedeuten. Sie wäre eine Folge dessen, daß in Verwirklichung der Marxschen äußeren Grundform eine Verringerung der Nachfrage bei gleichbleibender Produktion eingetreten wäre, was eben diese überschüssigen Vorräte, diese Überproduktion von konstantem zirkulierenden Kapital zur Folge gehabt hat. Deshalb geht Karl Marx auch davon aus, daß beim Übergang zur erweiterten Reproduktion nicht auf solche überschüssigen Vorräte zurückgegriffen werden kann, sondern daß diese Vorräte erst im Jahr vor dem Beginn der vermehrten Produktion, also beim Übergang, geschaffen wurden, um bei Beginn der zusätzlichen Produktion zur Verfügung zu stehen. Dasselbe gilt auch für die stofflichen Bestandteile des Gegenwertes des zusätzlichen variablen Kapitals, also der zusätzlichen Lebensmittel für die zusätzlichen Arbeiter. Auch diese werden bei Marx im Jahr vor dem Beginn der vergrößerten Produktion erzeugt und nicht etwa in dieser Zeit als Niederschlag einer früheren Überproduktion vorgefunden. Dasselbe gilt schließlich auch für die Maschinen und Anlagen, das konstante fixe Kapital, dessen steigende Bedeutung für die erweiterte Reproduktion seit der industriellen Revolution offensichtlich ist. Auch hier werden die zusätzlichen Maschinen ebenso wie die zusätzlichen Lebensmittel für die Arbeiter und die zusätzlichen Arbeitsgegenstände als Investitionsobjekte unmittelbar vor dem Beginn der Mehrproduktion zum Zwecke der darauffolgenden Produktionssteigerung erzeugt. Anderenfalls wäre zu einem früheren Zeitabschnitt konstantes fixes Kapital mit Überproduktionswirkungen entstanden und hätte, ebenso wie die überschüssigen Vorräte an Arbeitsgegenständen, einer Mehrproduktion entgegen und sogar in der Richtung einer Minderproduktion gewirkt. Die Vermehrung des potentiellen, d. h. des noch nicht fungierenden Kapitals ist deshalb nur dann nicht Überproduktion von Kapital und führt auch zu keiner Überproduktion in engerem Sinne, wenn sie unmittelbar als Investition in die tatsächliche Vermehrung der Produktion mündet.

Mit der Erwähnung, daß die stofflichen Bestandteile des Kapitals in einem Zeitabschnitt hergestellt wurden, der vor dem Zeitabschnitt liegt, in dem mit ihnen gearbeitet wird, ist die Feststellung verbunden, daß die Arbeiterklasse die Maschinen, mit denen sie arbeitet, vorher hergestellt haben muß, ebenso, wie die Lebensmittel, durch die sie arbeiten kann, und die Arbeitsgegenstände, die sie bearbeitet. Damit haben wir auch den von Marx gemachten wesentlichen Unterschied zwischen vergangener vergegenständlichter auf der einen und gegenwärtiger lebendiger Arbeit auf der anderen Seite erwähnt. Damit haben wir schließlich in unserer Betrachtung die bekannte Zeitverzögerung, den Zeitabstand zwischen Investition, zwischen Kapitalerweiterung im Sinne der Ausdehnung des potentiellen Kapitals und der durch sie zu bewirkenden Produktionssteigerung berücksichtigt. Das war bei unserer früheren, der Darstellung von Marx im zweiten Band des „Kapital" folgenden Betrachtung der einfachen Reproduktion nicht geschehen, bei der die Zeitverzögerung nur soweit einbezogen war, als sie den Intervall zwischen der Erzielung des Verkaufserlöses in t und seiner Verwandlung in Nachfrage, in Käufe in t + 1 betraf. Diese Beachtung der größeren Zeitverzögerung zwischen Herstellung des Investitionsobjektes, zwischen der Arbeit an dem Investitionsobjekt und der Arbeit mit dem Investitionsobjekt, zwischen Investitionen und der durch sie bewirkten Steigerung der Produktion, ist ein Ausdruck der Notwendigkeit, trotz aller Vereinfachungen die größere Kompliziertheit der erweiterten Reproduktion und damit auch die Kompliziertheit des Überganges zur erweiterten Reproduktion in Rechnung zu stellen. Wenn also durch die Annahme der Zeitverzögerung der Abstraktionsgrad, die Entfernung von wichtigen bei der Krisenanalyse zu berücksichtigenden realen Tatsachen verringert wird, so ist bei der Marxschen Annahme eines für alle Vergrößerungen der stofflichen Bestandteile des potentiellen Kapitals gleichen Zeitintervalls zwischen Investition im Sinne der Herstellung von Investitionsobjekten auf der einen und der Produktionssteigerung, die dadurch bewirkt wurde, auf der anderen Seite das Gegenteil der Fall.

Marx nimmt darüber hinaus im zweiten Band für diesen gleichen Zeitabschnitt aus Gründen der Vereinfachung ein Jahr an. Eine solche Gleichheit würde übrigens auch bestehen, wenn die Zeit zwischen der Herstellung des Investitionsobjektes und der Arbeit mit ihnen gleich Null wäre. Offensichtlich sind aber die Zeitintervalle, etwa zwischen der Errichtung eines Bergwerkes und seiner vollen Ausnutzung, weit größer als allgemein zwischen der Errichtung einer Fabrik für Fertigwaren und der durch sie bewirkten Produktion bzw. Produktionssteigerung, was besonders im 19. Jahrhundert deutlich zum Ausdruck kommt. Man dürfte nicht zu weit gehen, wenn man eine solche größere Zeitverzögerung auch bei der Herstellung von Rohstoffen der Landwirtschaft beachten muß, so daß man in der historischen Realität einen für die Krisenanalyse sehr wichtigen Unterschied zwischen Zeitverzögerungen bei Investitionen in den verschiedenen Teilen der Wirtschaft beobachten kann. Diese Unterschiede müssen bei gleichzeitigem Beginn des Überganges zur erweiterten Reproduktion zum Zeitpunkt des tatsächlichen bzw. vorgesehenen Beginns der größeren Gesamtproduktion zu Disproportionen führen, zu Störungen der erweiterten Reproduktion, die sogar das Zustandekommen der vergrößerten Produktion unmöglich machen können. Auf der anderen Seite wäre es aber, wenn keine überschüssigen Kapazitäten vor Beginn des Überganges zur erweiterten Reproduktion beständen, außerordentlich unwahrscheinlich, daß die Investitionen, wenn sie in den verschiedenen Teilen der Wirtschaft zu verschiedenen Zeitpunkten beginnen, dabei so genau aufeinander abgestimmt vorgenommen werden, daß durch ihre gleichzeitige Fertigstellung der Beginn der vergrößerten Produktion gesichert werden kann. Es würde also die Ersetzung der Annahme der gleichen Zeitverzögerung zwischen Investitionen und Produktionssteigerung durch die Annahme einer proportionalen harmonischen Wirkung von zu unterschiedlichem Zeitpunkt begonnenen Investitionsobjekten auf die Produktion im günstigsten Fall die Ersetzung einer unrealen durch eine unwahrscheinliche Annahme bedeuten, wobei von anderen Störungsfaktoren bei der Produktionserweiterung abgesehen wird. Außerdem würde ein unterschiedlicher Beginn der Investitionen den stoßartigen Charakter des Beginns der Massenanlage von konstantem fixen Kapital unberücksichtigt lassen, jedenfalls außerhalb der Landwirtschaft, ein stoßartiger Beginn, der in der historischen Realität festzustellen ist und den Karl Marx auch im ersten Band des „Kapital" erwähnt hat.[2]

Die bisherige Betrachtung der von Störfaktoren der Reproduktion absehenden Annahmen hat gezeigt, daß damit — gewissermaßen unbemerkt — wichtige Seiten des Überganges zur erweiterten Reproduktion bzw. der erweiterten Reproduktion selbst in Augenschein genommen werden mußten. Es empfiehlt sich daher, die weitere Erörterung der Vernachlässigung von Störfaktoren organisch mit der Analyse des Überganges zur erweiterten Reproduktion bzw. der erweiterten Reproduktion selbst zu verbinden und dabei die einzelnen Schritte, die zur erweiterten Reproduktion führen, genauer zu untersuchen.

Da nach der Feststellung von Marx die materiellen Voraussetzungen der erweiterten Reproduktion unter den Bedingungen der einfachen Reproduktion geschaffen werden, ist eine Wirtschaft, die auf erweiterte Reproduktion eingestellt ist, selbst dann, wenn sie noch einfach produziert, von einer anderen Struktur als eine solche einfach reproduzierende Wirtschaft, bei der letzteres nicht der Fall ist. Deshalb unterscheidet Karl Marx im zweiten Band des „Kapital" auch ein Schema der einfachen Reproduktion, in welchem die erweiterte Reproduktion nicht schon vorbereitet wird, von einem solchen, in dem das geschieht und das er „Ausgangsschema für Reproduktion auf erweiterter Stufenleiter" nennt.

Bezeichnen wir den nach Karl Marx zur einfachen Reproduktion der Abteilung I benötigten Wert der Produktionsmittel mit Ic und zerfällt der Wert der Gesamtproduktion der Abteilung I in die Teile Ic + Iv + Im, die Werte des in der Produktion verbrauchten konstanten und variablen Kapitals, sowie auch des darin erzeugten Mehrwertes, dann beträgt der Wert der nicht zur einfachen Reproduktion der Abteilung I benötigten Produktionsmittel Iv + Im. Der Wert, der in der Abteilung II zur einfachen Reproduktion benötigten, von der Abteilung I zur Verfügung zu stellenden Produktionsmittel beträgt aber IIc. Bei der erweiterten Reproduktion muß nun aber bekanntlich die Abteilung I mehr Produktionsmittel herstellen als sie der Abteilung II zur Verfügung stellt. Daraus ergibt sich dann die bekannte in jedem Lehrbuch der Politischen Ökonomie ausführlich behandelte, nicht nur für den Übergang, sondern auch für den gesamten Verlauf der erweiterten Reproduktion gültige Marxsche Ungleichung[3].

$$\mathrm{Iv} + \mathrm{Im} > \mathrm{IIc}\,.$$

[2] K. Marx, Das Kapital, Bd. 1, in: MEW, Bd. 23, Berlin 1965, S. 662.

[3] Vgl. dazu insbesondere MEW, Bd. 24, a. a. O., S. 515f., wo auch auf Störungsmöglichkeiten im Verhältnis von Iv + Im zu II c hingewiesen wird, sowie auch S. 510.

Demgegenüber sind bei der nicht auf den Übergang zur erweiterten Reproduktion im ersten Schema eingestellten Struktur die Gleichgewichtsbedingungen bekanntlich

$$Iv + Im = IIc .$$

Karl Marx geht auf den Übergang zwischen den beiden Strukturen nicht näher ein, er macht nur in diesem Zusammenhang die Bemerkung, daß der Übergang die Produktion befähigen muß, „weniger Elemente des konstanten Kapitals für II, aber um ebensoviel mehr für I herzustellen" und weiterhin, daß diese Umstellung „sich nicht immer ohne Schwierigkeit vollziehn wird", obwohl sie durch die Tatsache erleichtert wird, „daß eine Anzahl Produkte von I als Produktionsmittel in beiden Abteilungen dienen können."[4] Für die Krisentheorie und die Krisengeschichte sind nun gerade diese Schwierigkeiten von Interesse; und es ergibt sich die Frage, ob diese Schwierigkeiten selbst nicht auf die Möglichkeit bzw. auch sogar Wahrscheinlichkeit einer Krise hinauslaufen. Gehen wir nun auf diese Schwierigkeiten, die prinzipieller Natur sind, näher ein. Diese Schwierigkeiten erwachsen zunächst vor allem aus einem Grund: Wenn, in Marx' Worten, beim Übergang weniger Elemente des konstanten Kapitals für II, aber um ebenso viel mehr für I hergestellt werden, also eine Verringerung der Zufuhr der Elemente des konstanten Kapitals für II auf Kosten der Vermehrung für I eintritt, dann kann, wenn nach Voraussetzung bisher in beiden Abteilungen und demnach auch in Abteilung II einfach reproduziert wurde, die Abteilung II, wenigstens am Beginn des Überganges von der einfachen Reproduktion zur erweiterten, ihr konstantes Kapital nicht aufrechterhalten. Der Abteilung II gelingt also bei verminderter Reproduktion ihres konstanten Kapitals keine Aufrechterhaltung ihres Gesamtkapitals, wenn dieser Verminderung des konstanten Kapitals keine Erhöhung des variablen Kapitals gegenübersteht, wenn also keine Substitution von vergegenständlichter Arbeit durch lebendige Arbeit in Abteilung II erfolgt; gerade aber letzteres als Voraussetzung für einen ungestörten Übergang folgert Karl Marx. Das ergibt sich aus dem Vergleich der Zahlen in dem Beispiel für Schema A und Schema B, da in Schema B der Abnahme des verbrauchten angewandten konstanten Kapitals eine Zunahme des variablen Kapitals und des damit erzeugten Mehrwertes gegenübersteht.[5]

Soll aber beim Übergang von der Schema-A-Struktur zur Schema-B-Struktur zusätzliches Kapital angewandt, sollen zusätzliche Arbeitskräfte eingesetzt werden, so müssen die dafür erforderlichen zusätzlichen Lebensmittel und Konsumgüter im Gegenwert des zusätzlichen variablen Kapitals vorher erzeugt worden sein. Das kann natürlich nicht auf Kosten derjenigen Waren geschehen, welche in der Schema-A-Struktur die stofflichen Bestandteile, die Naturalform des konstanten Kapitals bilden. Wenn aber $c = Ic + IIc$ gleichbleiben, $v = Iv + IIv$ wachsen

[4] Ebenda, S. 492.
[5] Ebenda, S. 505.

sollen, dann muß schon eine Akkumulation der stofflichen Bestandteile des Gegenwertes des zusätzlichen variablen Kapitals aus Teilen des Mehrwertes vorangegangen sein. Anders kann es unter den gegebenen Voraussetzungen oder Abstraktionen, unter Berücksichtigung des Unterschiedes von Schema A und Schema B im Beispiel von Karl Marx, keineswegs zu einem Übergang von der Schema-A-Struktur zur Schema-B-Struktur gekommen sein; die Erhöhung von 500 v auf 750 v in II ist bei Gleichbleiben des konstanten Kapitals nur durch eine solche Akkumulation möglich. Wenn Karl Marx trotzdem die Schema-B-Struktur als Ausgangsschema für die Reproduktion auf erweiterter Stufenleiter bezeichnet, so deshalb, weil der Übergang von der Schema-A-Struktur zur Schema-B-Struktur sich zwar nicht ohne Akkumulation, eben Akkumulation der Abteilung II, vollziehen kann, diese Akkumulation aber vor Erreichung der Schema-B-Struktur noch nicht zu einer tatsächlichen erweiterten Reproduktion des fungierenden Kapitals, zu einer Mehrproduktion geführt hat, sondern nur zu einer Umverteilung innerhalb der Abteilung II zwischen der Konsumgüterproduktion für die zusätzlichen Arbeiter wegen der Mehrbeschäftigung und der Luxusgüterproduktion für die Kapitalisten, die sich wegen der Akkumulation vermindern muß. Ein anderer Weg wäre nur dann denkbar, wenn man annimmt, daß der Lohn der Arbeiter und damit auch der Lohn der zusätzlichen Arbeiter unter den Wert gesenkt wird. Das entspricht allerdings nicht der vereinfachenden Grundannahme von Karl Marx, der immer davon ausging, wie er sagt, daß der Kapitalist die Arbeitskraft nach ihrem Wert bezahlt, obwohl er es „größtenteils nicht tut", wobei er doch keineswegs, wie die große Mehrzahl der bürgerlichen Ökonomen annimmt, damit „selbigen Kapitalisten ein Unrecht angetan" hat.[6] Der andere Weg unter Verzicht auf die Marxsche, den Kapitalisten günstige Grundannahme würde dann darin bestehen, daß es den Unternehmern gelingt, beim Übergang von der Schema-A-Struktur zur Schema-B-Struktur, den Lohn unter den Wert der Arbeitskraft zu senken, auf diese Weise ihre Profite zu erhöhen und damit die notwendige Akkumulation zu erreichen, ohne den bisherigen Luxusaufwand einzuschränken. Aber auf beiden Wegen, also entweder dem der Herabsetzung der Luxusausgaben oder dem der Herabsetzung des Arbeitslohnes unter den Wert der Arbeitskraft, bestehen beim Übergang zur erweiterten Reproduktion Schwierigkeiten, und diese Schwierigkeiten sind, wenn wir an den bisherigen Voraussetzungen festhalten, außerordentlich groß. Einmal erfordert es bei den Kapitalisten zur erweiterten Reproduktion zwecks Erweiterung des variablen Kapitals wie auch anderer Kapitalausgaben bzw. Investitionen eine hinreichende Profitabilität als Bedingung; das muß um so mehr der Fall sein, wenn diese Kapitalausgaben auf Kosten der Revenue-Ausgaben gehen. Aber es ist doch zum mindesten unwahrscheinlich, daß bei einer ungestörten einfachen Reproduktion es zu einer solchen Umstellung der Ausgaben zugunsten der Akkumulation kommt. Aber selbst wenn es dazu kommt, bringt die Verminderung der Luxusausgaben der Kapitalisten eine Teil-Überproduktionskrise mit sich, eine Krise der Luxusgüter-

[6] Ebenda, S. 504.

produktion, und wenn diese Teilkrise nicht gleichzeitig durch den Aufschwung der Massengüterproduktion kompensiert wird, muß sie in eine allgemeine Überproduktionskrise übergehen.

Ist nun aber trotz aller Schwierigkeiten der Übergang von der Schema-A-Struktur zur Schema-B-Struktur zur Ausgangsstruktur für die Reproduktion auf der erweiterten Stufenleiter vollzogen, so verbleiben noch Fragen des von Karl Marx ausführlich dargestellten Übergangs von dieser Struktur zur tatsächlichen Mehrproduktion im nächsten Zeitabschnitt — bei Karl Marx im nächsten Jahr —. Denn dieser Übergang ist keineswegs von der Gefahr einer sie vereitelnden Störung frei. Darauf deuten zwei Formulierungen von Marx hin, von denen die eine folgendermaßen lautet: „Beginnt *wirklich* die Reproduktion auf erweiterter Stufenleiter"[7] oder „wird mit diesem vermehrten Kapital nun wirklich produziert."[8] Dabei haben wir auf den Teil der Störungsgefahr, der sich auf die stofflichen Bestandteile des zusätzlichen Kapitals und nicht auf das zusätzliche Geld bezieht, schon bei der Erörterung der notwendigen Abstraktionen aufmerksam gemacht, und zwar eben der Abstraktionen von solchen Faktoren, welche den Reproduktionsprozeß stören. Es sei hier nur auf die Annahme einer für alle Zweige gleichen Zeitverzögerung zwischen der Produktion von Produktionsgütern und der durch sie bewirkten Erhöhung der Produktion hingewiesen sowie auf die Voraussetzung derselben gleichen Zeitverzögerung zwischen der zusätzlichen Produktion von Konsumgütern für die zusätzlichen Arbeiter auf der einen und ihrer Konsumtion auf der anderen Seite. Werden nämlich die zusätzlichen Produkte nicht zum mindesten gleichzeitig fertig, kommt ein Teil der zusätzlichen Produktionen wegen der disproportionalen Entwicklung, wegen relativer Unterproduktion in einem Sektor, der nicht in hinreichendem Maße produziert hat und der relativen Überproduktion im anderen Sektor, der über das notwendige Maß hinaus produziert, nicht zustande. Diese Feststellung hat, wenigstens so lange, wie wir den ständigen ungestörten krisenfreien Verlauf des Reproduktionsprozesses annehmen, nicht nur für die erweiterte Reproduktion am Beginn des Überganges von der einfachen, sondern auch für jede Weiterführung eine große Bedeutung, für die immer bestimmte Proportionen nicht nur zwischen Abteilung I und II, sondern auch vor allem zwischen der Erzeugung von Fertigwaren und insbesondere von landwirtschaftlichen Rohstoffen notwendig sind. Man muß diese anderen Proportionen, vor allem die Proportionen zwischen Rohstoffsektor und Fertigwarensektor, deshalb hervorheben, weil Karl Marx auf diese Frage nicht im zweiten, sondern im dritten Band des „Kapital" hingewiesen hat.[9] Will man aber von den Marxschen Grundgedanken der Reproduktionstheorie im Hinblick vor allem auf ihre Anwendung für die Krisenanalyse ausgehen, so kann man auf diese Marxschen Grundgedanken nicht deshalb ver-

[7] Ebenda, S. 506.

[8] Ebenda, S. 507.

[9] Vgl. insbesondere K. Marx, Das Kapital, Bd. 3, in: MEW, Bd. 25, Berlin 1965, S. 129; vgl. auch Theorien über den Mehrwert, in: MEW, Bd. 26.2, a. a. O., S. 517.

zichten, weil sie im dritten Band und nicht im zweiten Band enthalten sind. Dasselbe gilt auch für die Frage der Reproduktion der proletarischen Reservearmee, die ebenfalls im zweiten Band nicht beschrieben ist, die jedoch ebenso eine Voraussetzung für die Verwirklichung des Überganges von der einfachen zur erweiterten Reproduktion wie für deren Fortführung darstellt.

Wir haben die Schwierigkeiten für das wirkliche Zustandekommen der Mehrproduktion ebenso wie für den gesamten Übergang von der einfachen zur erweiterten Reproduktion nur in stofflicher Hinsicht, d. h. in Bezug auf die zusätzlichen Arbeitsmittel, Arbeitsgegenstände, Konsumgüter, deren frühere Herstellung für das spätere Zustandekommen der Mehrproduktion notwendig ist, analysiert. Wir haben also dabei nur die Naturalbestandteile des zusätzlichen Kapitals, aber nicht seine Geldbestandteile, das zusätzliche Geldkapital im Auge gehabt. Eine solche Vernachlässigung würde einer weitverbreiteten Neigung unter den Theoretikern entsprechen, bei Schwierigkeiten, Störungen des Reproduktionsprozesses, den Geldfaktor völlig außer acht zu lassen, der Neigung also, sich auf die sogenannten realen Prozesse zu konzentrieren, wobei man das Geld irgendwie als unreal ansieht. Diese Neigung hängt — wie bereits erwähnt — bei marxistischen Theoretikern mit dem Kampf gegen jene zusammen, welche eine Verhinderung bzw. eine Beseitigung von Krisen durch Geldmanipulationen zu erreichen suchen. Karl Marx hat, obwohl er den Kampf gegen die zeitgenössischen Anhänger solcher „Lösungen" mit Entschiedenheit führte, das Geld nie als unreal angesehen, und das keinesfalls nur deshalb, weil er als Geld entweder nur bestimmte Quanta gemünzten Edelmetalls, vor allem Gold, ansah, oder auch solche Quanta nominellen Geldes, welche die entsprechenden Mengen von Gold zum mindesten repräsentierten. Das zeigt sich in seiner Feststellung, daß in der Warenproduktion im allgemeinen und in der kapitalistischen Warenproduktion ganz besonders, nicht die Beziehung W—W, sondern die Beziehung W—G—W, bzw. G—W—G, also die Umwandlung von Waren nicht gegen Waren, sondern gegen Geld maßgeblich sei. Und er hat diese Feststellung auch bei der Betrachtung des Reproduktionsprozesses keineswegs vernachlässigt. Das zeigt sich schon ganz deutlich in der Anzahl der Zeilen und Seiten, welche er folgendem Problem widmete: Woher kommt das zusätzliche, für die erweiterte Reproduktion erforderliche Geld, das zusätzliche Geldkapital? Dabei entsteht die Frage, inwieweit zusätzliches Geld sowohl für das Zustandekommen der Mehrproduktion als auch für die Realisierung einer einmal zustande kommenden Mehrproduktion einschließlich des darin enthaltenen zusätzlichen Mehrwertes notwendig ist. Betrachten wir dabei wie bisher zunächst das Zustandekommen der neuen zusätzlichen Produktion, was allerdings eng mit der Realisierung der alten verbunden ist; genauer gesagt, die Realisierung der Produktion im Zeitraum t ist mit Ausnahme eines noch zu erörternden Restes eine Voraussetzung für die Produktion im Zeitraum t + 1.[10]

[10] Vgl. Marx, Das Kapital, Bd. 1 in: MEW, Bd. 23, S. 589 und Luxemburg, Die Akkumulation des Kapitals, a. a. O.

Daraus ergibt sich die Frage, ob die Realisierung der alten Produktion dem Geldbetrage nach ausreicht, um für eine größere Produktion von dieser Seite her die Voraussetzung zu schaffen. Es ist dies eine Frage, die — entsprechend — für die einfache Reproduktion, für die Weiterführung der Produktion im selben Umfang schon — bejahend — beantwortet wurde. Bei der erweiterten Reproduktion muß ausdrücklich beachtet werden, daß die materiellen Voraussetzungen für die größere Produktion im nächsten Zeitabschnitt — t + 1 — im vorhergehenden — t — geschaffen werden. Bei diesen Voraussetzungen geht es, wie bereits erwähnt, um nichts anderes, als um die zusätzliche Produktion der stofflichen Elemente eines entsprechenden zusätzlichen virtuellen Sachkapitals, das dann — in t + 1 — in zusätzlich fungierendes, tätiges, durch die tatsächliche Mehrproduktion verwandelt wird. Bei der Art der Vorbereitung auf diese Mehrproduktion müssen wir, um die Frage der Finanzierung analysieren zu können, genauer als bisher auf die Zeitfolgen und Zeitverzögerungen bei der Verteilung der einzelnen Elemente des virtuellen Sachkapitals und ihrer Verwandlung in fungierendes Kapital eingehen. Hierbei zeigt es sich zunächst, daß es wohl in bezug auf die Störempfindlichkeit, aber keineswegs in bezug auf die prinzipielle Möglichkeit einen Unterschied zwischen den folgenden zwei Fällen gibt.

Das ist erstens der Fall des Überganges von der einfachen zur erweiterten Reproduktion, von dem wir in unserer Betrachtung der erweiterten Reproduktion ausgegangen waren. Und zweitens der kapitalistische Normalfall, bei dem auf einen Zeitabschnitt — etwa ein Jahr — der erweiterten Reproduktion wiederum ein Jahr der erweiterten Reproduktion folgt. In beiden Fällen muß im Zeitpunkt t eine Vergrößerung des virtuellen Sachkapitals, also jener Güter, die dieses Sachkapital vergegenständlichen, im Vergleich zum Zeitpunkt t — 1 erfolgt sein, bevor eine Vergrößerung des fungierenden Kapitals oder der Gesamtproduktion im Zeitpunkt t + 1 erfolgen kann.

Dabei ist nur im ersten Fall, im Gegensatz zum zweiten, der als Normalfall anzusehen ist, die Produktion in den Zeitpunkten t und t — 1 gleichgeblieben.

Eine solche Vergrößerung des virtuellen Sachkapitals bei gleichbleibender Produktion findet sich auch in dem vorher angeführten Marxschen Beispiel für die Transformation einer Ökonomie mit einfacher Reproduktion, die nicht auf den Übergang zur erweiterten Reproduktion eingestellt ist, zu einer darauf ausgerichteten Struktur, wobei in diesem Beispiel die Vergrößerung des virtuellen Kapitals und der entsprechenden Produktion sich ausschließlich auf die Konsumgüter für die Arbeiterklasse bezog, während der Wert der hergestellten Produktionsmittel unverändert blieb. Dieses Beispiel beinhaltet eine Substitution von konstantem Kapital des Konsumgütersektors durch variables Kapital und damit einen zeitweiligen Rückgang in der organischen Zusammensetzung des Kapitals, der doch für den Kapitalismus keineswegs charakteristisch ist. Es ist dies eine bedeutsame, aber nicht die einzige theoretische Möglichkeit für die Vorbereitung des Überganges zur erweiterten Reproduktion. Dieses Beispiel wurde von Karl Marx auch zum Teil deshalb gewählt, um die Beziehungen zwischen konstantem Kapital für die Abteilung I und konstantem Kapital für die Abteilung II sowie um die Gesetzmäßigkeit zu erläutern, die durch die Formel Iv + Im > IIc ausgedrückt wird. Bei unserer jetzigen Betrachtung wollen wir beide Fälle der erweiterten Reproduktion vergleichbar machen. Dabei ist es jedoch zweckmäßig, für die tatsächliche Gesamtmehrproduktion im Zeitpunkt t + 1 von einer solchen Vorbereitung, d. h. Akkumulation im Zeitpunkt t auszugehen, in der die erforderliche Vergrößerung der stofflichen Elemente des virtuellen Kapitals auch das konstante Kapital umfaßt. Bei gleicher Gesamtproduktion wie im Zeitpunkt t — 1 soll also im Zeitpunkt t auch die Produktionsgüterproduktion — etwa auf Kosten des Kapitals für die Luxusgüterproduktion — und nicht nur die Konsumgüterproduktion für die in t + 1 beschäftigten Arbeiter zunehmen. Dabei geht es um die Nachfrage, die für das Zustandekommen einer größeren Produktion notwendig ist, sowie vor allem um das Geld, welches diese Nachfrage zahlungsfähig macht. Die Steigerung der Produktionsgüterproduktion in t führt nur dann zur Vergrößerung des virtuellen konstanten Kapitals, schafft nur dann eine Voraussetzung für die Gesamtproduktionssteigerung in t + 1, wenn die entsprechenden zusätzlichen Produktionsmittel aus den Händen der Produzenten in die Hände der Anwender, der produktiven Konsumenten, gelangen. Das erfordert zumindest einen Verkaufsakt, der in t erfolgen kann, und zwar den vom Produzenten zum Anwender. Mit anderen Worten: Die Realisierung der betreffenden zusätzlichen Produktionsmittel Δi ist erste Voraussetzung für die Mehrproduktion in t + 1. Dabei muß man beachten, daß die Käufer der so realisierten Produktionsmittel ja Unternehmer sind, wie z. B. die Baumwollgewebefabrikanten, die als produktive Verbraucher Arbeitsgegenstände, vor allem Baumwollgarne, von den Garnproduzenten kaufen.

Die zweite Voraussetzung für die zusätzliche Produktion in t + 1, die zusätzliches Geld, zusätzliches Geldkapital von den Kapitalisten verlangt, ist der Einsatz der zusätzlichen Arbeitskraft in t + 1, die dafür erforderlichen zusätzlichen Löhne, die bei gleichbleibendem Wert der Arbeitskraft und Übereinstimmung dieses Wertes mit den Löhnen die Wertgröße Δv besitzen. Beachten wir weiter, daß wir, wie bei der bisherigen Lohnsumme mit den bisherigen Arbeitern, auch bei der zusätzlichen Lohnsumme für die zusätzlichen Arbeiter unverzügliche Umwandlung der Löhne in Nachfrage und entsprechend für die Reproduktion der Arbeitskraft notwendige Konsumtion annehmen können, und verwenden wir die bei der einfachen Reproduktion verwandten Symbole weiter, dann gilt für die für das Zustandekommen der größeren Produktion in t + 1 notwendige Nachfrage

$$\overset{\square}{Z}_{t+1} = Z_c + Z_{\Delta c} + Z_v + Z_{\Delta v} = c + \Delta c + v + \Delta v \qquad (6)$$

Auch diese Nachfrage könnte, wenn wir keine anderen Geldquellen voraussetzen, ausschließlich aus dem Gelderlös E der vorher verkauften Waren finanziert werden. Nur ist die Problematik insoweit im Vergleich zu unseren früheren Überlegungen komplizierter, als wir jetzt nicht annehmen können, daß die für das Zustandekommen der größeren Gesamtproduktion Y_{t+1} notwendige Nachfrage der Kapitalisten aus E_t, dem Gelderlös der Produktion im unmittelbar vorhergehenden Zeitabschnitt t, finanziert werden kann. Was die zusätzlichen Produktionsmittel und die Produktionsmittel überhaupt betrifft, so müssen sie nach unseren jetzigen Voraussetzungen schon in t produziert und infolge der sofortigen Realisierung auch in t gekauft worden sein, und zwar aus dem Verkaufserlös für die frühere Warenproduktion, also E_{t-1}. Was die zusätzlichen Löhne — die Löhne überhaupt — betrifft, so können die Geldmittel dafür auch nicht aus der Realisierung der Produktion von t kommen, und zwar aus dem einfachen, jedenfalls für den Konsumgütersektor einleuchtenden Grund, daß diese Realisierung der Konsumgüterproduktion für die in t + 1 zu beschäftigenden Arbeiter erst in t + 1 nach der Auszahlung der zusätzlichen Löhne bzw. der Löhne überhaupt und ihrer Verwandlung in effektive Nachfrage erfolgen kann. Aber genauso wie die Konsumgüterproduktion für die in t + 1 zu beschäftigenden Arbeiter erst in t + 1 realisiert wird, muß auch die Konsumgüterproduktion für die in t zu beschäftigenden Arbeiter zwar in t — 1 zustande kommen, aber erst in t realisiert werden. Deshalb kann das Geld für die zusätzlichen Löhne in t + 1, zumindestens von Seiten der Konsumgüterfabrikanten, nur aus der in t vollzogenen Realisierung der Produktion von t — 1 kommen. Das ändert jedoch nichts daran, daß die für das Zustandekommen der größeren Gesamtproduktion t + 1 erforderliche Nachfrage aus dem Verkaufserlös E_{t-1}, der in t — 1 erzeugten Ware stammt, wenn auch nicht alle diese Waren bereits in t — 1 realisiert werden konnten. Aus E_{t-1} entsteht auch das entsprechende Nachfragepotential $\bar{Z}_{t-1}$, aus dem auch $\overset{\square}{Z}_{t+1}$ finanziert wird. Wenn wir nun beachten, daß E_{t-1} den Verkaufserlös aller in t — 1 produzierten, aber keineswegs ausschließlich in t — 1 realisierten Waren bedeutet, gilt für E_{t-1}:

$$E_{t-1} = Y_{t-1} = \bar{Z}_{t-1} = Z_c + Z_v + Z_m = c + v + m\,, \qquad (7)$$

wobei wir nicht danach fragen, ob die entsprechenden Geldausgaben in t — 1 oder in t fallen. Subtrahieren wir nun von diesem Erlös, dem Nachfragepotential, die für das Zustandekommen der größeren Produktion in t + 1 notwendige Nachfrage $\overset{\square}{Z}_{t+1}$, subtrahieren wir demnach die Gleichung (4) von Gleichung (5), dann erhalten wir

$$\begin{aligned}\bar{Z}_{t-1} - \overset{\square}{Z}_{t+1} &= Z_c + Z_v + Z_m - (Z_c + Z_{\Delta c} + Z_v + Z_{\Delta v}) = \\ Z_m - (Z_{\Delta c} + Z_{\Delta v}) &= m - (\Delta c + \Delta v) \qquad (8)\end{aligned}$$

Daraus ergibt sich, daß ohne Inanspruchnahme anderer Finanzierungsquellen als des vorherigen Erlöses das Zustandekommen der größeren Produktion in t + 1, also von $Y_{t+1} > Y_t$ in dem Umfange finanziert werden kann, in dem der Zuwachs nicht größer als m, der vorher realisierte Mehrwert der Produktion von t — 1, also Y_{t-1}, ist. Also gilt die aus der Reproduktionstheorie von Marx unmittelbar folgende Ungleichung:

$$Z_m - (Z_{\Delta c} + Z_{\Delta v}) \geqq 0\,, \quad \text{bzw.} \quad m - (\Delta c + \Delta v) \geqq 0 \quad \text{(Ungleichung 2)}.$$

Dabei gilt diese Ungleichung ebenso wie die vorhergehenden Gleichungen 5 und 6 nur unter der Annahme, daß sowohl nach den stofflichen Bestandteilen wie nach dem Umfange die Nachfrage nach allen in t — 1 bzw. t erzeugten Waren ihrem Wert entspricht. Außerdem kommt naturgemäß für die Finanzierung der größeren Produktion von t + 1 nur der Teil des realisierten Mehrwertes in Betracht, der nicht der Revenue der Kapitalisten dient bzw. dienen soll. Wenn wir nun diesen realisierten Mehrwert gleich dem erzeugten Mehrwert setzen und letzteren wie üblich in den für Revenue bestimmten Teil m_r und den für Akkumulation bestimmten m_a einteilen, dann erhalten wir die bekannte Bedingung der erweiterten Reproduktion

$$m_a = \Delta c + \Delta v \, . \tag{9}$$

Aus dem m_a entsprechenden Gelderlös können beim Übergang zur erweiterten Reproduktion also sowohl die für die zusätzliche Produktion von t + 1 notwendigen zusätzlichen Produktionsmittel wie die zusätzliche Arbeitskraft gekauft, die zusätzlichen Löhne gezahlt werden, und zwar mit demselben Geld, das vorher für Revenuegüter ausgegeben wurde. Das — virtuelle — Geldkapital erhöht sich dann, jedoch keineswegs die vorhandenen Geldmittel bzw. Geldfonds in der Hand der Unternehmer. Aber zumindest bei einer solchen Umstellung, die auch bei der Beschleunigung der erweiterten Reproduktion eintritt, gibt es Schwierigkeiten. Sie entstehen daraus, daß die Unternehmer ihren bisherigen für Revenue bestimmten Gelderlös sogleich, d. h. in t ausgeben konnten, dies aber zumindest nicht für den zur Kapitalerweiterung bestimmten Teil des Geldes zutrifft, der für die Zahlung zusätzlicher Löhne in t + 1 bestimmt ist. Das bedeutet aber, daß das für diese Löhne bereitzustellende Geld im Gegensatz zu den Revenueausgaben längere Zeit vor der Verwertung aufgespeichert werden muß, wobei es um dieselbe Summe geht, die sonst bei einfacher Reproduktion in t und nicht erst in t + 1 für Revenuegüter ausgegeben werden könnte bzw. wurde.

Bei dieser Aufspeicherung besteht sicherlich die Gefahr, daß der bereits früher erwähnte Marxsche Geldakkumulationskrisenfall eintritt, wobei diese Möglichkeit bei einer lang andauernden Aufspeicherung von Geld für eine wesentlich spätere Erweiterung des konstanten Kapitals, also für einen wesentlich späteren Ankauf von Produktionsmitteln, noch größer sein dürfte. Aber es besteht eben nur eine Gefahr, keineswegs eine Gewißheit. Fragen wir uns, was geschieht, wenn in t die erforderliche Steigerung der Konsumgüterproduktion für die zusätzlichen in t + 1 zu beschäftigenden Arbeiter, ebenso wie die größere Produktion von Produktionsmitteln stattgefunden hat?

Das erfolgte auf Kosten der Revenueproduktion, um damit in t + 1 eine größere Gesamtproduktion zustande zu bringen.

Dadurch, daß ohne Kompensation im Produktionsgütersektor im Konsumgüterbereich eine bereits in t ganz bzw. teilweise wirksame Nachfrage — die nach Revenuegütern — durch eine erst ganz in t + 1 wirksame Nachfrage, und zwar die nach zusätzlichen Konsumgütern für die in t + 1 zu beschäftigenden Arbeiter ersetzt wird, verringert sich die Gesamtnachfrage Z_t im Vergleich zu Z_{t-1}, und zwar bei gleichbleibender Gesamtproduktion, also bei $Y_t = Y_{t-1}$. Als Folge davon gibt es in t zusätzliche Vorräte an Konsumgütern für die Arbeiterklasse, die überschüssig wären, wenn die Produktion nur in demselben Umfang weitergeführt würde. Sie sind aber nicht überschüssig, und bilden nicht mit Notwendigkeit einen Ausgangspunkt für eine Überproduktionskrise, wenn sie der Erhöhung der Produktion im unmittelbar darauffolgenden Zeitabschnitt dienen, also dazu dienen, den zusätzlich in $t + 1$ auszuzahlenden Löhnen das entsprechende Angebot gegenüberzustellen und damit jene Störung der beginnenden erweiterten Reproduktion zu vermeiden, die aus dem Fehlen dieser Vorräte bzw. zusätzlicher Vorräte entstehen könnte. Dasselbe trifft auch auf den Normalfall der erweiterten Reproduktion zu, bei dem die erweiterte Reproduktion im nächsten Zeitabschnitt durch eine im Vergleich zum vorangegangenen größere Produktion vorbereitet wird, insoweit auch hier eine Vergrößerung der Konsumgütervorräte erforderlich ist. Hier stellt also ein Überwiegen einer gleichgebliebenen Produktion über eine gesunkene Nachfrage bzw. überhaupt ein Überwiegen der Produktion über die Nachfrage in t nicht den Tatbestand der Überproduktion dar. Damit tritt bei der erweiterten Reproduktion bzw. beim Übergang dazu eine Modifizierung der elementaren Marxschen äußeren Form der Überproduktionsmöglichkeit im Vergleich zur einfachen Reproduktion ein, wodurch die Zusammenhänge auch für die einzelnen Unternehmer komplizierter, undurchsichtiger werden.

Bei unseren Darlegungen über die Konsumgüter für die Arbeiter haben wir im Unterschied zu den Produktionsmitteln vorausgesetzt, daß ihre Bevorratung nicht durch den Konsumenten geschieht, der ja im Falle der Produktionsmittel ein kaufender Unternehmer, im Falle der für die Produktion notwendigen Konsumgüter als deren produktiver Verbraucher, als Anwender, aber ein Arbeiter ist. Wir haben eine langfristige Bevorratung der zusätzlichen Konsumgüter bzw. der Konsumgüter überhaupt durch die Arbeiter als der realen Lage der Lohnarbeiter widersprechend nicht angenommen, sondern vielmehr ihre Bevorratung durch die Bourgeoisie vorausgesetzt. Wir haben damit nicht wie bisher nur Vorräte in den Händen kapitalistischer Anwender und damit Vergegenständlichung von konstantem Kapital, sondern auch zum Verkauf bestimmte Vorräte in den Händen anderer Kapitalisten, d. h. also Vergegenständlichung von Warenhandlungskapital berücksichtigt, und zwar im Gegenwert des variablen Kapitals bzw. des zusätzlichen variablen Kapitals, also von v bzw. Δv. Es befindet sich zum Zeitpunkt t in den Händen der entsprechenden Kapitalisten, selbst wenn wir von einer besonderen Handelsbourgeoisie bzw. der Wahrnehmung der Handelsfunktion durch jene Unternehmer, welche die zusätzlichen Arbeiter beschäftigen, im Anschluß an das Vorgehen von Karl Marx im zweiten Band des „Kapital“ noch absehen. Damit wird aber auch die Zeitverzögerung — im Gegensatz zu unserem früheren Vorgehen[11] — zwischen Produktion und Verkauf, jedenfalls bei den Konsumgütern berücksichtigt. Da-

[11] Vgl. oben S. 36.

durch, daß wir jetzt auch eine Produktionssteigerung mit Rücksicht auf eine im folgenden Zeitabschnitt eintretende Nachfragesteigerung annehmen, stellen wir reale Komplikationen des Prozesses der erweiterten Reproduktion in Rechnung, Komplikationen, welche die Krisengefahr bereits am Beginn der erweiterten Reproduktion erhöhen. Es sind das Gefahren, welche mit dem Terminus „Geldakkumulationskrisenfall" nicht voll erfaßt werden. Hinzu kommt, daß auch mangelnde Geldakkumulation, d. h. eine Geldakkumulation, welche nicht der Erweiterung des Sachkapitals in t entspricht, das Zustandekommen einer tatsächlichen Mehrproduktion in t + 1 auf der Grundlage dieser Erweiterung verhindern kann. Es kommt eben nicht nur auf die Aufbringung des zusätzlichen Geldkapitals zwecks Erzielung überhaupt einer Mehrproduktion, als vielmehr einer solchen Mehrproduktion an, welche durch den vorherigen Kapazitätszuwachs ermöglicht wird.

Schließlich ist es in Bezug auf die Frage des Zustandekommens der Mehrproduktion nicht überflüssig hinzuzufügen, daß natürlich nicht nur die frühere Schaffung der entsprechenden zusätzlichen Fonds, der zusätzlichen Elemente des zusätzlichen virtuellen Kapitals, sondern auch ihre spätere Nutzung, d. h. also die Verwandlung des zusätzlichen virtuellen in zusätzliches fungierendes Kapital eine bestimmte Profitabilität zur Voraussetzung hat, mit der wir uns noch später beschäftigen werden. Die zusätzliche Produktion hat zur Voraussetzung, daß hinreichende Aussichten bestehen, die zusätzlichen Produkte zu ihrem Wert zu realisieren. Dabei ist zu berücksichtigen, daß die zusätzliche Produktion, soweit sie zusätzliche Produktionsmittel und zusätzliche Konsumgüter für die Arbeiter betrifft, schon die Grundlage für eine weitere Produktionssteigerung in t + 2 schafft und damit von der Profitabilität des Absatzes in diesem Zeitabschnitt, eben in t + 2 abhängt. So hängt das Zustandekommen der zusätzlichen Produktion in t + 1 von den Realisierungsmöglichkeiten in t + 2 ab. Wir stoßen damit wiederum auf das Realisierungsproblem für eine gewachsene Produktion. Bevor wir uns aber damit auseinandersetzen, gilt es zu klären, welche Folgen das Nichtzustandekommen der Produktionssteigerung in t + 1 haben würde, ein Nichtzustandekommen, dessen Wahrscheinlichkeit, wie aus der Bemerkung von Karl Marx hervorgeht, gar nicht gering einzuschätzen ist.

Wenn das in t produzierte zusätzliche virtuelle Kapital sich in t + 1 nicht in fungierendes, tätiges, profitheckendes Kapital mittels Einverleibung zusätzlicher lebendiger Arbeit verwandelt, entsteht in t + 1 eine Differenz — wir können sie mit D bezeichnen — zwischen virtuellem Kapital und fungierendem Kapital, ein Kapitalüberschuß, den Karl Marx Überproduktion von Kapital genannt hat. Das betrifft nicht nur die in t geschaffene Produktionskapazität im Sinne eines zusätzlichen virtuellen konstanten fixen Kapitals, sondern auch die in t geschaffenen zusätzlichen Vorräte von stofflichen Bestandteilen des konstanten zirkulierenden Kapitals, also von Arbeitsgegenständen, sowie des zusätzlichen Warenhandlungskapitals und damit vor allem von zusätzlichen Konsumgütern für die später zu beschäftigenden zusätzlichen Arbeiter. Diese überschüssigen Vorräte, Überschüsse in dem Sinne, daß sie über das Maß hinausgehen, das für die

Aufrechterhaltung der Produktion im selben Maßstab erforderlich ist, erwiesen sich dann infolge fehlender Verwertung als Überproduktion von Waren im engeren Sinne. Das Ausbleiben der tatsächlichen Steigerung der Produktion in t + 1 verwandelt also die Möglichkeit der Überproduktion, die in dem Zeitabschnitt t durch Schaffung eines Überschusses des Warenvolumens entstanden ist, in Wirklichkeit und schafft damit den Ausgangspunkt für eine Überproduktionskrise. Da hier die Krise sich aus einer Nichtvergrößerung, einer Stagnation der Produktion, unmittelbar ergibt, wollen wir von einer Überproduktionsstagnationskrise sprechen. Die in t geschaffenen zusätzlichen Kapazitäten können jetzt den Platz von Ersatzanlageinvestitionen annehmen, womit sich die Nachfrage nach Arbeitsmitteln vermindert, da Produktionsmittelkäufe zwecks Erweiterung erst recht nicht vorgenommen werden.

Dasselbe gilt für die Vorräte an Arbeitsgegenständen und Konsumgütern für die Arbeiterklasse, bei denen es ebenfalls zu einem starken Rückgang der Nachfrage kommen muß, d. h. insgesamt sänke die Nachfrage unter den Stand nicht nur von t, sondern sogar von t — 1. Falls die Kapitalisten bei einem schlechteren Geschäftsgang nun keineswegs die Verminderung der Ersatzinvestitionsausgaben durch Erhöhung ihrer Luxuskonsumtionsausgaben kompensieren, wäre eben eine Realisierung der Produktion im bisherigen Umfange, d. h. im Umfange t und t — 1, nach ihrem Wert ausgeschlossen. Ein Teil dieser Produktion wäre also unabsetzbar, es wäre damit die Marxsche äußere Grundform der Überproduktionsmöglichkeit erneut verwirklicht. Dasselbe gilt nicht nur in dem Falle, in dem von der einfachen zur erweiterten Reproduktion übergegangen wird, sondern auch in dem Falle, in dem der Prozeß der erweiterten Reproduktion schon längere Zeit in Gang war. Auch hier müßte, jedenfalls bei extensiv erweiterter Reproduktion, von der bisher nur die Rede war, eine mangelnde Auslastung des neuen geschaffenen Kapitals infolge fehlender Produktionssteigerung zu einer Stagnationsüberproduktionskrise führen. Diese Gesetzmäßigkeit gilt eben für jede kapitalistische Wirtschaft, die auf erweiterte Reproduktion eingestellt ist und die entsprechende Struktur hat. Eine solche Überproduktionsstagnationskrise müßte aber nicht nur bei jedem Nullwachstum, sondern sogar bei einer starken Wachstumsverminderung dann eintreten, wenn die Wachstumsverminderung bedeutete, daß neue, in t geschaffene zusätzliche Kapazitäten in t + 1 nicht vollständig in fungierendes, profitheckendes Kapital verwandelt würden. Bei einer solchen Struktur könnte also auch in dem Falle, in dem bisher schon erweiterte Reproduktion vorhanden war, eine fehlende Kapitalerweiterung die Überproduktionskrise keineswegs verhindern, sondern müßte sie sogar herbeiführen. Das wird verständlich, wenn man sich eine bereits erwähnte Tatsache vor Augen führt: Im Prozeß der erweiterten Reproduktion bedeutet ja die Erweiterung des virtuellen Kapitals, d. h. die Produktion seiner stofflichen Bestandteile in Gestalt von zusätzlichen Arbeitsmitteln, Arbeitsgegenständen und Konsumgütern für die zusätzlichen Arbeiter die Auslastung der dafür bestimmten Teile des bereits von früher her vorhandenen konstanten Kapitals, d. h. vor allem des konstanten fixen

Kapitals. Eine fehlende Kapitalerweiterung liefe damit auf jene Schaffung einer Differenz D zwischen virtuellem und fungierendem Kapital hinaus, die als Überproduktion von Kapital anzusehen ist. Erweiterte Reproduktion, das ist nun eben Produktion zur anschließenden Erweiterung der Produktion; findet aber die anschließende Erweiterung nicht statt, dann erweist sich der betreffende für diesen Zweck bestimmte Teil der Produktion als Überproduktion.

Im Zuge der bisherigen Analyse wurde deutlich, daß bei Nichtzustandekommen der vergrößerten Produktion sogar die Realisierung der bisherigen Produktion gefährdet ist. Wir sind damit schon näher an die Frage herangekommen, inwieweit eine Realisierung der tatsächlich vergrößerten Produktion möglich ist und wodurch sie gefährdet ist. Dabei setzen wir nicht nur voraus, daß das für die Schaffung der zusätzlichen Produktion von $t + 1$ nötige zusätzliche Geldkapital trotz der genannten Schwierigkeiten aufgebracht worden ist, sondern auch, daß diese Aufbringung die Realisierung zumindest jenes überwiegenden Teiles der Produktion von $t + 1$ keineswegs zunichte gemacht hat, der wertmäßig der Produktion von t entspricht, so daß es eben nur um die Realisierung des Zuwachses $\Delta Y_w = \Delta Y$ geht.

Bei dieser Fragestellung, also dem theoretischen Problem der Realisierung der tatsächlich zustande gekommenen vergrößerten Produktion, mit dem wir uns jetzt beschäftigen wollen, ist zunächst davon auszugehen, daß ebenso wie bei der einfachen Reproduktion der Satz gilt, daß die zum Zustandekommen der Produktion notwendigen Ausgaben nicht dazu ausreichen, die neue Produktion zu ihrem Werte zu realisieren. Bei der erweiterten Reproduktion muß aber darüber hinaus ein erhöhter Wert der Produktion im Zeitabschnitt t realisiert werden, und zwar die Produktion im Betrage von

$$Y_{w_{t+1}} = Y_{t+1} = c + \Delta_c + v + \Delta_c + m + \Delta_m \quad . \tag{10}$$

Die zur Realisierung dieser Produktion notwendige Nachfrage beläuft sich demnach auf

$$\mathring{Z}_{t+1} = Z(c + \Delta_c) + Z(v + \Delta_c) + Z(m + \Delta_m) \tag{11}$$

Die zum Zustandekommen der Produktion notwendige Nachfrage beträgt aber, auch wenn wir die strengen Bedingungen voll berücksichtigen,

$$\overset{\square}{Z}_{t+1} = Z(c + \Delta_c) + Z(v + \Delta_v)\,, \tag{12}$$

so daß mit dem Zustandekommen die Realisierung noch nicht gesichert ist, und wir wiederum auf das Theorem stoßen, daß weder bei der einfachen noch erweiterten Reproduktion die Produktion sich ihre Nachfrage schafft, daß die für ihr Zustandekommen notwendige Nachfrage kleiner ist als die für ihre Realisierung notwendige Nachfrage, bzw. das dafür notwendige Nachfragepotential — entgegen der Behauptungen derjenigen, die von der Unmöglichkeit einer allgemeinen Überproduktion ausgehen.

Aber bei der einfachen Reproduktion reichte wenigstens der Erlös der Produktion von t aus, um die Produktion im nächsten Zeitabschnitt t + 1 zu realisieren. Das trifft für die erweiterte Reproduktion, wie bereits angedeutet wurde, keineswegs zu. Der Erlös E der Produktion von t ist bei Barzahlung, die wir immer voraussetzen, und voller Realisierung zu ihrem Wert gleich der Nachfrage, der Ausgaben für diese Produktion, wobei gilt:

$$E_t = Zc_t + Zv_t + Zm_t = Z_t = c + v + m\,.$$

Damit beträgt das durch die Realisierung der Produktion Y_1 entstandene Nachfragepotential $\bar{Z}_t = c + v + m$.

Das zur Realisierung der größeren Produktion in t + 1 erforderliche Nachfragepotential ist

$$\mathring{Z}_{t+1} = c + \Delta_c + v + \Delta_v + m + \Delta_m\,. \tag{13}$$

Ziehen wir nun beide Gleichungen voneinander ab, d. h. bilden wir die Differenz $\mathring{Z}_{t+1} - \bar{Z}_t$, so gilt

$$\mathring{Z}_{t+1} - \bar{Z}_t = \Delta_c + \Delta_v + \Delta_m\,. \tag{14}$$

Also auch durch volle Realisierung der kleineren Produktion in t kann das zur Realisierung der größeren Produktion $\Delta Y_w = \Delta Y$ erforderliche Nachfragepotential in Höhe von c + v + m nicht geschaffen werden. Unter der bereits erwähnten Voraussetzung $\Delta_c + \Delta_v \leqq m$ kann man die Wertdifferenz, die zur Realisierung von $Y_{t+1} = Y_t + \Delta Y$ fehlende Nachfrage auch in der Form $m_a + \Delta_m$ ausdrücken.

Wie kann es aber trotz dieses Fehlbetrages zu einer Realisierung der Mehrproduktion kommen, womit ein Ersticken der erweiterten kapitalistischen Reproduktion schon in der ersten Anfangsphase vermieden wird? Bei der Beantwortung dieser Frage stoßen wir unmittelbar auf die monetären Faktoren, auf die Frage, wo das zusätzliche Geld herkommt. Und wir wollen dieser Frage auch keineswegs ausweichen. Ist es doch bei dem Problem der Realisierung der zusätzlichen Produktion noch dringlicher, auf diese Frage der Finanzierung, der Geldbeschaffung einzugehen, als bei der Frage ihres Zustandekommens. Diese Frage ist nicht zu unterschätzen. Dennoch wollen wir zunächst erst einmal auf die nichtmonetären Faktoren bei der zusätzlichen Nachfrage eingehen, für die das entsprechende zur Verfügung stehende Geld eine notwendige, aber eben keineswegs hinreichende Bedingung ist. Damit zu beginnen, liegt auch im Sinne der historischen Entwicklung der Frage der Realisierung bei erweiterter Reproduktion.

In diesem Sinne ist zunächst zu fragen, wer als Käufer der zusätzlichen Produktion in Betracht kommt. Wenn daraufhin festgestellt wird, daß das im vorausgesetzten „reinen" Kapitalismus nur Kapitalisten und Arbeiter sein können, dann erscheint das sicherlich trivial, als tautologische Umformung der angenommenen Voraussetzung: Wenn es eben nur Kapitalisten und Arbeiter gibt, gibt es auch keine anderen Käufer. Aber wie viele solcher Umformungen, erfüllt doch auch diese ihren

Zweck, wenn sie die Problematik der grundsätzlichen Annahme, hier der Möglichkeit der Lösung des Realisierungsproblems im „reinen" Kapitalismus, deutlicher macht. Und tatsächlich erschien diese grundsätzliche Annahme manchem Marxisten, vor allem aber Rosa Luxemburg[12], als problematisch, weshalb sie zur Realisierung andere Käufer außerhalb der kapitalistischen Welt für notwendig hielten, und aus der Marxschen Reproduktionstheorie die Unmöglichkeit der erweiterten Reproduktion im nach außen abgeschlossenen Kapitalismus folgerten. Dabei geht es eben keineswegs nur um die Erleichterung, die kein marxistischer Theoretiker, am wenigsten aber Marx, Engels und Lenin selbst, leugneten, sondern um die Unmöglichkeit. Zunächst ist es Tatsache, daß die Arbeiter die zusätzliche Produktion nur im Umfang Δ_v kaufen können und das nur, soweit die zusätzliche Lohnsumme den Betrag von Δ_v erreicht. Sicherlich bringt diese Tatsache allein keine unmittelbare Überproduktion bzw. sonstige Störung mit sich, wenn der Wert der zusätzlichen Konsumgüter weder wesentlich größer, noch auch kleiner ist, als die dem Wert der zusätzlichen Arbeitskraft entsprechende zusätzliche Lohnsumme. Es erscheint widersinnig, daß für einen wesentlichen Teil der zusätzlichen Produktion, also für $\Delta_c + \Delta_m$, nur die Kapitalisten als Käufer in Betracht kommen, daß also die Kapitalisten sich gegenseitig die zusätzlichen Waren abkaufen. Aber mehr noch: auch die zusätzlich erzeugten, für den Verbrauch der Arbeiter bestimmten Konsumgüter werden gewöhnlich zunächst von den Kapitalisten gekauft, und zwar selbst dann, wenn man von der Handelsbourgeoisie als Käufer absieht und etwa die Unternehmer selbst als Verkäufer der Lebensmittel für die Arbeiter auftreten, die sie vorher von den Produzenten dieser Konsumgüter gekauft haben, so daß die ganze Produktion zunächst an die Kapitalisten abgesetzt wird. Ganz abgesehen davon ist die Endnachfrage der Arbeiter nach zusätzlichen Konsumgütern dem Umfang nach bestimmt durch die zusätzlichen Löhne, welche die Kapitalisten der Arbeiterklasse bei erweiterter Reproduktion zahlen. Aber muß man auch als Kapitalist nicht, um als Käufer zusätzlicher Waren einschließlich der Ware Arbeitskraft auftreten zu können, einen entsprechenden Bedarf haben sowie die entsprechenden Mittel, um diesen Bedarf zahlungsfähig zu machen, ihn in zahlungsfähige Nachfrage zu verwandeln? Beschäftigen wir uns zunächst mit der Frage des Bedarfs, und zwar des Bedarfs der Kapitalisten für ihre Käufe.

Bei dem Bedarf für die zusätzlichen Käufe selbst muß man zwischen dem Kauf für Luxuskonsumgüter der Kapitalisten und den Käufen zwecks Erweiterung des konstanten und variablen Kapitals unterscheiden. Was den Bedarf für zusätzliche Luxuswaren betrifft, so läßt sich vorläufig nur folgendes sagen: Es ist keineswegs sicher, oder eher unwahrscheinlich, daß er eine den Realisierungs- und Reproduktionsprozeß sichernde wichtige Rolle spielt. Das gilt um so mehr beim Übergang und bei der Entfaltung der beschleunigten kapitalistischen Reproduktion. Der Bedarf für die nicht zum Konsum der Kapitalisten, sondern zu ihrer Kapitalerweiterung bestimmten Käufe kann nur, was bereits mehrfach erwähnt wurde, auf der

[12] R. Luxemburg, Die Akkumulation des Kapitals, a. a. O.

Rentabilität beruhen. Die entsprechenden Käufe können nur um der Erzielung zusätzlicher Profite willen geschehen. Das verlagert aber nur die Fragestellung auf das Problem, warum es den Kapitalisten daran gelegen ist, höhere Profite zu erzielen. Die hausbackene Antwort traditioneller bürgerlicher Ökonomen: sie verzichteten auf die gegenwärtig mögliche Erhöhung ihres Luxuskonsums um einer künftigen Steigerung willen, schlägt nicht durch, wenn man einen solchen dringenden Bedarf für einen künftigen Luxuskonsumtionszuwachs ausschließt. Aber man kann auch nicht davon sprechen, daß wegen des schwachen Bedarfs an einer unmittelbar erhöhten Luxuskonsumtion die Kapitalisten nichts anderes mit ihrem möglicherweise überschüssigen Geld anzufangen wüßten, als es zur Profiterzielung in zusätzliches Kapital zu verwandeln. Ganz abgesehen davon, daß sie sich auch an solchem überschüssigen Geld als Schatz, als zusätzlicher Reserve erfreuen können, haben sie als Klasse gar nicht solch überschüssiges Geld aus ihrer Akkumulation, wenn ihre bisherige Produktion realisiert worden ist und es keine anderen Geldquellen für sie gibt. Denn wir haben ja gesehen, daß der Erlös der realisierten Produktion nur zur Warenrealisierung der Produktion in bisherigem Umfange, aber eben nicht für ihren Zuwachs ausreicht und andere Geldmittel, auf die noch später eingegangen wird, den einzelnen Kapitalisten nur unter Schwierigkeiten und Kosten zugänglich sind. Warum wird dann versucht, höhere Profite zu erzielen und die Kapitalmasse zu vergrößern? Alles spricht dafür, daß, wie Karl Marx im zweiten Band des „Kapital" bemerkt, „Zweck und treibendes Motiv" nicht „die Konsumtion", sondern „Ergatterung von Mehrwert und seine Kapitalisation, d. h. Akkumulation",[13] die Profiterzielung im entfalteten Kapitalismus also weitgehend Selbstzweck ist. Die Schrankenlosigkeit des Bereicherungsstrebens der Kapitalistenklasse ergibt sich eben daraus, daß dieses Streben nicht an den Bedarf an Konsumgütern, auch nicht an Luxuskonsumgütern gebunden ist. Außerdem wird in der marxistischen Literatur mit Recht betont, daß die Erhöhung der Profitmasse, der Profitabilität, im Interesse der Existenz des Unternehmens selbst liegt. Die Unternehmer gebrauchen in diesem Fall die durch die Profite ermöglichte Kapitalerweiterung dazu, um durch Ausdehnung der Betriebsgröße die Kosten zu senken und bei scharfer Konkurrenz lebensfähig zu bleiben. Das gilt allerdings nur solange, bis die Betriebe die optimale Größe erreicht haben, bzw. sich durch Verbindung mehrerer Betriebe zu einem Konzern eine Kostensenkung ergibt. Außerdem ist der Druck zur Kostensenkung durch Betriebserweiterung im größten Teil der Zeit, in der die beschleunigte erweiterte Reproduktion vor sich geht, nicht groß, da es dann an Absatz zu profitablen Preisen auch ohne diese Art der Kostensenkung keineswegs fehlt. Anders steht es bei monopolistischen Großbetrieben, die einen wesentlichen Anteil am Markt für ihre Erzeugnisse haben und bei allgemeiner Markterweiterung ihren Marktanteil nicht verringern wollen, weil auf dem Marktanteil die Marktmacht, ganz abgesehen von der gesellschaftlichen Macht, sowie das Prestige des Unternehmers beruht.

[13] K. Marx, Das Kapital, Bd. 2, in: MEW, Bd. 24, a. a. O., S. 498f.

Wir können also davon ausgehen, daß die Unternehmer die Kapitalerweiterung dann vornehmen werden, wenn sie profitabel erscheint. Falls die Mittel aber bei ihnen nicht vorhanden, nicht akkumuliert sind, besteht die zusätzliche Voraussetzung, daß die Beschaffung weiterer Mittel nicht so schwierig und vor allem nicht so kostspielig sein darf. Was die Bedingungen für die Profitabilität betrifft, so sei hier — da wir darauf in anderem Zusammenhang noch näher eingehen werden — nur folgendes bemerkt: Sie sind dann als gegeben anzusehen, wenn es hinreichende Aussichten für die profitable Verwertung des zusätzlichen Kapitals gibt, und das kann bei Erweiterungsinvestitionen nur bedeuten, daß hinreichende Absatzchancen für die gesteigerte Produktion zu profitablen Preisen vorhanden sind. Mit anderen Worten: Die betreffenden Käufe bzw. Investitionen werden nur dann vorgenommen, wenn entweder die Marktlage günstig, die Nachfrage nach den betreffenden Waren im Steigen begriffen ist, oder wenn auf irgendeine andere Art die Profitabilität im Steigen, bzw. eine profiterhaltende Kostensenkung zu erwarten ist. Wir können aber die Erfüllung auch nur einer dieser Bedingungen und damit das Zustandekommen von Käufen zwecks Erweiterung der Produktion, das Zustandekommen von Investitionen, keineswegs für selbstverständlich halten, vor allem wenn wir beachten, daß es bei diesen Investitionen in dem sich entfaltenden Kapitalismus vor allem um die Erweiterung des konstanten fixen Kapitals geht, um die Schaffung von zusätzlichen Anlagen in Betrieben. Hier muß mit einer Absatzsteigerung in einem langen Zeitabschnitt gerechnet werden können und damit ist auch die Realisierung der zusätzlichen zur Verwendung in diesem Zeitabschnitt bestimmten Produktion im vorausgehenden Zeitabschnitt, soweit sie auf den Käufen, den Kaufausgaben für Produktionserweiterungen im folgenden Zeitabschnitt beruht, keineswegs gesichert. Der Satz von Karl Marx über den „salto mortale" der Waren, den schwierigen Sprung von der Produktion zur Realisierung, gilt hier in verstärktem Maße.

Besteht aber infolge vorhandener Profitabilität ein Bedarf der Kapitalisten nach zusätzlichen Gütern, welche die stofflichen Bestandteile des zusätzlichen Kapitals bilden, dann verbleibt aber noch die mehrfach angeschnittene Frage nach den Geldmitteln, welche diesen Bedarf der Kapitalisten zahlungsfähig, kauffähig machen, in effektive Nachfrage umzuwandeln imstande sind. Wir haben gesehen, daß diese zusätzlichen Geldmittel nicht aus dem Erlös E der kleineren Produktion im vorangegangenen Zeitabschnitt stammen können, weil eben kleinere Produktion in t als in t + 1 auch einen kleineren Erlös in t als in t + 1 bedeutet. Die Unternehmer müssen also irgendwie imstande sein, mehr zu kaufen, als sie verkauft haben. Man könnte denken, daß der Kredit, auf den bisher nicht eingegangen wurde, die zusätzlichen Geldmittel schafft und dadurch die Unternehmer mehr kaufen könnten, als sie verkauft haben. Aber das schafft nur für den einzelnen Unternehmer einen Ausweg, aber nicht für die Unternehmerklasse insgesamt, jedenfalls insoweit der Kredit nur vorhandene unausgenutzte Geldfonds von einer Gruppe Kapitalisten auf die andere überträgt. In diesem Falle hat ein Teil der Kapitalisten seinen Kauferlös nicht vollständig in Nachfrage umgewandelt, kauft also weniger, als er verkauft hat, damit ein anderer Teil dafür mehr kaufen kann, als er verkauft hat, wobei beide Differenzen, Verkaufsdefizit und Verkaufsüberschuß, und damit auch der zusätzliche Bedarf an Geldfonds und der verringerte Bedarf an Geldfonds sich gegenseitig ausgleichen. Ein solcher Ausgleich findet auch statt, wenn wir die entsprechende Bildung von Geldfonds mehr und mehr in die Vergangenheit rücken; es sei denn, es habe entgegen unseren bisherigen Annahmen, in jener früheren Zeit eine Störung des Reproduktionsprozesses gegeben in Richtung einer Absatzstokkung. In diesem Falle würde ja in der gesamten Wirtschaft, also nicht nur bei einzelnen Kapitalisten, weniger gekauft als vorher verkauft werden und dadurch entstünden überschüssige Geldfonds, ein Fall, den wir vorerst noch ausschließen wollen.

Es gibt jedoch noch einen anderen Ausweg. Wir waren bisher davon ausgegangen, daß jeder einzelne Kapitalist, ohne auf Kredit und ohne auf andere überschüssige Geldreserven, auf Schätze zurückzugreifen, nur so viel kaufen kann, wie er verkauft hat. Dabei haben wir jedoch einen Fehler insoweit gemacht, als diese Voraussetzung im logischen Widerspruch zu einer Grundannahme über das Geldsystem besteht, nach der jede Geldeinheit für lange Zeit einem bestimmten Quantum Gold bzw. Silber entspricht, und sogar darüber hinaus der bisher bei der Analyse der erweiterten Reproduktion gemachten Annahme, wonach nur gold- bzw. edelmetallisches Geld zirkuliert, das sich bei zusätzlichem Bedarf in ein Medium zahlungsfähiger Nachfrage verwandelt. Folgt doch aus dieser Grundannahme, daß es eine Gruppe von Kapitalisten geben muß, die ohne Kredit und ohne Anhäufung überschüssiger Geldfonds eben mehr kaufen können, als sie verkauft haben, indem sie einen Teil ihrer zusätzlichen Goldproduktion mittels Umwandlung in Goldmünzen in zusätzliche Nachfrage verwandeln. Dabei wird angenommen, daß die bisherige Goldproduktion im Sinne der einfachen Reproduktion dem Ersatz der abgenutzten Goldmünzen diente. Durch Einbeziehung der Kapitalisten, die die Edelmetallproduktion betreiben und dabei Profite erzielen, ist die Kapitalistenklasse insgesamt imstande, mehr stoffliche Bestandteile insbesondere des zusätzlichen Kapitals zu kaufen, als sie vorher verkauft hat. Das setzt allerdings einen gewissen zeitlichen Vorlauf der Steigerung der Goldproduktion (wir werden in Zukunft Gold als den Hauptrepräsentanten des Edelmetalls auffassen) vor der Steigerung der übrigen Warenproduktion voraus. Das gibt der Erhöhung der Goldförderung, von der auch Karl Marx im 2. Band des „Kapital" ausging, ihre große Bedeutung, wobei er dieser Förderung eine wichtige Rolle im Prozeß der erweiterten Reproduktion beimißt. Diese Rolle ergibt sich letzten Endes wohl vor allem daraus, daß das Gold in der Goldwährung ein notwendiges Transportmittel ist, von dem nicht nur die Warenströme von den Produzenten zu den Konsumenten, sondern auch die Warenströme zwischen den durch den Markt arbeitsteilig miteinander verbundenen Produzenten vermittelt, ermöglicht werden. Diese Feststellung von Karl Marx über die Notwendigkeit einer proportional steigenden Goldproduktion im zweiten Band entspricht ganz dem bekannten Marxschen Umlaufgesetz, aus dem es sich ergibt, daß bei gleichbleibender Umlaufgeschwindigkeit die Realisierung einer größeren Produktion zu einem größeren Wert auch eine größere Geldmenge erfordert, welche bei reiner Gold-Geld-Zirkulation und bei Fehlen angehäufter Goldschätze, die nur einen vorübergehenden Ausgleich geben könnten, eben eine höhere Goldproduktion voraussetzt.

Es gibt im zweiten Band keinerlei Anzeichen, daß Karl Marx das Zustandekommen einer solchen Produktionssteigerung für selbstverständlich hält; eher ist, worauf noch einzugehen sein wird, das Gegenteil der Fall. Ganz abgesehen aber davon, ob eine solche proportionale Steigerung der Produktion von Gold möglich ist und ganz abgesehen von den Störmomenten, die sich aus der erforderlichen Umwandlung des zusätzlichen Goldes in Münzen ergeben, muß die Steigerung der Goldproduktion auch im zeitlichen Sinne die richtigen Proportionen einhalten; sie muß im rechten Augenblick, in dem sie für die Realisierung der zusätzlich geschaffenen Produktion notwendig ist, da sein. Das setzt voraus, daß die entsprechenden Investitionen im Goldbergbau, wenn sie zur selben Zeit beginnen wie die Investitionen in anderen Bereichen, zur selben Zeit die entsprechende Produktionssteigerung zustande bringen, also, daß die Zeitverzögerung zwischen Investitionen und Produktionssteigerung die gleiche ist, oder aber, daß gewissermaßen in Abstimmung mit anderen Investitionen unter Berücksichtigung einer unterschiedlichen Zeitverzögerung die Goldinvestition genau entsprechend früher begonnen hätte. Die Erfüllung dieser Bedingung einer störungsfreien erweiterten Reproduktion ist zwar sehr unwahrscheinlich; aber dasselbe trifft, wie wir bereits festgestellt hatten, wenn auch sicherlich in geringerem Maße, für die Frage der zeitlichen Aufeinanderfolge der Investitionen in den anderen Produktionsbereichen zu, die ebenfalls für den störungsfreien Verlauf des Reproduktionsprozesses erforderlich sind. Wenn wir einen störungsfreien Verlauf des Reproduktionsprozesses beim Übergang zur erweiterten Reproduktion, bzw. in der beschleunigten erweiterten Reproduktion voraussetzen und an allen anderen entsprechenden Annahmen festhalten, dann kann auch nicht gesagt werden, daß der Wegfall der Annahme eines „reinen“ Kapitalismus etwas an der Notwendigkeit zusätzlicher Geldmittel ändern könnte.

Auch bei Berücksichtigung einfacher, ja sogar feudaler Warenproduzenten bleibt die Tatsache bestehen, daß die Realisierung zusätzlicher Waren zu ihrem Wert eine zusätzliche, durch den vorhergehenden Erlös nicht zu deckende Nachfrage, zusätzliches Geld verlangt, also bei Goldwährung zusätzliche Goldproduktion.

Inwieweit durch Wegfall der Annahme des „reinen“ Kapitalismus auch die schwierige Erfüllung der notwendigen Proportionen zwischen den anderen Bereichen der Wirtschaft — also den Bereichen außerhalb der Edelmetallproduktion — gesichert werden kann, soll hier noch nicht erörtert werden, obwohl das schon jetzt als wenig plausibel erscheint.

Hier soll nun noch auf das Problem eingegangen werden, ob das Aufgeben einer anderen Annahme, einer anderen Abstraktion, die wir mit Karl Marx bei der Reproduktionsanalyse vorher gemacht hatten, an der Schwierigkeit der Entstehung der zusätzlichen Nachfrage und des diese Nachfrage zahlungsfähig machenden Goldgeldes etwas ändert. Es handelt sich dabei um die Tatsache, daß bei der Frage nach dem zusätzlichen konstanten Kapital im Grunde, wie bereits früher angedeutet, der von Karl Marx im ersten Band des „Kapital" herausgestellte Unterschied zwischen konstantem zirkulierenden und konstantem fixen Kapital vernachlässigt wurde. Es wurde dabei, wie Karl Marx selbst im zweiten Band des Kapital anführt, „der Wert des konstanten Kapitals, sofern es Wertteil des Warenkapitals ist, zu dessen Produktion es mitwirkt, nicht exakt dargestellt".[14] Das fungierende, tätige konstante Kapital wird ja, sofern es konstantes fixes ist, also durch Anlagen, Maschinen verkörpert wird, nicht in derselben kurzen Zeit — Karl Marx nimmt ein Jahr an — wie die Vorräte an Bestandteilen des konstanten zirkulierenden Kapitals auf den Wert der Produktion dieses Zeitabschnitts übertragen, sondern das geschieht nur zu einem Teil. Anderenfalls wäre das gesamte neugeschaffene fungierende und auch das zusätzliche konstante Kapital in einem Jahr völlig abgeschrieben, völlig abgenutzt und ersetzt, was offenkundig nicht zutrifft. Da das aber nicht zutrifft, ist auch bei erweiterter Reproduktion der entsprechende Wert der größeren Produktion niedriger, ebenso der Zuwachs, also der Wert $\Delta_c + \Delta_v + \Delta_m$, da Δ_c das ganze zusätzliche konstante fungierende Kapital, größer war als das zusätzliche verbrauchte konstante Kapital. Dasselbe trifft dann auch für das ersetzte Kapital des vorhergehenden Zeitabschnittes zu. Wir müssen also, wenn wir der Realität näher kommen und die von Karl Marx angegebene Unexaktheit wieder beseitigen wollen, einen Unterschied zwischen dem fungierenden benutzten und dem vernutzten, verbrauchten, seinen Wert übertragenden konstanten Kapital machen. Bezeichnen wir das gesamte konstante Kapital wie bisher mit c, und den verbrauchten übertragenen Teil davon mit c_v, dann gilt, wenn wir mit h den nichtverbrauchten Anteil des genutzten fungierenden Kapitals c bezeichnen,

$$c_v = c - hc \qquad (15)$$

$$\text{oder:} \quad c_v = (1 - h)\,c$$

und Entsprechendes gilt für den verbrauchten Teil des bei erweiterter Reproduktion zustande gekommenen Zuwachses an fungierendem konstanten Kapital Δc:

$$\Delta c_v = \Delta c - h\,\Delta c\,, \quad \text{oder:}$$

$$\Delta c_v = (1 - h) \cdot \Delta c\,.$$

Das gesamte übertragene konstante Kapital beträgt dann im Zeitabschnitt $t + 1$:

$$c_v + \Delta c_v = (1 - h) \cdot c + (1 - h) \cdot \Delta c = (1 - h) \cdot (c + \Delta c)\,.$$

Der Wert der gesteigerten Gesamtproduktion beträgt dann

$$Y_{t+1} = Y_{w_{t+1}} = (1 - h) \cdot (c + \Delta c) + v + \Delta v + m + \Delta_m \qquad (16)$$

Die zu ihrem Zustandekommen notwendige Nachfrage $\overset{\square}{Z}$

$$\overset{\square}{Z}_{t+1} = Z\,[(1 - h) \cdot (c + \Delta c)] + Z(v + \Delta v) \qquad (17)$$

[14] Ebenda, S. 516f.

die zur Realisierung der zustandegekommenen zusätzlichen Produktion notwendige Nachfrage

$$\mathring{Z}_{t+1} = Z[(1 - h) \cdot (c + \Delta c)] + Z(v + \Delta) + Z(m + \Delta m) \quad (18)$$

Die neue Produktion in t + 1, ebenso wie die alte Produktion in t, sowie auch die für das Zustandekommen und die Realisierung beider Produktionen notwendige Nachfrage ist unter Berücksichtigung des Unterschiedes zwischen konstantem fixen und konstantem zirkulierenden Kapital und damit des Unterschiedes von fungierendem und verbrauchtem Kapital *geringer*, als sie bei der Nichtberücksichtigung sein würde. Das ändert aber nichts daran, daß die für das Zustandekommen der Mehrproduktion wie der alten Produktion notwendige Nachfrage geringer ist als die zur Realisierung notwendige Nachfrage, noch ändert es etwas an der Tatsache, daß bei der Mehrproduktion die volle Verwandlung des erzielten Erlöses in spätere Nachfrage nicht zur Realisierung ausreicht und dazu nicht nur ein Mehrbedarf der Kapitalisten, sondern auch eine zusätzliche Menge von Geld, d. h. Gold, notwendig ist. Eine ganz andere Sache ist es aber, daß der in t + 1 von dem fungierenden Wert des Kapitals unterschiedliche verbrauchte Wert tatsächlich nicht sofort ersetzt zu werden braucht und daß sich aus dieser Tatsache zusätzliche Akkumulationsmöglichkeiten — aber auch zusätzliche Störungsmöglichkeiten ergeben. Insoweit bedeutet die Vernachlässigung des Unterschiedes von fungierendem und verbrauchtem konstanten Kapital keineswegs eine Abstraktion von solchen Faktoren, welche den störungsfreien Verlauf des Reproduktionsprozesses erleichtern, vielmehr ist das Gegenteil der Fall. Auf die Störungsmöglichkeiten, die sich aus der periodischen Erneuerung eines stoßweise angelegten konstanten fixen Kapitals ergeben, ist ja bereits bei der Analyse der Krisenmöglichkeit unter den Bedingungen der einfachen Reproduktion hingewiesen worden.[15]

Durch das Abstrahieren von dem Unterschied zwischen konstantem fixen und konstantem zirkulierenden Kapital bei der Darstellung der erweiterten Reproduktion hat Karl Marx von Störungsmöglichkeiten abgesehen, die er selbst an anderer Stelle herausgearbeitet hat. Das beweist einmal mehr, daß es ihm auf die Darstellung eines störungsfreien Verlaufes der Reproduktion und nicht etwa auf die Verbindung zwischen Reproduktionstheorie und Krise ankam.

Aber indirekt ergibt sich, wie das auch Karl Marx im „Kapital" ausführt, aus der Kompliziertheit der Bedingungen für einen störungsfreien Verlauf der erweiterten Reproduktion auch die geringe Wahrscheinlichkeit der Erfüllung dieser Bedingungen. Karl Marx drückte es so aus: „Die Kompliziertheit des Prozesses selbst bietet ebensoviele Anlässe zu anormalem Verlauf" oder an ebendieser Stelle einige Zeilen vorher: „das Gleichgewicht . . . selbst ein Zufall ist".[16] Wir folgen sicherlich ganz dem Gedanken von Karl Marx, wenn wir seine Bemerkungen, die bei der Erörterung der Schatzbildung und des Verhältnisses von Geld- zu Sachkapital ge-

[15] Vgl. oben S. 39.

[16] K. Marx, Das Kapital, Bd. 2, in: MEW, Bd. 24, a. a. O., S. 491.

macht wurden, auch auf andere, von ihm selbst angegebene Bedingungen für den störungsfreien Verlauf vor allem der erweiterten Reproduktion als anwendbar ansehen.

Diese Bedingungen, so hatten wir gesehen, sind besonders schwer zu erfüllen, die Störungsmöglichkeiten beim Übergang zur erweiterten Reproduktion, dem Ausgangspunkt unserer Betrachtung, sind besonders groß.

So ergaben sich z. B. aus dem Rückgang der Luxusgüternachfrage oder dem Rückgang der Nachfrage an Produktionsgütern für die Abteilung II Gefahren von Teilüberproduktionskrisen mit der Tendenz ihrer Umwandlung in allgemeine Überproduktionskrisen. Wir hatten weiter gesehen, daß das Zustandekommen der erweiterten Reproduktion das zeitlich genaue Zusammentreffen von aufeinander abgestimmten Produktionssteigerungen in verschiedenen Bereichen der Wirtschaft voraussetzt; mit anderen Worten, es erfordert, um einen bekannten Terminus zu gebrauchen, die schwer zu erreichende Einhaltung bestimmter Proportionen, eines bestimmten Verhältnisses der Wachstumsgrößen innerhalb der Produktionszweige. Daß bei Karl Marx im zweiten Band des „Kapital" bei der Erwähnung solcher Schwierigkeiten das Verhältnis von Abteilung I zu Abteilung II hervorgehoben wird, ergibt sich daraus, daß er bei seinen Reproduktionsschemata im Sinne der Zielrichtung seiner Analyse nur diese beiden Bereiche der Wirtschaft unterscheidet; es bedeutet aber keineswegs, daß er Disproportionen zwischen diesen Abteilungen als die wahrscheinlichsten oder praktisch bedeutsamsten Störungsquellen des Reproduktionsprozesses ansah. Dagegen sprechen nicht zuletzt seine Bemerkungen im dritten Band des „Kapital", in denen er die gesetzmäßige Tendenz eines zeitweiligen Zurückbleibens der Produktion von Naturstoffen, vor allem der Landwirtschaft, hinter der industriellen Produktion im entfalteten Kapitalismus unter Heranziehung von Beispielen aus der ökonomischen Praxis betont.[17] Darin zeigt sich einmal mehr, daß der Weg von der Analyse des Reproduktionsprozesses zur eigentlichen Krisentheorie nicht ohne Beachtung der Marxschen Hinweise aus dem dritten Band des „Kapital" gegangen werden kann. Aber der Erfolg auf diesem Weg ist durch folgendes bekanntes Dilemma erschwert: Wir stellten fest, daß zwar keine theoretische Unmöglichkeit der erweiterten Reproduktion im „reinen" Kapitalismus zu beweisen ist, daß aber die Verwirklichung der entsprechenden Möglichkeit — jedenfalls nach den theoretischen Annahmen, von welchen unsere Analyse ausging — an doch recht unwahrscheinliche Bedingungen geknüpft war. Damit kommen wir aber zu einem Ergebnis, das den historischen Tatsachen widerspricht, wie es bereits am Beginn dieses Kapitels angedeutet wurde, nämlich einer großen Wahrscheinlichkeit dafür, daß infolge dieser Schwierigkeiten die erweiterte Reproduktion gar nicht zustande kommt, bzw. in ihren Anfängen schon durch ernsthafte Störungen erstickt wird. Sogar wenn auf

[17] K. Marx, Das Kapital, Bd. 3, in: MEW, Bd. 25, a. a. O., insbesondere S. 129ff., S. 134—138.

irgendeine Weise mit der erweiterten Reproduktion begonnen worden ist, erscheint ihr Fortgang in einer Reihe von Jahren durchaus ungesichert. Wie kann nun dieses Dilemma, das doch auf eine Korrigierung der unserer theoretischen Analyse zugrunde gelegten vereinfachenden Annahmen hinweist, gelöst werden, ohne — wenn auch in modifizierter Weise — auf Thesen im Sinne Rosa Luxemburgs zurückzugreifen? Mit anderen Worten, wie kann dies bei einem Minimum an Abänderungen dieser Annahmen geschehen? Mit dieser Frage, mit der Lösung des Dilemmas wollen wir uns jetzt beschäftigen.

KAPITEL 6

Das Zustandekommen von längeren Phasen der beschleunigten erweiterten Reproduktion als Aufschwünge in den Krisenzyklen

Unter den vereinfachenden Annahmen, von denen wir bisher bei der Analyse der erweiterten Reproduktion ausgegangen waren, befanden sich solche, die mit dem Modell des „reinen“ Kapitalismus nichts zu tun hatten. Zu letzteren gehörte auch die Annahme, daß von einem ungestörten Zustand der einfachen Reproduktion zur erweiterten Reproduktion bzw. zur Ausgangsstruktur für ihr Zustandekommen übergegangen wird; dabei wurde eine Störungs-, eine Krisengefahr erst von diesem Übergang an in Betracht gezogen. Vielleicht liegt aber gerade hierin und nicht etwa in der Voraussetzung eines „reinen“ Kapitalismus der Grund für unser Dilemma, der Grund für die den historischen Erfahrungen widersprechende theoretische Folgerung der Unwahrscheinlichkeit einer geglückten erweiterten kapitalistischen Reproduktion? Ist es nicht leichter, bestimmte wichtige Bedingungen einer zumindest für eine Reihe von Jahren fortschreitenden bzw. sogar beschleunigt fortschreitenden erweiterten Reproduktion zu erreichen, wenn eine Überproduktionskrise, eine Krisenphase vorausging? War es nicht für die kapitalistische Entwicklung notwendig, einen (Krisen-)Schritt zurück zu machen, um dann einen (Aufschwungs-)Schritt, oder richtiger, drei Schritte vorwärts folgen zu lassen? Bevor wir uns zur Beantwortung dieser Fragen mit den historischen Tatsachen auseinandersetzen, wollen wir den Zusammenhang nur theoretisch analysieren, zunächst unter Aufrechterhaltung der bisherigen vereinfachenden Annahmen mit Ausnahme eben jener über den Zeitabschnitt unmittelbar vor dem Übergang zur erweiterten Reproduktion. Nehmen wir einmal an, es hätte einen längeren Zeitabschnitt der einfachen Reproduktion gegeben, oder zum mindesten einer so langsam erweiterten Reproduktion, daß man die Erweiterung etwa bei der Betrachtung eines Jahrzehnts vernachlässigen kann; nehmen wir weiter an, es sei aus den früher bei der Darlegung von Krisenmöglichkeiten im Rahmen der einfachen Reproduktion bereits angeführten Gründen dann zu einer Überproduktionskrise gekommen. Wie könnten daraus Voraussetzungen für — weitgehend störungsfreie — drei Schritte vorwärts entstanden sein? Dabei mag es scheinen, als sei wenigstens der erste (Aufschwungs-)Schritt gar nicht so problematisch. Bedeutete nicht die Anerkennung der Überproduktionsmöglichkeit in einer theoretischen Welt der einfachen kapitalistischen Reproduktion zumindest implizit die Anerkennung einer notwendigen Überwindung dieser Krise durch erweiterte Reproduktion und damit die Notwendigkeit jedenfalls des ersten Schritts vorwärts, weil anderenfalls jede zufällige Verwirklichung der Krisenmöglichkeit mit einer dauernden Verminderung des Gesamtkapitals verbunden sein müßte? Jedoch bedeutet dieser eine Schritt vorwärts in einer theoretischen Welt der einfachen kapitalistischen Reproduktion, in welcher der vorangegangene Schritt rückwärts keinesfalls die Antwort auf einen versuchten Schritt vorwärts, auf einen versuchten Übergang zur erweiterten kapitalistischen Reproduktion war, nur die Wiederherstellung des alten Zustandes, der für den Übergang eben nicht geeignet ist. Im Unterschied dazu darf der Schritt vorwärts, der den Weg zu mehreren Schritten der erweiterten kapitalistischen Reproduktion bahnen soll, zwar Produktion und fungierendes Kapital als aggregierte Gesamtgrößen, also in diesem Sinne quantitativ, aber keineswegs qualitativ, in Bezug auf die Zusammensetzung von Produktion und Kapital auf den Vorkrisenstand bringen. Eine Wiederherstellung der Vorkrisensituation in dieser Hinsicht würde die Störungsgefährdung bei dann noch in vollem Ausmaße notwendigen Strukturveränderungen nicht vermindern, die Erfüllung der erforderlichen komplizierten Voraussetzungen für ein weiteres Wachstum nicht erleichtern. Deshalb kann der Inhalt eines im Gegensatz dazu bahnbrechenden Schrittes vorwärts keinesfalls im Nachholen des in der Krise unterbliebenen Ersatzes von verbrauchtem Sachkapital — vor allem des konstanten fixen Kapitals — bestehen. Es muß ja z. B., wobei wir an vorhergehende Darlegungen und damit an die Reproduktionsanalyse des zweiten Bandes des „Kapital" anknüpfen, zunächst nicht das konstante Kapital der Abteilung II voll ersetzt, sondern vielmehr das konstante Kapital der Abteilung I erweitert werden. Dafür, daß beim ersten (Aufschwungs-)Schritt vorwärts Erweiterungs- und nicht Einsatzinvestitionen im Vordergrund stehen müssen, sprechen noch andere später zu erörternde Gründe, wobei die Erfüllung dieses Erfordernisses auch durch die historische Erfahrung bestätigt wird. Den aus diesem Erweiterungsprozeß sich ergebenden Störungsgefahren stehen nun eine Reihe von Ergebnissen der Überproduktionskrise entgegen.

Beginnen wir mit dem Gold bzw. Geld. Davon müssen sich in einer solchen Krise große überschüssige Bestände, und damit überschüssiges virtuelles Geldkapital gebildet haben und das aus zwei Gründen: Erstens geht in der Krise die Goldproduktion, die keine Absatzsorgen kennt, zum mindesten im alten Umfange weiter und mit ihr die Umwandlung des geförderten Goldes in Münzen, während aber zweitens der Bedarf an Gold bzw. Goldmünzen sich erheblich verringert. Dabei ist die Verminderung des Goldbedarfes eine Folge der Verminderung des Wertes der Warenproduktion in der Krise sowie — falls wir unsere vereinfachende Annahme von der Übereinstimmung von Preis und Wert hier fallenlassen — des Sinkens der Preise unter den Wert der Waren und dementsprechend des größeren Rückganges von Y, der Produktion gemessen nach laufenden Goldpreisen. Infolge dieser Anhäufung, dieses Aufstauens von Gold bzw. Goldgeld in der Krise, ist es aber bei Überwindung der Krise, beim Übergang zu einer im Vergleich zum Krisenzustand erweiterten Reproduktion keineswegs notwendig, eine der Steigerung der

Warenproduktion entsprechende Steigerung der Goldproduktion zu erreichen, und damit in diesem Augenblick die Proportionen genau einzuhalten. Es ist eben durch die in der Krise angehäuften Schätze ein Ausgleich möglich. Wir können den Sachverhalt auch so ausdrücken: Da es in der Krisenphase Disproportionen zwischen der Goldproduktion auf der einen und der allgemeinen Warenproduktion auf der anderen Seite, und zwar zugunsten der Goldproduktion gab — wir könnten sie als positive Disproportionen bezeichnen — und als ihr Ergebnis Überschüsse in Gold, können nach Überwindung der Krise, in der erweiterten Reproduktion, negative Disproportionen, also ein Zurückbleiben der Goldproduktion, eine gewisse Zeit auch ohne Störungsgefahr von dieser Seite aus ertragen werden.

Dasselbe trifft auf das überschüssige virtuelle variable Kapital in seiner Elementarform — oder, um einen identischen Ausdruck anzuwenden — auf die proletarische Reservearmee zu. Dabei ist ihre vorhergehende Ausdehnung oder Konstituierung bzw. Neukonstituierung in der Überproduktionskrise, wiederum wie die entsprechenden Prozesse beim virtuellen Geldkapital, Ergebnis „positiver" Disproportionen, und zwar hier der Disproportionen zwischen der Bewegung des Arbeitskräftepotentials auf der einen und des Produktionsvolumens auf der anderen Seite. Dieses Ergebnis der Krise verhindert, daß nicht nur die Aufnahme bzw. Wiederaufnahme, sondern auch die mehrjährige Weiterführung des Prozesses der erweiterten Reproduktion durch die in dieser Phase notwendigerweise „negativen" Disproportionen zwischen rasch steigender Produktion und der dahinter zurückbleibenden Steigerung des Arbeitskräftepotentials verhindert wird.

Mit dieser Feststellung ist allerdings die Bedeutung der Reservearmee und damit auch ihrer Ausdehnung oder Schrumpfung noch keineswegs erschöpft, sondern vielmehr erst angedeutet. Den Ausgangspunkt für eine umfassende Beurteilung findet man nur, wenn man mit Karl Marx[1] und W. I. Lenin die Reservearmee als grundlegende Voraussetzung für Stabilität und Entwicklung des Kapitalismus ansieht, wenn man sie, wie Lenin sagt, als „ein notwendiges Zubehör der kapitalistischen Wirtschaft" betrachtet, „ohne das diese weder existieren noch sich entwik-

[1] Vgl. dazu insbesondere K. Marx, Das Kapital, Bd. 1, in: MEW, Bd. 23, a. a. O., 23. Kapitel. Dabei seien die folgenden Feststellungen von K. Marx hervorgehoben: „Der charakteristische Lebenslauf der modernen Industrie . . . beruht auf der beständigen Bildung, größeren oder geringeren Absorption und Wiederbildung der industriellen Reservearmee oder Übervölkerung. Ihrerseits rekrutieren die Wechselfälle des industriellen Zyklus die Übervölkerung und werden zu einem ihrer energischsten Reproduktionsagentien." Ebenda, S. 661. „Ganz wie Himmelskörper, einmal in eine bestimmte Bewegung geschleudert, dieselbe stets wiederholen, so die gesellschaftliche Produktion, sobald sie einmal in jene Bewegung wechselnder Expansion und Kontraktion geworfen ist. Wirkungen werden ihrerseits zu Ursachen, und die Wechselfälle des ganzen Prozesses, der seine eignen Bedingungen stets reproduziert, nehmen die Form der Periodizität an. Ist letztere einmal konsolidiert, so begreift selbst die politische Ökonomie die Produktion einer relativen, d. h. mit Bezug auf das mittlere Verwertungsbedürfnis des Kapitals überschüssigen Bevölkerung, als Lebensbedingung der modernen Industrie." Ebenda, S. 662.

keln könnte."[2] Hier liegt ein fundamentaler Unterschied zur bürgerlichen Theorie, insbesondere aber zur klassischen und neoklassischen, welche fehlende Vollbeschäftigung als eine Störung der Harmonie der kapitalistischen Marktwirtschaft ansieht, die durch fehlende Beachtung ihrer Postulate entstanden ist. Diese Fragestellung ist bei der theoretischen Analyse des Zyklus und der Überproduktionskrise noch wichtiger als in anderen Problemkomplexen, aber deshalb keineswegs leichter. Es wird sich darum als notwendig erweisen, auf diesen Grundzug auch unter verschiedenen Aspekten immer wieder zurückzukommen. Hier sei nur noch festzuhalten, daß auch in Bezug auf die Reservearmee es wiederum die Überproduktionskrise ist, welche die Voraussetzungen für einen störungsfreien Beginn der erweiterten kapitalistischen Reproduktion sowie ihren Fortgang in einer Reihe von Jahren schafft. Die Krise setzt nämlich anstatt der schwierigeren Bedingungen der genauen Einhaltung bestimmter Proportionen den leichteren Übergang von Disproportionen der einen Richtung zu Disproportionen der entgegengesetzten Richtung. Man könnte diesen Sachverhalt besser auch so ausdrücken: Disproportionen, welche die kapitalistische erweiterte Reproduktion notwendigerweise mit sich bringt, können diesen Prozeß zum mindesten solange nicht zum Stillstand bringen, als die Resultate der Krise, die durch sie geschaffenen Disproportionen, in umgekehrter Richtung wirken, indem sie aus technisch-ökonomischen Gründen nicht benötigte und insoweit überschüssige Reserven schaffen, die für längere Zeit als Ausgleich wirken.

Inwieweit gelten diese Feststellungen nicht nur für die Überschüsse an den in Gold oder menschlicher Arbeitskraft bestehenden, sondern auch für die sich in Sachgütern verkörpernden Bestandteile des virtuellen Gesamtkapitals, also für das Sachkapital? Dabei wäre zunächst die Frage zu klären, inwieweit man überhaupt solche Überschüsse an Sachkapital bzw. ihre Ausdehnung als Ergebnisse der Überproduktionskrise annehmen kann. Müßte man nicht von dem Gegenteil, wenn schon nicht für den Anfang, so doch wenigstens für das Ende der Krisenphase ausgehen? Das müßte man annehmen, wenn man im Prozeß der Kapitalzerstörung während dieser Phase nicht nur Verwandlung von tätigem fungierenden Sachkapital in brachliegendes, bloß virtuelles sieht, oder die Entwertung dieses Kapitals gemessen an laufenden Goldgeldpreisen, sondern auch seine physische Zerstörung. Diese Zerstörung des virtuellen Sachkapitals mußte dann, und dies entgegen der historischen Erfahrung, in einem solchen Umfange geschehen, der keinen Raum für Überschüsse mehr ließe. Ein solches Ausmaß der Zerstörung würde das virtuelle Sachkapital insgesamt unter den Vorkrisenstand bringen; der Übergang zur erweiterten Reproduktion könnte sich auf dieser Grundlage nur auf der im vorigen Kapitel beschriebenen Weise mit all den bekannten großen Störungsgefahren vollziehen, d. h. also, es wäre als Vorbereitung ein komplizierter Übergang von der Marxschen

[2] W. I. Lenin, Werke, Zur Charakteristik der ökonomischen Romantik, in: Bd. 2, a. a. O., S. 175, auch zitiert in „Politische Ökonomie" (Vorkapitalistische Produktionsweisen und kapitalistische Produktionsweise), Lehrbuch, Berlin 1973, S. 180.

Schema A- zur Marxschen Schema B-Struktur erforderlich, also die Vergrößerung des konstanten Kapitals der Abteilung I auf Kosten des konstanten Kapitals der Abteilung II, mit Ausgleich dieses Verlustes durch Substitution von variablem Kapital, worauf dann als nächste Schritte die Ausdehnung des virtuellen konstanten Kapitals und schließlich die des fungierenden konstanten Kapitals, die tatsächliche Mehrproduktion, folgen müßten.

Große Überschüsse trotz eines gewissen Umfanges physischer Zerstörung finden wir daher in den meisten Bereichen des Sachkapitals.

Prüfen wir in diesem Zusammenhang zunächst die Entwicklung des konstanten fixen Kapitals, exakter, seiner stofflichen Bestandteile, der Arbeitsmittel, der Maschinen, Anlagen, Bauten, wobei für ihren Umfang das Verhältnis von Neuzugang — den wir dem Produktionsvolumen des Investitionssektors gleichsetzen wollen — und Abnutzung entscheidend ist. Für dieses Produktionsvolumen können wir auch bei der Überproduktionskrise, die in Bedingungen der einfachen bzw. langsam erweiterten Reproduktion entstanden ist, das annehmen, was uns aus allgemeinen Krisenerfahrungen bekannt ist, einen im Vergleich zu anderen Zweigen sowohl mengenmäßigen wie wertmäßigen starken Rückgang der Produktion, der dem Rückgang der Ersatzinvestitionen entspricht. Nun ist aber, wenn wir den von uns erörterten und für die Analyse der besonderen Rolle des konstanten fixen Kapitals wesentlichen Unterschied zwischen vernutztem und benutztem Kapital beachten, die Rate des Rückganges des gesamten konstanten fixen Kapitals weit geringer als die des Rückganges der Produktion von stofflichen Bestandteilen des konstanten fixen Kapitals. Nehmen wir dazu ein Zahlenbeispiel. Angenommen, die Größe des gesamten fixen Kapitals hätte vor der Krise in konstanten Preisen 12 Milliarden Goldmünzeneinheiten betragen, wobei jedes Jahr eine Milliarde zu ersetzen gewesen wäre. Betrachten wir dann die Situation nach drei Krisenjahren. Wäre in dieser Krisenzeit im Vergleich zu den vorhergehenden drei Jahren die Produktion von Bestandteilen des konstanten fixen Kapitals für Ersatz auf die Hälfte, d. h. jährlich auf 500 Millionen, in einem Dreijahreszeitraum auf $1^1/_2$ Milliarden anstelle von 3 Milliarden gesunken, so hätte sich das gesamte konstante fixe Kapital absolut um denselben Betrag, relativ aber nur um ein Achtel vermindert. Dabei haben wir noch nicht einmal den Umstand berücksichtigt, daß infolge eines krisenbedingten Sinkens des Produktionsvolumens auch die Abnutzung kleiner wird und daher ein Fehlbetrag von $1^1/_2$ Milliarden Ersatzinvestitionen in drei Jahren deshalb auch nicht einmal zu einer absolut gleichen Schrumpfung des einsatzfähigen konstanten fixen Gesamtkapitals zu führen braucht.

Abgesehen davon schließt eine solche Schrumpfung keineswegs die Möglichkeit, ja sogar die hohe Wahrscheinlichkeit von großen Überschüssen, von Überschußkapazitäten am Ende der Krisenphase aus. Das trifft besonders für das konstante fixe Kapital jenes Sektors zu, der die stofflichen Elemente des konstanten fixen Kapitals der gesamten Wirtschaft herstellt. Wir könnten, wenn wir für diese die gleiche Verminderung des Ersatzes voraussetzen, eine Abnahme des einsatzfähigen konstanten fixen Kapitals in den drei Krisenjahren um ein Achtel annehmen. Berücksichtigen wir aber hier auch die wesentlich kleinere Abnutzung durch Halbierung der Produktion, so kämen wir zu einer Abnahme von nur einem Sechzehntel.

Setzen wir nun volle Auslastung und das Fehlen von erweiterter Reproduktion vor der Krise voraus, so könnte mit der Produktionskapazität des Arbeitsmittelsektors ein Volumen in Höhe von jährlich 937 Millionen Goldmünzeneinheiten in konstanten Preisen erzeugt werden gegenüber einer tatsächlichen jährlichen Produktion in Höhe von nur 500 Millionen. Mit anderen Worten: Im Arbeitsmittelproduktionssektor müssen im Verlauf der Krise große überschüssige Kapazitäten entstehen. Diese überschüssigen Kapazitäten erleichtern in ökonomisch-technischer Hinsicht den Übergang zur erweiterten Reproduktion insoweit, als dieser Übergang von diesem Sektor, den wir von jetzt ab den Investitionssektor nennen wollen, eine steil ansteigende Produktion erfordert, da der Anteil des konstanten fixen Kapitals am gesamten Kapital zunehmen muß.

Ohne Krise und ohne die in der Krise geschaffenen Überschußkapazitäten gerade im Investitionssektor ließe sich eine solche Steigerung nur durch eine Einschränkung der Produktion der anderen Sektoren der Produktion zugunsten dieses Sektors auf Kosten anderer Sektoren und damit auf die Gefahr einer Teilkrise in letzteren Sektoren zustande bringen. Anders ausgedrückt: Es ist eben schwierig, ohne Krise eine entsprechende Umstrukturierung der Produktion, des Kapitals zustande zu bringen. Wäre die erweiterte Reproduktion in Gang gekommen, so könnte ihre Fortsetzung an den Produktionsschranken des Investitionssektors scheitern. Eine durch Umwandlung angehäufter Geldfonds erhöhte Nachfrage nach Maschinen und Anlagen würde auch anstatt zur baldigen erhöhten Produktion dieses Investitionssektors zunächst nur zu erhöhten Preisen führen. Die Erhöhung der Produktion gemessen nach konstanten Preisen, also von y, sowie der Produktion gemessen nach ihrem Wert, also von y_w, könnte dadurch aufgehalten werden. Das gilt sicherlich auch für andere Sektoren der Industrie, jedoch keineswegs im selben Maße wie für den Investitionssektor mit seiner entscheidenden strategischen Bedeutung für die Umstrukturierung der Wirtschaft, insbesondere aber für die bei uns bisher bei der Erörterung der erweiterten Reproduktion noch nicht behandelte Einführung einer neuen fortgeschritteneren Technik. Dafür entstehen durch die Nichtauslastung von Produktionskapazitäten des Investitionssektors in der Krise Reservekapazitäten, die bei einer späteren Wiedererhöhung des Produktionsvolumens ein neues Sortiment mit neuen Arbeitsmitteln, die Durchsetzung eines produktbezogenen technischen Fortschritts ermöglichen bzw. erleichtern können. Insoweit bedeutet eine Überproduktionskrise auch für den Investitionssektor einen Schritt rückwärts, um drei Schritte vorwärts zu machen.

Diesselbe Feststellung gilt nicht — jedenfalls nicht im selben Maße — für das konstante fixe Kapital in anderen Sektoren, vor allem nicht im Konsumgütersektor. Allerdings kann es hier auch zu Überschüssen selbst dann kommen, wenn der mengenmäßige Rückgang der Produktion und damit des fungierenden, tätigen Kapitals sehr gering oder gar nicht vorhanden ist, das potentielle, virtuelle Kapital sich aber in Wirklichkeit durch mangelnden Abnutzungsersatz verringert hat. Dazu wird es allerdings nur kommen, wenn die Überproduktionskrise nicht, wie nach unserer ursprünglichen Annahme, auf eine Periode der einfachen, sondern vielmehr schon der erweiterten Reproduktion gefolgt ist. Denn im letzteren Falle werden nach Krisenbeginn zusätzliche, kurz vorher fertiggestellte Produktionskapazitäten vorhanden sein, welche die Folgen nicht ausreichenden Ersatzes mehr als auszugleichen imstande sind. Anderenfalls kann es zu echten Überschüssen von konstantem fixen Kapital im Konsumgütersektor nur bei einem starken Rückgang der Konsumgüterproduktion, des dort fungierenden konstanten fixen Kapitals kommen, der entgegen unserer bisherigen Annahmen größer ist als der Rückgang des virtuellen Kapitals durch nicht ersetzte Abnutzung.

Kam es aber zu einem stärkeren Rückgang des Produktionsvolumens und fungierenden fixen Kapitals in diesem Sektor, dann bedeutete das nicht nur auf der einen Seite größere unausgelastete Produktionskapazitäten hier, sondern auch auf der anderen Seite eine Zerstörung des Warenhandlungskapitals in Form von Konsumgütern, die bis zur völligen Beseitigung von überschüssigen Vorräten, ja sogar noch darüber hinaus gehen könnte. In diesem Fall müßte das Produktionsvolumen in der Krisenphase rascher abgenommen haben als die nicht unter ein bestimmtes Minimum reduzierbare Konsumentennachfrage, wobei das Defizit eben durch Abbau der vorhandenen Vorräte, also Verringerung des betreffenden Warenhandlungskapitals, gedeckt würde. Eine solche Tendenz zur Verminderung könnte sich auch bei Arbeitsgegenständen zeigen, die Warenhandlungs- bzw. konstantes zirkulierendes Kapital als Vorräte verkörperten, soweit es sich nicht um Rohstoffe, um Erzeugnisse des Rohstoffsektors, vor allem dabei der Landwirtschaft handelte.

In diesem Rohstoffsektor kam es bekanntlich keineswegs zu einem Rückgang des Produktionsvolumens, gemessen nicht in Goldgeld-, sondern in konstanten Preisen; es kam sogar zu einer weitergehenden mengenmäßigen Steigerung, der aber ein Rückgang der Nachfrage gegenüberstand. Das mußte in der Krisenphase zu einer Zunahme der Überschüsse führen. Diese Zunahme ist letztlich eine Folge positiver Disproportionen zwischen der Erzeugung von Naturstoffprodukten auf der einen und industriellen Fertigwaren auf der anderen Seite. Diese positiven Disproportionen, vor allem zugunsten der Landwirtschaft, ermöglichten es in der Phase beschleunigter erweiterter Reproduktion, die jetzt in den Vordergrund tretenden negativen Disproportionen in Gestalt des Zurückbleibens der Naturstoffproduktion eine längere Zeit ohne neue Krise zu überstehen.

Bei diesen wie ähnlichen Feststellungen über Naturstoffe, darunter die Goldvorräte, fiel es schwer, sich daran zu erinnern, daß unser Ausgangspunkt nicht ein bereits vorhandener Krisenzyklus, sondern ein rein theoretisch vorgestellter Zustand einer langjährigen einfachen kapitalistischen Reproduktion war, der aus irgendwelchen Ursachen durch eine Überproduktionskrise gestört wurde. Das war schwer, weil diese Feststellungen auch auf das Verhältnis von Krise und späterer langjähriger ungestörter erweiterter kapitalistischer Reproduktion zutreffen, d. h. für Fälle, in denen die Krise bereits auf eine Phase der raschen erweiterten Reproduktion folgte, ja sogar ein Moment in einer Periode raschen Wachstums war.

Und gerade darin liegt der Nutzen dieser Feststellungen für die Analyse von Reproduktion und Krise im realen aber entfalteten Kapitalismus. Wie steht es aber mit dem Übergang zum entfalteten Kapitalismus, der gleichzeitig der Übergang zu einer Periode beschleunigt erweiterter Reproduktion ist und der mit der industriellen Revolution in England einsetzte? Was besagt die Erkenntnis, daß sich im „reinen“ Kapitalismus ein Weg von der einfachen zur erweiterten bzw. von der langsam erweiterten zur rasch erweiterten Reproduktion angeben läßt (und zwar der Weg über eine Überproduktionskrise), für diesen Übergang zur beschleunigt erweiterten Reproduktion? Muß das nicht eine ausgeprägte und allgemeine Überproduktionskrise sein und setzt diese nicht einen Grad der Entfaltung des Kapitalismus voraus, den es erst zu erreichen galt? Die Beantwortung dieser Fragen kann nur dahingehend lauten, daß sich auch hier die aus der abstrakttheoretischen Analyse des „reinen“ Kapitalismus gewonnenen Erkenntnisse nützlich erweisen.

Nützlich ist hierbei vor allem die Erkenntnis von der Notwendigkeit positiver Disproportionen vor einem solchen Übergang zu einer neuen Stufe. Wenn es zu einer ausgeprägten Überproduktionskrise noch nicht kommen konnte, würden eben — wenigstens zum Teil — andere Prozesse ihre Funktionen übernehmen und damit Voraussetzungen für die industrielle Revolution, für Zyklen, Aufschwünge, ausgeprägte Krisen schaffen. Diese anderen Prozesse sind vor allem solche, wie sie Karl Marx in seinem berühmten Kapitel über die sogenannte ursprüngliche Akkumulation darstellt, Prozesse der gewaltsamen Beschleunigung des der Warenproduktion innewohnenden Differenzierungs- und Akkumulationsprozesses. Dadurch wurden die überschüssigen proletarischen Schichten geschaffen, Geldfonds angehäuft, und zwar schneller, als ihre Einverleibung in den Produktionsprozeß stattfinden konnte. Eine nicht geringe Rolle spielten bei solchen gewaltsamen Akkumulationsprozessen, wenn auch keinswegs immer, Kriege, bei denen riesige Geldfonds angehäuft und viele Menschen aus ihren normalen Lebensbahnen hinausgeworfen wurden. So ist es denn wohl auch kein Zufall, daß gerade vor Beginn der industriellen Revolution Englands, vor dem ersten echten Aufschwung der 80er Jahre des 18. Jahrhunderts eben die erste große Überproduktionskrise stattfindet, daß gerade vor dem Beginn dieses Aufschwungs der englische Krieg in Nordamerika endete.

Weiterhin muß man sich vor Augen halten, daß vor dem Beginn ganzer Perioden beschleunigter kapitalistisch erweiterter Produktion es bereits eine langsame — aber dennoch mehr als einfache — Reproduktion, ein langsames Wachstum gab, wobei es zwischen diesem langsamen Wachstum nicht nur zu

Kriegen und Mißernten, sondern wie bereits auch an anderer Stelle erwähnt[3], zu Absatzkrisen kam. Diese Absatzkrisen ereigneten sich einmal in der Landwirtschaft; dem Beginn der industriellen Revolution in Deutschland ging eine solche Krise voraus. Diese Krise brachte, wie auch andere, ein Voraneilen der landwirtschaftlichen Produktion vor der industriellen, außeragrarischen Produktion mit sich, schuf die für den Beginn der industriellen Revolution notwendigen Überschüsse an landwirtschaftlichen Produkten. Neben den Agrarkrisen, aber vor der industriellen Revolution und noch keineswegs synchron mit diesen, gab es aber auch Absatzkrisen auf dem außeragrarischen Sektor. Die Voraussetzungen für die ersten Aufschwünge, für den Zyklus und damit auch für ausgeprägte Krisen wurden durch diese nicht ausgeprägten Überproduktionskrisen mit geschaffen, eben im Zusammenwirken mit anderen Prozessen, welche die Funktionen der Krisenphasen mit übernahmen. War der Zyklus erst einmal in Gang gekommen, so wurden solche „mitwirkenden Akteure" mehr oder minder überflüssig, ausgeprägte Überproduktionskrisen vermochten dann ihre Rolle als konstituierende Phasen für eine darauffolgende Anzahl von Jahren beschleunigter kapitalistischer Reproduktion zu spielen, den Schritt rückwärts zu machen, der wiederum drei Schritte vorwärts ermöglichte.

Zu diesem Punkt ergibt sich jedoch folgende berechtigte Frage: Schafft nicht dieser eine Schritt zurück für die schnellere Vorwärtsbewegung des kapitalistischen Reproduktionsprozesses große Schwierigkeiten — vielleicht sogar mehr, als er beseitigt?

Es erweist sich deshalb als notwendig, auf diese Schwierigkeiten und darüber hinaus auf die Schwierigkeiten der Inganghaltung der erweiterten Reproduktion einzugehen. Dabei besteht die erste keineswegs leicht zu überwindende Schwierigkeit schon beim ersten Schritt, nämlich aus der notwendigen Krisenphase herauszukommen und einen Aufschwung zustande zu bringen. Die zweite, noch bedeutsamere, besteht darin, zu verhindern, daß die erweiterte Reproduktion, welche der verminderten in der Krise folgt, sich quantitativ auf die Beseitigung des Rückganges beschränkt, also zu verhindern, daß in quantitativer Beziehung nur der alte Stand erreicht wird und nichts weiter, und damit ein dauerndes Wachstum zu ermöglichen. Beide Schwierigkeiten erfordern eine ausführliche Betrachtung, die uns dazu tiefer in die Problematik des Zyklus hineinführt, als das bisher der Fall war. Diese umfassendere und tiefere Analyse, welche eine Gegenüberstellung von Erleichterungen und Erschwernissen des nachfolgenden Reproduktionsprozesses durch die vorhergehende Krise ermöglicht, soll durch stärkere Bezugnahme auf wirtschaftshistorische Tatsachen konkreter gestaltet werden. Dem steht allerdings entgegen, daß unsere theoretische Untersuchung weiterhin — und zwar bis zum Ende des nächsten Kapitels — auf der Marxschen Modellannahme eines „reinen" Kapitalismus beruhen wird. Das steht mit der Bezugnahme auf die wirtschaftshistorische Realität des Reproduktionsprozesses,

[3] Vgl. oben S. 33.

die ja weit vom „reinen“ Kapitalismus entfernt war, nur dann nicht im Widerspruch, wenn diese Tatsachen bzw. ihre zu den betreffenden Schlüssen benutzten Seiten nicht auf diesen Abweichungen vom „reinen“ Kapitalismus beruhen. Außerdem wird bei der Betrachtung der Phase nach der Krise die Zeit nach solchen normalen Krisen mit verstanden werden, die auf eine Phase geglückter beschleunigt erweiterter Reproduktion folgten und nicht nur nach solchen, welche einen ersten erfolgreichen Durchbruch zu einem solchen Wachstumsprozeß vorbereiteten.

In Bezug auf den ersten Schritt vorwärts, nach einem Schritt rückwärts, hatten wir bisher nur analysiert, wie bei strukturverändernden Erweiterungen des virtuellen Kapitals die damit verbundenen Störungsgefahren vermindert werden, wenn sie aus der Krisensituation heraus erfolgen. Das sind Gefahren, die, indem sie das tatsächliche Zustandekommen sowie die Realisierung der Mehrproduktion, die Verwandlung des zusätzlichen virtuellen Kapitals in zusätzliches fungierendes Kapitals bedrohen, dasselbe auch gegenüber einer erneuten Erweiterung des virtuellen Kapitals tun. Dabei übt schon die Verminderung dieser Gefahren, die damit verbundene größere Profitabilität, einen positiven Einfluß auf den Erweiterungsprozeß aus. Wir hatten aber bisher die demgegenüber auch bestehenden gegenteiligen Wirkungen der Krisensituation vernachlässigt. Dabei erweist es sich als paradox, daß diese Gegenwirkungen zum Teil von denselben Tatsachen ausgehen, bei welchen wir auch Störungsgefahren, vermindernde Wirkungen herausgestellt hatten, und zwar von den großen Überschüssen an stofflichen Elementen des Sachkapitals am Ende der Krisenphase. Von solchen Überschüssen geht, wie bekannt ist und früher auch bereits mehrfach erwähnt wurde, eine Gegentendenz gegen die Projektierung von Kapitalerweiterungen aus, gegen die Vergrößerung der Nachfrage nach solchen Waren, in denen sich das überschüssige Kapital verkörpert. Mehr noch, sie tendieren dazu, diese Nachfrage zu verringern. Für diese Tendenz läßt sich im Rahmen unserer bis jetzt nur sehr allgemeinen Erwägungen nur folgende Feststellung machen: Falls nicht entscheidende Gründe für das Gegenteil vorliegen, wie wir sie im Rahmen der Analyse des U-Potentials auf Seite 91 darlegen werden, muß man von seiten dieser Tendenz zumindest eine Kompensierung etwaiger störungsmindernder Wirkungen überschüssigen Sachkapitals annehmen.

Dabei drängt sich sogar eine umgekehrte Frage auf: Wirkt nicht das Gegenteil eines Überschusses von Sachkapital, also ein negativer Überschuß, ein Defizit in bestimmten Bereichen, stimulierend auf die Nachfrage nach den stofflichen Elementen dieses Sachkapitals? Könnten solche Stimulierungen in konkreten, nachzuweisenden Fällen nicht die reproduktionsgefährdenden Wirkungen dieses Defizits gerade unter Bedingungen, wie sie am Ende der Krisenphase und beim ersten Schritt ihrer Überwindung bestehen, überkompensieren? Ein derartiger Fall wäre vor allem beim Warenhandlungskapital denkbar. Hier hatten wir die Möglichkeit eines Defizits, insbesondere insoweit dieses Kapital durch Konsumgüter vergegenständlicht wird, bereits angedeutet. Hier kann die von uns bereits untersuchte

Zerstörung durch Verbrauch so weit gehen, daß die Größe der Bestände dem vorhandenen Produktions- und Konsumniveau nicht mehr entspricht. Diese Situation, hinter der sich ein Überwiegen der zwar auch gesunkenen Konsumentennachfrage hinter der infolge der Krise noch mehr gesunkenen Konsumgüterproduktion verbirgt, führt nach einer bestimmten Zeitverzögerung die Warenhandlungskapitalisten dazu, zwecks Wiederauffüllung der Vorräte ihre Nachfrage zu steigern und entsprechend auf die Konsumgüterproduktion einzuwirken. Man kann hierbei auch annehmen, daß die positiven Wirkungen dieser Nachfragesteigerung für den kapitalistischen Reproduktionsprozeß die früher erwähnten[4] negativen überwiegen, welche in einer Zuspitzung des ökonomischen Klassenkampfes infolge Verknappung von Massenkonsumgütern bestehen, da die dadurch hervorgerufenen sozialen Spannungen erfahrungsgemäß durch die Erhöhung der Beschäftigung gemildert werden. Abgesehen davon setzt eine solche Zerstörung des Warenhandlungskapitals an Konsumgütern einen so starken Rückgang der Konsumgüterproduktion in der Krise voraus, der, wenn er überhaupt eintritt, die Tendenz zur Entstehung bzw. Verstärkung der Überschüsse an konstantem fixen Kapital erhöht.

Gehen wir aber entsprechend unserer früheren Annahme davon aus, daß im Konsumgütersektor im Gegensatz zum Investitionssektor das Produktionsvolumen langsamer sinkt, als die Zerstörung des konstanten fixen Kapitals durch unvollständigen Ersatz der Abnutzung fortschreitet, so könnte sich hieraus ein Defizit, eine Aufstauung des Ersatzinvestitionsbedarfs, eine entsprechende Steigerung der Nachfrage nach Arbeitsmitteln ergeben; das allerdings nur dann, falls dem nicht die bereits früher erwähnten, zusätzlich am Ende des Aufschwunges fertiggestellten Produktionskapazitäten entgegenstehen. Außerdem bestimmen der physische Verschleiß und sein vollständiger bzw. fehlender Ausgleich die Nachfrage nach Ersatzinvestitionsgütern bei der erweiterten kapitalistischen Reproduktion bzw. ihrer Vorbereitung im Gegensatz zu einer Welt der einfachen Reproduktion nicht mehr allein. Das hängt damit zusammen, daß bei dem realen Zustandekommen der erweiterten Reproduktion der technische Fortschritt eine wesentliche Rolle spielt und damit die Arbeitsmittelnachfrage auch von dem durch Karl Marx hervorgehobenen moralischen Verschleiß und nicht nur dem physischen abhängt, worauf noch später einzugehen sein wird.

Das ist ein zusätzlicher Grund dafür, warum der Ausgleich des in der Krise verringerten Ersatzes für physische Abnutzung (im Gegensatz zu einer möglichen Krise unter den Bedingungen der einfachen Reproduktion) ebensowenig wie andere, den Umfang des virtuellen Sachkapitals vermindernde Prozesse ausreichen konnten, einen anhaltenden Wachstumsprozeß, einen Aufschwung einzuleiten. Nach den historischen Erfahrungen waren sie überdies nur fähig, den allgemeinen Rückgang aufzuhalten oder bestenfalls eine kurzfristige Belebung

[4] Vgl. oben S. 61.

herbeizuführen. Eine solche Vernichtung des virtuellen Sachkapitals erstreckt sich eben nur auf Teilbereiche.

Wie kann es aber zu einem Aufschwung kommen? Wird doch der Aufschwung nach historischer Erfahrung durch eine Massenanlage von konstamtem fixen Kapital eingeleitet. Diese beschränkt sich keineswegs auf einen bloßen Ersatz alten Kapitals, ja sie beginnt nicht einmal, von Ausnahmen abgesehen, damit, obwohl eine Massenanlage eine solche Welle von Ersatzinvestitionen gewöhnlich unmittelbar nach sich zieht, daß wir dann insgesamt von einer Expansion und Erneuerung des konstanten fixen Kapitals sprechen können. Damit ist die Frage nach den Ursachen für den Aufschwung nach der Krise weitgehend auf die Frage nach den Ursachen für diese Massenanlage von konstantem fixen Kapital, oder genauer, auf die Frage nach den Ursachen für die sprunghafte Nachfragesteigerung nach stofflichen Vergegenständlichungen des konstanten fixen Kapitals reduziert.

Bevor wir auf dieses Problem näher eingehen, gilt es, angesichts der entscheidenden Bedeutung des konstanten fixen Kapitals für Zyklus und Krise und damit auch für die Krisentheorie, für die Analyse der Krise und des Zyklus insgesamt, eine entsprechende, diese Tatsachen berücksichtigende Aufteilung der kapitalistischen Wirtschaft in zwei Sektoren der Produktion vorzunehmen. Das ist erstens der Sektor der Produktion von stofflichen Vergegenständlichungen des konstanten fixen Kapitals, einschließlich der dazu notwendigen Arbeitsgegenstände, und auf der anderen Seite zweitens der Sektor der Konsumgüterproduktion, einschließlich aller dazu notwendigen Arbeitsgegenstände. Dabei soll die Produktion im ersten Sektor, bei der es sich um Bruttowarenproduktion handelt, mit dem Symbol Y_i und die Produktion im Konsumgütersektor mit dem Symbol Y_k bezeichnet werden. Weiterhin sollen, wenn jetzt von Investitionen gesprochen wird, darunter nur Aufwendungen für stoffliche Vergegenständlichungen des konstanten fixen Kapitals, also Anlageinvestitionen, verstanden werden, dabei sowohl solche, die dem Ersatz von konstantem fixen Kapital, als auch solche, die seiner Erweiterung dienen. Wenn hierbei kein Unterschied zwischen sogenannten Brutto- und sogenannten Netto(Anlage)-Investitionen gemacht wird, so wird dabei die Erfahrungstatsache in Betracht gezogen, daß die Bewegung von beiden im Zyklus in der gleichen Richtung erfolgt, sich deshalb in beiden der Wechsel des Zyklus darstellt.

Welche Ursachen führen nun aber zu einer Massenanlage von konstantem fixen Kapital, zu einer Welle von Investitionen? An einer anderen Stelle haben wir bereits auf die triviale Tatsache hingewiesen, daß eine solche Zunahme von konstantem fixen Kapital eine entsprechende Profitabilität für diese Zunahme zur Voraussetzung hat.[5]

Wann ist aber die Profitabilität einer Massenanlage von konstantem fixen Kapital, jedenfalls insoweit sie zu seiner Ausdehnung und nicht zum bloßen

[5] Vgl. oben S. 64f.

Ersatz erfolgen soll, also die Profitabilität von Δ_{cf} gesichert, bzw. die für die Erweiterung des konstanten fixen Kapitals notwendige zusätzliche Nachfrage nach Investitionsgütern Δz_i induziert? Wenn wir eine Voraussetzung für die Profitabilität der entsprechenden Investitionen, zu der später noch die erforderliche eingehende Analyse erfolgen soll, zunächst ganz grob und kurz darlegen, so gilt dafür, was wir bereits für die Kapitalerweiterung im allgemeinen festgestellt haben. Danach wäre eine Voraussetzung für die Rentabilität der entsprechenden Investitionen die entsprechende Erhöhung der Nachfrage, eine verbesserte Absatzlage, welche die bisherigen Produktionskapazitäten unzureichend macht. In eingeschränktem Maße müßten dieselben Faktoren auch zu einer Vermehrung solcher Investitionen führen, welche dem Ersatz physisch vernutzter Anlagen dienen. Denn bei einer Steigerungsbewegung der Produktion wird es häufig zweckmäßig sein, anstatt physisch abgenutzte durch nicht ausgelastete Anlagen zu ersetzen, diesen Ersatz durch den Ankauf neu hergestellter Anlagen vorzunehmen.

Aber eine solche Steigerungsbewegung, eine solche Absatzbelebung, welche die Ausdehnung vor allem von Anlageerweiterungs-, aber auch Ersatzanlageinvestitionen zu stimulieren imstande ist, gibt es ja in einer Krisenphase gerade nicht. Dann besteht aber immer noch die Möglichkeit, daß die entsprechende Profitabilität für die Massenanlage von konstantem fixen Kapital durch andere Faktoren gesichert wird, die gerade ein Ergebnis der Krisenphase sind, bzw. in der Krisenphase zunehmen, deren Zunahme sich also in entgegengesetzter Richtung wie der Zyklus bewegt, Faktoren, die dementsprechend antizyklisch sind. Wir wollen nun die Gesamtheit dieser Faktoren als das Potential U bezeichnen und den Teil der Nachfrage nach Investitionsgütern, der durch U induziert wird, mit Z_u. Worin bestehen nun aber diese antizyklischen Faktoren, von welchen eine Steigerung von Z_i ausgeht, worin besteht der konkrete Inhalt des Potentials U?

Dieses Potential muß von der Art sein, daß es vor allem auch Erweiterungsanlageinvestitionen profitabel macht und induziert, obwohl überschüssige Kapazitäten das Bild der Krisenphase kennzeichnen. Hier fällt sofort ein Faktor ins Auge, der zum mindesten als wesentlicher Teil des Potentials U angesehen werden kann. In der Krisenphase wird nämlich ein Vorrat angehäuft, der in keiner Weise die Investitionsprofitabilität mindert, wie etwa überschüssige Vorräte an Produktionsmitteln. Und diese Anhäufung findet auch in der Zeit vor dem Beginn der industriellen Revolutionen in den einzelnen Ländern statt, wobei die Funktionen der für diesen Zweck noch nicht ausreichenden, noch nicht ausgeprägten Krisen durch andere Prozesse ersetzt werden. Es handelt sich bei diesen Vorräten um die Aufstauung von bereits ökonomisch erprobten, aber noch nicht breit genutzten technischen Fortschritten, einen Vorrat, den wir mit u_1 bezeichnen wollen. Dabei wird davon ausgegangen, daß — insoweit es sich um den Beginn der industriellen Revolution handelt, der mit einer Massenanlage von konstantem fixen Kapital einsetzt — der revolutionäre Prozeß nicht mit einzelnen Erfindungen und ihrer ersten Anwendung beginnt, sondern als Durchbruch erst mit der massenhaften Anwendung erfolgt.[6] Die Erprobung entscheidender technischer Neuerungen wie z. B. der Spinnfabrik, des modernen Kanals, des Dampfschiffes, der Eisenbahn, erfolgt in den Vorbereitungsperioden der industriellen Revolutionen. Dabei entspricht es der historischen Wahrheit, daß im Gegensatz zu den Lehren Schumpeters[7] zumeist keineswegs der Neuerer und nicht einmal der Neuererunternehmer als vielmehr die ersten Nachahmer von der kapitalistischen Gesellschaft „belohnt" werden, und zwar durch große Profite und Superprofite. Auch nachdem die industrielle Revolution bereits eingesetzt hatte und in der Etappe der beschleunigten kapitalistischen Reproduktion überhaupt, stauten sich vor den zyklischen Aufschwüngen, also gewöhnlich in den Krisenphasen vorher, ökonomisch erprobte, aber noch nicht breit genutzte technische Fortschritte auf.

Die Verwertung dieses Vorrats konnte dazu führen, daß es profitabler war, Ersatzinvestitionen wesentlich vor dem Zeitpunkt vorzunehmen, in dem der physische Verschleiß das erforderlich gemacht hätte. Auf der Grundlage dieses Vorrats macht sich, wie bereits angedeutet, der moralische Verschleiß als Antriebsfaktor für die einfache Reproduktion des konstanten fixen Kapitals bemerkbar. Dabei darf man aber keineswegs vergessen, daß der physische Verschleiß schon eine ganze Zeit angedauert haben muß, bis eine Kombination mit dem moralischen Verschleiß zu Ersatzinvestitionen führte. Nehmen wir einmal an, daß dieser Zeitabschnitt etwa zehn Jahre dauern mußte, bis die während der vorhergehenden Krise erfolgte Erzeugung und Bevorratung von Neuerungen wirksam werden konnte. Dann hätten wir eine Erklärung dafür, warum es zum Ersatz, zur Erneuerung des konstanten fixen Kapitals etwa eine Dekade später kommt, obwohl der Beweis dieser Hypothese noch näherer Untersuchungen bedarf. Es sei hierbei nur erwähnt, daß für die Zyklen im Durchschnitt die Ausdehnung des technischen Fortschritts zunächst als eine lineare Funktion der Zeit angesehen werden kann. Was die Messung des technischen Fortschritts betrifft, so muß man den Unterschied zwischen der Entwicklung des Fortschritts selbst und dem Grad seiner Ausnutzung, also die Entwicklung des Überschusses, des Vorrates u_1 beachten. Nun ist es offensichtlich, daß eine direkte Messung sowohl des technischen Fortschritts, wie von u_1 unmöglich ist; man kann sich jedoch eine genauere, auch für ein mathematisch-ökonomisches Modell zugrundelegbare Vorstellung von der Größe machen, wenn man u_1 durch die vorstellbare Differenz zwischen der bei voller Auslastung dieses Fortschritts möglichen Produktion und der gegenwärtigen Produktion mißt.

Die Hauptwirkung dieser Differenz, die Hauptwirkung von u_1, besteht aber keineswegs — und das gilt für die ersten Aufschwünge am Beginn der industriellen Revolutionen noch mehr als für die späteren Aufschwünge — in der beschleunigten Erneuerung, dem beschleunigten Ersatz des konstanten fixen

[6] Vgl. H. Mottek, Wirtschaftsgeschichte Deutschlands, Bd. 2, Berlin 1976, S. 74.

[7] Vgl. J. Schumpeter, Business Cycles, New York—London 1939.

Kapitals vor dem physischen Verschleiß, sondern vielmehr in seiner Erweiterung. In dieser Richtung gibt u_1 günstige Profitmöglichkeiten für die Nutzung neuer Anlagen in bestimmten Marktbereichen, die in ihrer Technik den alten überlegen waren. Vorhandene überschüssige Kapazitäten verhindern eben nicht die Profitabilität zusätzlicher, aber modernerer Kapazitäten, bzw. solcher Kapazitäten für qualitativ neue Waren. Auf diese Weise konnten Erweiterungsinvestitionen, mit einem Modernisierungseffekt für die gesamte Wirtschaft, also Modernisierungserweiterungsinvestitionen zustande kommen. Dabei konzentrierten sich diese Investitionen auf die Industrie, einschließlich der Transportindustrie. Das soll keineswegs heißen, daß es solche Investitionen in der Landwirtschaft überhaupt nicht gab. Aber einmal überwiegt in der Landwirtschaft zuerst sogar ein solcher Typ von Investitionen, bei dem die Erweiterung des konstanten fixen Kapitals sich nicht durch einen erhöhten Ankauf von Produktionsmitteln vollzog. Diese Investitionen bildeten weiterhin nicht den Anstoß für den Aufschwung, traten auch nicht in einer Häufung auf, und soweit sie zu einer Produktionssteigerung führten, taten sie es mit noch einer größeren durchschnittlichen Zeitverzögerung, so daß der Effekt sich überwiegend erst in der späteren Krisenphase des Zyklus zeigte. Die Industrie spielte, wie im Zyklus allgemein, bei der Erweiterungsinvestitionssteigerung auf der Grundlage der Erhöhung von U die führende Rolle, und innerhalb der Industrie wiederum waren es solche Wirtschaftszweige wie eben in England die Baumwollverarbeitung und die Kanäle, dann die Eisenbahnen, später in Deutschland und England die Schwerindustrie, die Elektro- und chemische Industrie, der Kraftfahrzeugbau usw.

Diese raschen Vorstöße mit den dadurch verbundenen Disproportionen, der rasche Anstieg der Nachfrage nach Produktionsmitteln, die Möglichkeit eines entsprechenden Wachstums, zuerst der Produktionskapazität und dann der Produktion selbst, bedurften der Reserven, vor allem aber einer großen industriellen Reservearmee, eines „Vorrats" — wir wollen ihn u_2 nennen — der, wie bereits bemerkt, ebenfalls in den Krisenphasen bzw. vor den industriellen Revolutionen in den einzelnen Ländern gewachsen war. Industrielle Revolutionen, die beschleunigte kapitalistische erweiterte Reproduktion, bedeuteten eine Strukturveränderung der Wirtschaft, eine Neuverteilung der gesellschaftlichen Gesamtarbeit. Eine solche Strukturveränderung setzt unter kapitalistischen Bedingungen einen Druckfaktor voraus, der große Menschenmassen in die neue aufsteigenden Zweige treibt. Ohne diesen Druckfaktor wären sogar die Investitionsvorhaben und nicht nur etwa die tatsächlichen Investitionen sowie die auf ihrer Grundlage erzielten Produktionssteigerungen nicht zustande gekommen. Dabei geht die Bedeutung dieser Anhäufung, dieses „Vorrats" und seines Anwachsens in der Krisenphase über die reine Kostenwirkung hinaus, d. h. sie geht darüber hinaus, daß überschüssige Arbeitskräfte den Lohn und damit die Kosten für die Schaffung und Auslastung neuer Produktionskapazitäten senken. Deshalb sollte auch in einem mathematischen Modell der Entstehung der Überproduktionskrise, des Zyklus, dieser „Vorrat“ direkt aufgenommen und nicht etwa durch seinen angeblichen Stellvertreter, den Lohn, ersetzt werden. Das entspräche der marxistischen Analyse des kapitalistischen Prozesses, welche den Lohn vor allem durch den Wert, den Reproduktionsaufwand der Arbeitskraft als der wichtigsten Produktivkraft bestimmt ansieht. Dabei übt eine Unterschreitung des im Laufe der Geschichte sich erhöhenden Wertes der Arbeitskraft letzten Endes eine negative Wirkung auf die Produktion und auf die Produktivität aus, oder muß von der Bourgeoisie mit einer Zuspitzung des ökonomischen Klassenkampfes bezahlt werden. Sogar bürgerliche Ökonomen, welche diese Beziehung Lohn ↔ Wert der Arbeitskraft keineswegs anerkennen, gehen doch von einer Art Normallohn aus. Aus all diesen Gründen behinderte die in der Zeit vor dem Aufschwung erfolgte Vergrößerung der industriellen Reservearmee mit ihrer zweifellos lohndrückenden Wirkung die Inangriffnahme von Modernisierungserweiterung und sogar Modernisierungsersatzinvestitionen keineswegs in einem entscheidenden Umfang; das betrifft allerdings nur den Lohn als Kostenfaktor und nicht den Lohn als Kaufkraftfaktor.

Gegen diese Betrachtung der Reservearmee als u_2, als Teil des U-Potentials, das antizyklische Investitionen stimuliert, kann nicht mit Berechtigung eingewandt werden, daß dann mit derselben Begründung auch die Überschußkapazitäten, bzw. auch überschüssigen Vorräte von Waren in dieses Potential einbegriffen werden müßten. Hatten wir doch festgestellt, daß die Effekte dieser Überschüsse, die die erweiterte Reproduktion begünstigen, Ergebnisse positiver Disproportionen in der Produktion sind und zumeist durch die gegenteiligen Wirkungen kompensiert werden.

Die wichtigste Ausnahme von der Regel, daß überschüssige Warenvorräte vom Standpunkt der Gesamtwirtschaft keine investitionsmindernden Faktoren sind, besteht in der landwirtschaftlichen Produktion, welche die Rohstoffe nicht nur für die Ernährung, sondern noch in höherem Maße für die Verarbeitung in der Industrie, vor allem in der Konsumgüterindustrie, lieferte. Dasselbe gilt für die in der Entwicklung des Kapitalismus bedeutend zunehmende Produktion von mineralischen Rohstoffen, soweit bei ihnen eine geringe Anpassungsfähigkeit an ein beschleunigtes Wachstum besteht. Hier haben Überschußkapazitäten, und bei der Landwirtschaft vor allem überschüssige Vorräte, als überschüssiges Kapital auf der einen Seite sicherlich eine Wirkung, die Kapitalerweiterungen, Investitionen hemmt und die wir noch später bei der Betrachtung der diesbezüglichen Faktoren berücksichtigen werden. Diese Wirkung wird aber beim Rohstoffsektor im allgemeinen dadurch überkompensiert, daß die Überschüsse die entscheidende Investitionszunahme, welche den Aufschwung trägt, stark fördern, daß ihre Profitabilität infolge der Minderung der Rohstoffkosten erhöht wird. Diese entscheidende Zunahme erstreckt sich zunächst einmal, wie wir wissen, auf Investitionen der Industrie, wobei sogar noch bestimmte Bereiche der Industrie in den Vordergrund treten. Es ist deshalb auch kein Zufall, daß die Zeit vor der industriellen Revolution durch ein Voraneilen gerade der landwirtschaftlichen Produktion gekennzeichnet ist, wobei sich analoge Verhältnisse in jeder Überproduktionskrisenphase wiederholen. Es erscheint somit gerechtfertigt, die überschüssigen Vorräte bzw. Kapazitäten im Rohstoffsektor als Teil jenes Potentials anzusehen, welches gerade in der Krisenphase die antizyklischen Investitionen stimuliert. Wir wollen diesen Teil mit u_3 bezeichnen. Dabei sei daran erinnert, daß als überschüssig immer jeder Vorrat, jede Kapazität, jedes Kapitalquantum angesehen wird, das für den gegenwärtigen Bedarf, für die gegenwärtige Nachfrage, für die gegenwärtige Produktion nicht notwendig ist, und daß die Krisenphase diesen Überschuß zumindest erweitert.

Was schließlich die Bildung überschüssiger Geld- bzw. Goldfonds als Folge der Krise bzw. von Prozessen, welche in dieser Hinsicht die Krisenfunktion erfüllen, betrifft, so hatten wir bereits festgestellt, daß dadurch eine Bedingung für die notwendige Ergänzung jeder Sachkapitalerweiterung durch eine Geldkapitalausdehnung geschaffen wird. Denn es ist offensichtlich, daß dadurch auch jene antizyklischen Anlageinvestitionen erleichtert werden, welche den Aufschwung in Gang setzen. Da die Unternehmer jener Bereiche, von denen solche antizyklischen Investitionen ausgehen, selbst nicht vollständig über die notwendigen Geldmittel verfügen und sie entsprechende Kredite brauchen, wird letzteres um so leichter, je größer die Geldfondsüberschüsse sind. Dabei besteht diese Erleichterung keineswegs nur in einer Verbilligung des Zinses; viel wichtiger ist die durch die Überschüsse induzierte größere Bereitschaft, einen Geldkredit zum „normalen" Zinsfuß zu geben. Vor der industriellen Revolution, wie am Ende jeder Krisenphase, kann man diese Wirkung beobachten.[8] Niemals allerdings hat sich etwas abgespielt, was den Vorstellungen der neoklassischen Ökonomen von einem Nullzins bei überschüssigen Geldfonds auch nur im Entferntesten nahekommt. Auf jeden Fall können die Überschüsse an Geldfonds ebenfalls als ein Teil des U-Potentials angesehen werden — wir wollen diesen Teil mit u_4 bezeichnen.

Wir haben den Hauptinhalt des Potentials U als das Ergebnis nicht anderweitig in ihrer Wirkung kompensierter positiver Disproportionen erklärt, die sich dann in der der Krise folgenden Phase in negative Disproportionen verwandeln. Damit kennen wir jene antizyklischen Kräfte, die in der Krisenphase, bzw. einem der Krisenphase entsprechenden Prozeß, so lange herangereift waren, bis sie sich als stark genug erwiesen, die Steigerung der Investitionen und auf ihrer Grundlage die Steigerung der Produktion zu induzieren. Indem diese Steigerung mit der Überwindung der Krise prozyklische Kräfte, Selbstverstärkungsmechanismen des Aufschwunges in Gang setzt, kann nicht nur die Wende zur Aufschwungsphase vollzogen, sondern die Aufschwungsphase sogar für eine Reihe von Jahren erhalten und damit können auch die drei Schritte vorwärts im Sinne der beschleunigten kapitalistischen Reproduktion getan werden. Bevor wir aber die prozyklischen Kräfte, vor allem die durch den Aufschwung selbst induzierten, auf die Steigerung der Investitionen gerichteten positiven Rückkopplungen be-

[8] Vgl. z. B. H. Mottek, Wirtschaftsgeschichte Deutschlands, Bd. 2, a. a. O., S. 120—123.

sehen davon, daß eine größere Ökonomisierung vorhandener Goldvorräte erreicht wird — keinen Ersatz für unzureichende Goldproduktion bilden, sie kann nicht jenen Ausweg aus dem Zurückbleiben der Goldproduktion darstellen, den Karl Marx meinte. Jener Ausweg kann nur eine andere Form des Kredits sein — wir wollen sie Kredit B nennen. Das ist eine Form, die nicht auf der Sammlung und Verleihung vorhandener Geldfonds, sondern auf ihrer Neuschaffung beruht, auf ihrer Neuschaffung in Form des Kreditgeldes, also vor allem von Banknoten und Bankguthaben, um den infolge erhöhter Profitaussichten erhöhten Bedarf der Unternehmer nach Waren zahlungsfähig, kauffähig zu machen, welche das zusätzliche konstante fixe, zirkulierende und das variable Kapital vergegenständlichen. Das heißt aber mit anderen Worten, die beschleunigte erweiterte kapitalistische Reproduktion seit der industriellen Revolution wäre nicht möglich unter einer jener Voraussetzungen, die wir bisher machten, nämlich der Voraussetzung ausschließlicher Edelmetallzirkulation; und eine solche hat es auch in der Wirtschaftsgeschichte bereits beim Beginn der industriellen Revolutionen nicht gegeben. Deshalb stellen sich die am Beginn vorhandenen überschüssigen Geldfonds, also u_4, auch nicht allein in Goldmünzen bzw. Goldbarren, sondern auch in Kreditgeld dar. Insoweit sich aber in der Krisenphase infolge Verminderung des Kredits auch das Kreditgeld, die darin dargestellten Geldfonds, vermindert hatte, war dafür die überschüssige Geld„produktions"kapazität entsprechend gewachsen. Deshalb erscheint es zweckmäßig, in u_4 als einen den Aufschwung begünstigenden Faktor nicht nur die überschüssigen Vorräte an Goldmünzen und Kreditgeld, sondern auch die ungenutzte Kapazität zur Schaffung von Kreditgeld einzubeziehen.

Worin besteht aber diese Geld„produktions"kapazität? Sie hängt von dem konkreten Geldsystem ab, das sich im Verlauf der kapitalistischen Wirtschaftsgeschichte gewandelt hat, und zwar, worauf wir noch eingehen werden, in einer ganz bestimmten Richtung. Aber wie immer das Geldsystem im Kapitalismus auch beschaffen war, diese Kapazität blieb beschränkt. Ist doch auch Kreditgeld Ausdruck von gesellschaftlichen, von Produktionsverhältnissen. Sogar dann, wenn sich das Kreditgeld vom Gold weitgehend losgelöst hat, ist seine Produktion in der gegebenen Periode genauso bestimmt und eine an gesellschaftliche Faktoren gebundene „Produktions"funktion, wie die des Goldgeldes, wobei die gesellschaftlichen Faktoren eine keineswegs geringere Realität, keinen geringeren Einfluß haben als die technologisch-natürlichen bei der Goldproduktion. Dabei muß das entsprechende Geldsystem bei aller gewünschten Elastizität doch eine gewisse Starrheit behalten, und damit die Fähigkeit, grenzenlos anwachsenden, die Funktionsfähigkeit des Geldes gefährdenden Kreditwünschen zu widerstehen. Das notwendige Maß an Starrheit schloß auch aus, daß die Kreditproduktion jenen idealen Gleichungen entsprechen konnte, die sich bürgerliche Ökonomen für einen optimalen Verlauf der wirtschaftlichen Prozesse ausgedacht haben. Diese Schranken sind jedoch am wirksamsten unter den Bedingungen, in denen die Produktion von Kreditgeld, vor allem von Banknoten, und damit dieses Geld selbst mit

Edelmetall verknüpft war. Aus diesem Grund hat sich auch mit der Entfaltung des Kapitalismus seit der industriellen Revolution trotz verstärkter Verbreitung von Kreditgeld die Bindung an das Edelmetall erhalten, und es ist sogar im Verlauf des 19. Jahrhunderts gerade wegen der Stabilitätsinteressen zur Durchsetzung der Goldwährung gekommen. Unter diesem Währungssystem entspricht immer eine bestimmte Nominaleinheit wie Pfund, Franc, Mark für eine lange Zeit einem bestimmten Quantum Gold, ist auch das Kreditgeld im weiteren Sinne Goldgeld und sind damit die Preise Goldgeldpreise.

Bis zum Beginn des ersten imperialistischen Weltkrieges vollzog sich die Verknüpfung der Banknote mit einem bestimmten Quantum Gold in ihrer effektivsten Form, und zwar der Einlösbarkeit der Note in einen entsprechenden Betrag Goldmünzen bzw. umgekehrt der Möglichkeit der Verwandlung von ungemünztem Gold in Goldmünzen bzw. Banknoten. Nach dem ersten imperialistischen Weltkrieg wurde diese Verknüpfung in einer zumeist losen Form wiederhergestellt, indem man die Einlösbarkeit in Gold durch die teilweise Deckung mit Gold, aber auch mit goldgedeckten Devisen ersetzte. Alle diese Veränderungen des Geldsystems vollzogen sich nicht etwa in vorbeugender Art, um den aus den Disproportionen zwischen Goldproduktion und der Produktion insgesamt oder aus anderen Gründen sich ergebenden Störungen vorzubeugen, sondern im Nachhinein, nach schweren Krisen und dabei keineswegs nur Überproduktionskrisen. Sie konnten sich also nur unter dem Druck der ökonomischen Entwicklung durchsetzen bzw. nur im heftigen Kampf, da Profit- und Machtinteressen — denken wir an das Sprichwort: Geld regiert die Welt — sowie Stabilitätsinteressen der herrschenden Klasse dabei auf dem Spiele standen. In diesen Veränderungen drückte sich die Tendenz aus, die Verknüpfung zwischen einer Nominaleinheit, z. B. Pfund, Dollar, Franc, und einem bestimmten Quantum Gold immer mehr zu lockern und schließlich aufzulösen.

Aber so lange die Verknüpfung noch hinreichend eng war, hing die Kapazität zur Vermehrung von Geld im allgemeinen, darunter auch von Kreditgeld und damit Kredit im besonderen, von der Goldproduktion ab. Allerdings wurde dadurch, daß sogar zur vollen Einlösbarkeit nicht jede Nominaleinheit von Banknoten durch ein Quantum Gold gedeckt zu sein brauchte, und nicht jede Einheit Buchgeld (Bankguthaben) durch dasselbe Quantum Banknoten, die Möglichkeit dafür geschaffen, daß sich jeder Zuwachs der Goldproduktion — oder genauer gesagt — der Goldvorräte der Notenbanken in einem mehrfach größeren Zuwachs der Kreditmenge ausdrücken konnte. Diese Erhöhung des Spielraumes für die Kreditvermehrung wurde noch durch die Ökonomie des Goldverbrauches gefördert, indem verringerte bzw. überhaupt auf Null reduzierte Zirkulation von Goldmünzen zugunsten der Bevorratung von Gold eine verringerte Abnutzung des Goldes bedeutete. Damit konnte ein Teil der Goldproduktion, der sonst für die einfache Reproduktion des umlaufenden Goldes benötigt worden wäre, der Erhöhung des Geld- und Kreditvolumens dienen. Diese Erhöhung des Spielraumes für die Kreditausbreitung, für den Kredit B, ändert aber nichts an der Tatsache, daß bei einer festen Geldverfassung es auch eine feste „Produktions"-funktion für das Kreditgeld, für den Kredit B gab, die ihn, wenn auch jetzt sehr indirekt, mit der Goldproduktion verknüpfte.

Allerdings bestand eine solche Beziehung keineswegs nur zur Goldproduktion bzw. zum Goldvorrat. Vielmehr befanden sich in allen Geldverfassungen zusätzliche Schranken. Sie sollten verhindern, daß die Kreditgelderweiterung die durch die Einlösbarkeit bzw. Deckung gegebene Grenze erreichte. Sie sollten aber auch eine vom Standpunkt der herrschenden Klasse gefährliche übermäßige Macht der banknotenproduzierenden Bank verhindern, das Ansehen der Banknote gegenüber der Goldmünze aufrechterhalten, sowie eine die Stabilität des Kapitalismus gefährdende übermäßige Kreditaufblähung verhindern. Deshalb war es auch in der Zeit der Gold- bzw. Edelmetallwährung üblich, zusätzliche Banknoten nur gegen zusätzliche kurzfristige sogenannte Warenwechsel zu produzieren. Dabei spielte sicherlich auch der Gedanke eine Rolle, daß dann der Banknotenumlauf nur entsprechend einer schon vollzogenen Steigerung des Produktionsvolumens, also von y, steigen konnte. In Wirklichkeit konnten aber auch Warenwechsel eines höheren Betrages nicht nur einer größeren Warenmenge, also etwa einer größeren Menge Baumwolle, entsprechen, sondern auch einem höheren Preis, wodurch mittels der entsprechenden Geldvermehrung die hohen bzw. höheren Preise gewissermaßen mitfinanziert wurden. Ähnliches läßt sich auch über die Kreditgeldproduktion in Form der Erzeugung zusätzlichen Buchgeldes sagen, bei der ja die Banken den Kreditnehmern ein entsprechendes Guthaben einräumen, Geld schaffen; auch hier gibt es nicht nur die durch Einlösbarkeit des Buchgeldes in Banknoten oder Goldmünzen gegebenen Grenzen sondern zusätzliche, die den sogenannten goldenen Bankregeln entsprachen. Danach sollten solche Kreditgewährungen nur kurzfristigen Charakter tragen. Man kann natürlich diese ganzen goldenen Bankregeln als faulen Zauber erklären, indem man feststellt, daß die kapitalistische Praxis ja eher durch Verletzung als durch Befolgung solcher Regeln gekennzeichnet ist und war. Aber dennoch darf man nicht übersehen, daß in solchen Regeln echte Schranken liegen, die aus Stabilitätsinteressen der herrschenden Klassen entspringen. Es liegt ganz in dieser Richtung, wenn die Vertreter des Bankkapitals lange Zeit sich gegen die Auffassung wehrten, sie könnten — wenn auch innerhalb bestimmter Grenzen — Kreditgeld schaffen. Hierdurch sollte vielmehr auch die in dieser Möglichkeit liegende Macht vor der Öffentlichkeit geleugnet werden. Dennoch ließ sich auf die Dauer nicht verbergen, daß das mit der Entwicklung des Kapitalismus verbundene, immer raschere Vordringen von Kredit B in Verbindung mit Kredit A trotz aller von der herrschenden Klasse insgesamt aufrechterhaltenen Schranken dem geld„produzierenden" und verteilenden System eine immer größere Macht gab. Deren Träger waren bereits im vormonopolistischen Kapitalismus neben staatlichen bzw. halbstaatlichen auch private Großunternehmungen, die einen Geldmarkt beherrschten, der von den theoretischen Vorstellungen der freien Konkurrenz sehr weit entfernt war und entfernt sein mußte. In diesem System gab es deshalb schon sehr früh sowohl Verbindungen als auch Kämpfe zwischen staatlichen, halbstaatlichen und privaten Gruppen, die mindestens ebensoviel Einfluß auf den Preis für den Geldkredit, den Zins, hatten, wie das „Spiel“ von Angebot und Nachfrage. Die Aufrechterhaltung bestimmter Schranken der Krediterweiterung lag letztlich auch im Interesse dieser Gruppen.

Auf der anderen Seite tendierten diese Schranken auch dazu, die Erweiterung von Kredit B in eine bestimmte Richtung zu lenken, und das war die des kurzfristigen Kredits zur Erneuerung und Vergrößerung des konstanten zirkulierenden Kapitals. Aber auf die Dauer mußte sich diese Finanzierung auch auf die Vergrößerung des konstanten fixen Kapitals erstrecken bzw. auswirken; zumindest schon deshalb, weil die für den einen Zweck nicht benötigten Geldmittel zu einem anderen Zweck verwendet wurden, bzw. kurzfristiger Kredit bei Anlagen in langfristigen Kredit umgewandelt wurde. Insgesamt machte Kredit B die Kapitalerweiterung in zunehmendem Maße von der Profitakkumulation unabhängig, da ja jetzt nicht nur einzelne Unternehmer, sondern die Unternehmer insgesamt mehr für Kapitalgüter ausgeben konnten, als sie an realisierten Profiten vorher akkumuliert hatten. Die geringer werdende Abhängigkeit auch der Anlageinvestitionen von den im selben Zeitpunkt akkumulierten Profiten bedeutet aber keineswegs eine geringere Abhängigkeit dieser Investitionen von ihrer Profitabilität, von den Profitaussichten; sie bedeutet nur, daß der durch die Profitabilität gegebene Bedarf der Unternehmer nach mehr konstantem fixen Kapital, nach Investitionen, wie nach Kapitalerweiterung überhaupt, jetzt nicht nur durch die akkumulierten Profite, sondern auch durch Kredit B zahlungsfähig, kauffähig gemacht wurde. Aus dieser Tatsache darf aber wiederum nicht gefolgert werden, daß die Marxsche äußere Grundform deshalb an Wichtigkeit verliert. Oder mit anderen Worten: Deshalb, weil die Unternehmer insgesamt Kapitalgüter, Investitionsgüter in einem Umfange kaufen können, der höher ist, als das zum gleichen Zeitpunkt vorhandene Volumen realisierter Profite, sind sie keineswegs gezwungen, all diese realisierten Profite, die entsprechenden Gelderlöse, in Nachfrage zu verwandeln. Im Gegenteil, mit der wachsenden Rolle des Kredits, vor allem von Kredit B, nimmt die Wahrscheinlichkeit zu, daß die Unternehmer einen Teil ihrer realisierten Profite für Entschuldung, d. h. zur Erzielung eines Gesamtüberschusses der Kreditrückzahlung über die Kredit- bzw. Schuldenaufnahme verwenden. Die Wahrscheinlichkeit ist besonders groß für einen solchen Zeitpunkt, in dem die realisierten Profite noch hoch sind, die Profitrate aber zu fallen beginnt. Dabei kann die Verminderung der Schuldenlast auch aus einer Art Revenue-Standpunkt erfolgen, wenn wir darunter solche Ausgaben der Unternehmer verstehen, die nicht ganz oder vorwiegend auf Profiterzielung, auf Maximalprofite, sondern vielmehr, wie die Luxuskonsumtionsausgaben der Kapitalisten, auf andere Ziele gerichtet sind. Bei der Verminderung der Schuldenlast vom Revenue-Standpunkt wird allerdings im Gegensatz zur erhöhten Luxuskonsumtion die Nachfrage der Unternehmer insgesamt nach Produktions- und Luxusgütern eben nicht erhöht, sondern vielmehr verringert. Auf der anderen Seite schafft die zunehmende Verschuldung, besonders die kurzfristige Verschuldung, die weit mehr in die Augen springende Möglichkeit, daß in bestimmten Situationen die Kreditgeber ihre Schuldner zur Zurückzahlung zwingen oder zu zwingen versuchen, daß es zu Massenbankrotten, zu einer Kreditkrise kommt, weil ganze Zahlungsketten plötzlich abreißen. Hier liegt die Störung des Reproduktionsprozesses, abgesehen von Bankrotten, darin, daß es den betreffenden Unternehmern an Geld zur Aufrechterhaltung der Produktion fehlt, gar nicht zu sprechen von ihrer Erweiterung, wobei sich das Geld, soweit es überhaupt in Fluß gerät, in den Händen der Kreditgeber aufhäuft. Das sind aber Prozesse, die bereits den Anfang einer Überproduktionskrise darstellen können, wenn sie nicht in ihrem Verlaufe auftreten.

Indem Kredit B die Kapitalerweiterung, d. h. den im Unterschied zum Zeitabschnitt t zusätzlichen Kauf von entsprechenden Waren im Zeitabschnitt t + 1, finanziert, mit denen die Produktion im Abschnitt t + 2 gesteigert werden soll, hilft er den Mehrwert zu realisieren, der sich in solchen in t + 1 hergestellten Waren darstellt. Wie steht es aber mit dem zusätzlichen Wert in t + 1, den entsprechenden Ankäufen der Unternehmer, der sich in zusätzlichen Luxuskonsumgüterkäufen darstellen soll? Hier wäre es, wenn wir von Geldreserven der Unternehmer absehen, notwendig, daß zur Realisierung dieses Teils der Konsumgüterproduktion die Kapitalisten in die Lage versetzt werden, mittels eines nicht der Kapitalerweiterung dienenden Kredits das betreffende Quantum Konsumgüter zu kaufen. Anderenfalls dürfte, um die Realisierung eines Konsumgüterzuwachses zu finanzieren, der Zuwachs der Konsumgüterproduktion nicht größer sein als der Zuwachs der Lohnsumme, des variablen Kapitals in beiden Abteilungen; also, wenn wir Lohnsumme gleich Wert der Arbeitskraft annehmen, müßte folgende Beziehung vorhanden sein

$$\Delta Y_k \leqq \Delta v_I + \Delta v_{II} \qquad \text{(Bedingung 2).}$$

Diese Begrenzung der Konsumgüterproduktion liefe, in Ergänzung anderer Faktoren, auf eine über die „normalen“ Erfordernisse der erweiterten Produktion hinausgehende Vergrößerung des Anteils der Produktionsgüterproduktion an der Gesamtproduktion hinaus. Ohne diese besondere Erhöhung, ohne die entsprechende Erhöhung der Investitionen und die durch sie bewirkte Erhöhung der Lohnsumme, wäre also die Realisierung eines Zuwachses der Konsumgüterproduktion außerordentlich gefährdet, und zwar in zunehmendem Maße, je mehr diese Steigerung der Produktion sich gegenüber der Steigerung der Lohnsumme und der sich daraus ergebenden Steigerung der Konsumentennachfrage nach Konsumgütern verselbständigte.

Insgesamt konnten wir feststellen, daß auf einer bestimmten Stufe des Kapitalismus, in einem bestimmten Zyklus, die Möglichkeiten des Kredites B begrenzt sind; begrenzt sind sie auch, insoweit der Kredit zur Kapitalerweiterung benutzt werden soll. Auch diese begrenzte Möglichkeit als Teil des U-Potentials nimmt, nachdem die ursprünglichen, bei Beginn des Aufschwungs vorhandenen überschüssigen Geldfonds absorbiert worden sind, im Verlaufe des Aufschwunges nur insoweit zu, als die Goldproduktion bzw. die Goldvorräte zunehmen. Darüber hinaus muß man, insoweit man von unserer bisher bei der Analyse des Reproduktionsprozesses gemachten vereinfachenden Annahme der Übereinstimmung von Goldgeldpreis und Wert abweicht und damit ein wichtiges reales Element des Zyklus berücksichtigt, folgendes beachten: Die Anforderungen an u_4, der Verbrauch dieses Teils des U-Potentials, wachsen keineswegs nur in demselben Ausmaße wie der Wert der Produktion, also Y_w, sondern eben wie Y; d. h. der Versuch wird auch durch die Erhöhung des Preisniveaus über das Wertniveau hinaus gesteigert, wodurch die Erschöpfung von u_4 beschleunigt wird.

Auf der anderen Seite könnte man einwenden, daß Kredit B diesen erhöhten „Bedarf" nicht nur befriedigt, sondern ihn sogar erst schafft, da es ohne Kredit B gar nicht zu einer solchen Abweichung der Preise über den Wert kommen könnte; die Inanspruchnahme von Kredit B sei somit eine unmittelbare Ursache und nicht eine unmittelbare Folge der Preissteigerung. Das ist aber eben nur zum Teil richtig; und insoweit das der Fall ist, ermöglicht Kredit B tatsächlich die Finanzierung der Investitionen zu den erhöhten Preisen von Produktionsgütern, die er — Kredit B — dann selbst hervorgerufen hat. Aber auf der anderen Seite kann, ganz gleich, ob mit Hilfe von Kredit B oder ohne seine Hilfe hervorgerufen, eine Preissteigerungsbewegung sich verselbständigen und verselbständigt sich tatsächlich. Eine zunehmende Abweichung der Preise vom Wert, des Preisniveaus vom Wertniveau, eine zunehmende positive Differenz von Y und y_w wird nach wirtschaftshistorischer Erfahrung keineswegs vollständig durch die Zunahme der laufenden bzw. im Zeitabschnitt vorher vorhandenen Nachfrage und damit auch ihrer Finanzierung bedingt. Sie vollzieht sich vielmehr auch selbständig als Folge etwa von Monopolen oder einer Orientierung der Produzenten auf den Trend der Steigerungsgeschwindigkeit der Nachfrage anstelle des Standes nur der gegenwärtigen Nachfrage. Und in diesem Falle sind die erhöhten Anforderungen an Kredit B unmittelbar Folge und nicht Ursache der Preissteigerungen.

Für alle Teile des U-Potentials können wir demnach sagen, daß im allgegemeinen die Zuflüsse während des Aufschwungs geringer sind als die durch die Steigerung der Produktion hervorgerufenen Abflüsse. Insoweit ruft die Steigerung der Produktion Wirkungen hervor, die als negative Rückkopplung über die Verminderung des U-Potentials und der durch dieses induzierten Investitionen bzw. Investitionsgüternachfrage dahin tendieren, dem Aufschwung seine Grundlage zu entziehen.

Der Aufschwung würde trotz der Zuflüsse in das U-Potential wesentlich kürzer sein, riefe er nicht auch, wie bereits angedeutet, als Selbstverstärkung prozyklische Kräfte im Sinne einer positiven Rückkopplung hervor. Das hängt in Bezug auf die Investitionen damit zusammen, daß die durch die Investitionen bewirkte Produktionssteigerung auch einen die Profitabilität zusätzlicher Investitionen erhöhenden Effekt hat, der zunächst sogar viel größer ist als der Profitabilitätsrückgang infolge Verkleinerung des U-Potentials. Es muß aber hervorgehoben werden, daß es auch hier, ebenso wie bei dem U-Potential, um die Profitabilität im Grunde der künftigen Produktion geht, die bei einer günstigen Absatzlage nun einmal die Tendenz hat, zuzunehmen. Diese scheinbar triviale Feststellung erweist sich deshalb als notwendig, weil in der nachkeynesianischen Literatur die Induzierung von Investitionen durch den Aufschwung selbst einer Induzierung durch den Profit entgegengestellt wird. Es gibt sogar Untersuchungen, die durch eine Motiv-Analyse kapitalistischer Unternehmungen herauszubekommen versuchen, welche Seite dieser scheinbaren Alternative in der ökonomischen Praxis ausschlaggebend ist.[11] In jedem Falle spielt der investitionsfördernde Effekt des Aufschwungs unter der Bezeichnung Akzelerator eine große Rolle in den nachkeynesianischen mathematischen Modellen des Zyklus bzw. in der „konjunktur"theoretischen Literatur,[12] wobei ältere, naheliegende Erwägungen, wonach im Aufschwung die Profitabilität neuer Investitionen bzw. neuer Kapitalerweiterungen überhaupt eine rückgängige Tendenz haben, in den Hintergrund gedrängt wurden. Man erkannte in diesem Zusammenhang gewissermaßen nur ein Entweder-Oder an, also entweder eine Tendenz zur Vergrößerung der Investitionen infolge steigender Produktion im Aufschwung, oder umgekehrt eine Tendenz zur Verminderung der Investitionen, anstatt im Kampf beider Tendenzen gegeneinander einen wesentlichen Schlüssel für die Widersprüche des Aufschwunges zu finden. Dem entsprach auch jene Betrachtungsweise einzelner Anhänger des Akzelerators als Erklärungsgrund des Zyklus, die nicht durch den Akzeleratoreffekt hervorgerufenen Investitionen als autonom, als exogen verursacht anzusehen und damit ihre Beeinflussung durch den Zyklus selbst außer acht zu lassen. Als exogene Ursache wurde dabei zumeist der technische Fortschritt angesehen. Im Gegensatz zu dieser Exogenitätsannahme hat dann wesentlich später der amerikanische Ökonom Hansen[13] eine Tendenz zur Erschöpfung der Möglichkeiten für „autonome" Investitionen angenommen, wobei diese Erschöpfung im Grunde auf das hinausläuft, was wir Verminderung des Vorrats an ökonomisch erprobten technischen Neuerungen, also u_1 bezeichnet hatten. Dabei ist allerdings bei Hansen von solchen anderen negativen Beeinflussungsmöglichkeiten der Investitionen wie die durch Verringe-

[11] Zu dieser Frage vgl. z. B. J. Kornai, Anti-Äquilibrium, Budapest—Berlin—Heidelberg—New York 1975, S. 201 f.

[12] Vgl. zu diesem Formalismus z. B. N. P. Fedorenko/E. S. Maiminas/Ju. N. Tscheremnych/Ju. I. Tschernjak, Mathematik und Kybernetik in der Ökonomie, Berlin 1973, S. 15.

[13] Vgl. dazu A. Hansen, Towards a Dynamic Theory of the Cycle, in: American Economic Review, Nr. 2, Mai 1952. Der Vorzug der Hansenschen Analyse besteht überhaupt darin, daß er sich nicht darauf beschränkt, den zyklischen Schwankungen das Wirken des Akzelerators — insbesondere eines Akzelerators mit Zeitverzögerungen — zugrunde zu legen, sondern vielmehr den durch den Zyklus selbst bedingten Veränderungen der sog. autonomen Investitionen wesentliche Bedeutung beizumessen. Vgl. zur Theorie von A. Hansen auch I. M. Ossadtschaja, Von Keynes zur neoklassischen Synthese, Berlin 1976, S. 54–60.

rung des Vorlaufs des Rohstoffsektors, und vor allem der industriellen Reservearmee, nicht die Rede gewesen.

Die einseitige Betonung der positiven Rückkopplung des Aufschwungs auf die Investitionen darf uns aber nicht davon abhalten, diesen Effekt gebührend zu berücksichtigen und genau zu analysieren. Das um so weniger, als kein Betrachter von konkreten Zyklen und Krisen, kein Wirtschaftshistoriker in seiner Darstellung solcher Prozesse, auch ohne von Akzeleratoren und den entsprechenden Theorien etwas gehört zu haben, diese Effekte in seiner Darstellung implizit außer acht lassen kann bzw. außer acht gelassen hat. Es ließ sich eben niemals leugnen, daß im Aufschwung wegen des Aufschwunges mehr und in der Krise wegen der Krise weniger investiert wurde. Steigt im Aufschwung etwa das Volumen der Bruttoproduktion y, so nimmt die Auslastung der Produktionskapazität zu; eine weitere Erhöhung von y erfordert also die Schaffung zusätzlicher Kapazitäten, eine Erweiterung des konstanten fixen Kapitals, gemessen nach konstanten Preisen. Gibt es wirklich einen Trend zur mengenmäßigen Steigerung der Produktion und ihres Absatzes zu profitablen Preisen, dann werden den Unternehmern entsprechend diesem Trend auf eine künftige Produktionssteigerung auch entsprechende kapazitätserweiternde Investitionen sogar dann als profitabel erscheinen, wenn noch bestimmte Kapazitätsreserven bestehen. Bei stärkerer Auslastung der Produktionskapazitäten wird es auch notwendig, stark in Anspruch genommene Anlagen zu erneuern, also Ersatzinvestitionen zu erhöhen. Und schließlich stimulieren erhöhte Goldgeldpreise für die abgesetzten Produkte — es darf hier daran erinnert werden, daß die keynesianische und nachkeynesianische bürgerliche Literatur nicht von solchen Preisen ausgeht — auch die Erhöhung von Produktionskapazitäten, lassen sie rentabler erscheinen als bisher. Die Erhöhung der Preise stimuliert also auch eine Erhöhung des konstanten fixen Kapitals, gemessen nach konstanten Preisen, und noch genauer, eine Erhöhung der Nachfrage nach stofflichen Bestandteilen eines konstanten fixen Kapitals, also von Arbeitsmitteln und Arbeitsgegenständen. Aber damit ist die Frage noch nicht geklärt, in welchem Maße, in welchen Proportionen diese Nachfrage zunimmt, wie die Zunahme mit der Zunahme der Produktion bzw. eines anderen Ausdrucks für den Aufschwung, so etwa des in der keynesianischen und nachkeynesianischen Literatur im Vordergrund stehenden Nationaleinkommens, zusammenhängt? Ist diese Zunahme der Investitionsgüternachfrage proportional der Zunahme der Produktion bzw. auch des Nationaleinkommens, so daß etwa gilt,

$$\frac{dZ_i}{dt} = a\frac{dY}{dt}$$

oder bei Linearität,

$$Z_i = aY \ (a = \text{konstant})\ ?$$

Oder ist die Zunahme proportional der Beschleunigung der Produktionssteigerung, so daß für die durch die positive Rückkopplung induzierte Investitionsgüternachfrage gilt:

$$\frac{dZ_i}{dt} = a \frac{d^2}{dt} Y$$

bzw.

$$Z_i = a \cdot \frac{dY}{dt} ?$$

Der Unterschied ist wesentlich, weil im ersteren Falle die Investitionsgüternachfrage nur beim Rückgang der Produktion wieder sinken würde, im zweiten Falle aber bereits beim Sinken des Steigerungstempos des Produktionswachstums und umgekehrt. Dabei erscheint jedenfalls bei den Nettoinvestitionen der zweite Fall der ökonomischen Realität mehr zu entsprechen: Insoweit nämlich Investitionen zum Zwecke der Produktionssteigerung vergrößert werden, bedeutet eine geringere vorausgehende Produktionssteigerung auch geringere Investitionen. Bei den Ersatzmodernisierungsinvestitionen ist das aber nicht der Fall. Mit dieser Differenzierung dürfte im wesentlichen der positiven prozyklischen Rückkopplung der Aufschwungs- bzw. der Krisenphase auf die Investitionsgüternachfrage am besten gerecht geworden zu sein.

Bisher sind wir nur auf die Investitionsgüternachfrage, auf die sie bestimmenden Faktoren näher eingegangen, wobei die Konsumgüternachfrage nur berührt bzw. implizit berücksichtigt wurde. Berührt bzw. implizit berücksichtigt wurde dabei der bekannte Ausbreitungseffekt, der von der Steigerung der Investitionsgüternachfrage auf die Steigerung der Konsumgüternachfrage ausgeht. Stößt doch jede wirtschaftshistorische Darstellung eines Aufschwunges nicht nur auf die Tatsache, daß die Steigerung der Investitionsgüternachfrage zur Steigerung der Investitionsgüterproduktion führt, sie stößt vielmehr auch darauf, daß diese Steigerung infolge der Erhöhung der Beschäftigungs- und Lohnsumme zur Zunahme der Konsumgüternachfrage und damit wieder zur Steigerung der Konsumgüterproduktion, der Beschäftigung, der Lohnsumme im Konsumgütersektor führt und damit eine erneute Zunahme der Konsumgüternachfrage mit sich bringt. Dieser bekannte Verstärkungseffekt der Investitionen bzw. der durch die Investitionen gesteigerten Produktion auf die Konsumgüternachfrage und Konsumgüterproduktion und damit eine weitere positive Rückkopplung der Produktion auf sich selbst wurde von R. F. Kahn, Keynes und ihren Nachfolgern formalisiert und als Multiplikator[14] bezeichnet. Dabei gingen sie aber, wie beim

[14] Vgl. dazu z. B. N. P. Fedorenko/E. S. Maiminas/Ju. N. Tscheremnych/Ju. I. Tschernjak, Mathematik und Kybernetik in der Ökonomie, a. a. O., S. 175f., sowie R. G. D. Allen, Mathematische Wirtschaftstheorie, a. a. O., S. 55—72.

Akzelerator, nicht von der Bruttoproduktion, sondern vom Nationaleinkommen aus, und zwar nicht in laufenden Goldgeld- sondern in konstanten Preisen, und sahen dann noch, wie vor allem Keynes, als Investitionen jeden nicht konsumierten Teil des Nationaleinkommens an. Ferner wurde es weitgehend vorgezogen, das quantitative Verhältnis beider Teile des Nationaleinkommens, der Investitionen und der Konsumtion, die ihnen entsprechenden Ausgaben und damit den aus der Steigerung der Investitionen sich ergebenden Wachstumseffekt auf Nachfrage und Produktion als konstant anzusehen. Hierbei berief man sich auf die historische Erfahrung, in der dieses Verhältnis sich nicht wesentlich änderte. Aber dabei betrachtete man nur den Durchschnitt, bei der Analyse des Zyklus kommt es aber gerade auf die Schwankungen an. Hier läßt es sich jedoch keineswegs leugnen, daß in der absteigenden, der Krisenphase des Zyklus der Anteil der Investitionen, und dabei nicht nur der autonomen, sinkt, während in der Aufschwungsphase das Umgekehrte der Fall ist. Das läßt darauf schließen, daß in der Krisenphase der Effekt des Rückganges der Investitionen auf die Konsumgüternachfrage und Produktion geringer ist als in der Aufschwungsphase der entsprechende Effekt der Zunahme der Investitionen.

Prüfen wir nun näher, wie die durch die Erhöhung der Investitionen und der Investitionsgüternachfrage induzierte Steigerung der Investitionsgüterproduktion auf den Konsumgütersektor wirkt. Wir setzen dabei als wirtschaftshistorische Erfahrung voraus, daß die Erhöhung der Investitionsgüterproduktion zur Erhöhung der Konsumgüternachfrage führt, wobei wir bisher nur die damit verbundene Zunahme von Beschäftigung und Lohnsumme berücksichtigten. Aber darf man hierbei ebenso wie bei der Steigerung der Konsumgüterproduktion eine daraus sich ergebende Steigerung der Konsumtionsgüternachfrage der Kapitalisten vernachlässigen? Hierbei ist zunächst zu beachten, daß im Gegensatz zum Nachfragepotential der Arbeiter als Folge der Lohnzahlung, die Konsumgüternachfrage (damit auch die erhöhte Konsumgüternachfrage) der Kapitalistenklasse sich erst aus der Realisierung der gesteigerten Produktion und nicht schon aus ihrem Zustandekommen ergibt. Ferner müssen wir selbst bei Realisierung, wenn also die gesteigerte Produktion an Dritte verkauft und von ihnen bezahlt wurde, den Erfahrungssatz beachten, daß, ganz im Gegensatz zum Verhältnis von Lohnsummenzunahme und zusätzlicher Konsumgüternachfrage, die Revenue-Zunahme durch den Zuwachs der realisierten Profite keineswegs eindeutig bestimmt ist, und daß man diese Unbestimmtheit auch keineswegs durch eine bloße Zeitverzögerung ersetzen kann. Außerdem beziehen sich die zusätzlichen Käufe der Kapitalisten nicht auf den für den Zyklus wesentlichen Massenkonsumgütersektor, sondern auf den Luxuskonsumgütersektor. Aus diesem Grunde ist es auch völlig gerechtfertigt, wenn die marxistische Literatur besonders dann, wenn vom Absatzmangel die Rede ist, die Massenkonsumgüternachfrage in den Vordergrund rückt. Das bedeutet jedoch keineswegs, daß man bei der Analyse der Zyklen die individuelle und gesellschaftliche Konsumtion der Kapitalistenklasse außer acht lassen darf, ebensowenig wie alle anderen ökonomischen Aktivitäten der Bourgeoisie, die, wie die Revenue-Ausgaben für Luxuskonsumgüter, nicht dem Zwecke der maximalen Profitsteigerung, sondern, wie z. B. die Verminderung der Schuldenlast, besonderen Bedürfnissen der Kapitalisten dienen.

Das Ausmaß, in dem die erhöhte Investitionsgüternachfrage zu einer Erhöhung der Lohnsumme als dem für die Konsumgüternachfrage entscheidenden Element ohne allzu große Zeitverzögerung führen kann, hängt allerdings noch davon ab, inwieweit diese Erhöhung der Investitionsgüternachfrage eine Zunahme des Produktionsvolumens y mit sich bringt und dann, inwieweit die mengenmäßige Zunahme von y auch eine Zunahme der Beschäftigung zur Folge hat. Was die erste Voraussetzung betrifft, so ist diese zunächst wenigstens — durch die von uns bereits erörterte[15] verminderte Auslastung der Produktionskapazität gerade des Investitionsgütersektors — während der Krisenphase gegeben. Wenn wir weiter beachten, daß die durch die erhöhte Investitionsgüternachfrage induzierte Produktionsgütersteigerung noch mit alten, nicht modernisierten Anlagen geschieht, so können wir eine mit der Steigerung des Investitionsgüterproduktionsvolumens einhergehende Zunahme der Beschäftigung annehmen, die selbst bei gleichbleibenden Löhnen eine Erhöhung der Lohnsumme bedeutet. Die Sachlage verändert sich erst, wenn mit den im Investitionsgütersektor hergestellten Anlagen in diesem oder im Konsumgütersektor produziert wird, sie also als Investitionen wirksam werden. Hier wird die von den Investitionen bewirkte Erhöhung der Arbeitsproduktivität verhindern, daß die erhöhte Produktion, im Verhältnis ihres Wachstums, auch neue Arbeitsplätze, Mehrbeschäftigung und damit selbst bei gleichbleibenden Löhnen eine entsprechende Steigerung der Lohnsumme verursacht. Wir müssen weiterhin auch beachten, daß im Verlaufe des Aufschwungs auch die in Goldgeld ausgedrückten Preise sich erhöhen, das Zustandekommen dieser Erhöhung erfordert aber im Gegensatz zur Erhöhung des Produktionsvolumens keineswegs eine Erhöhung der Beschäftigung, eine Erhöhung der Lohnsumme. Daraus ergibt sich, daß bei gleichbleibenden Löhnen und steigender Arbeitsproduktivität, die Konsumgüternachfrage der Arbeiterklasse, und mit hoher Wahrscheinlichkeit auch die Konsumgüternachfrage insgesamt hinter der Steigerung der Gesamtproduktion, gemessen in Goldgeldpreisen, also Y, immer mehr zurückbleiben muß. Aber die Annahme konstanter Löhne im Aufschwung entspricht sicherlich nicht der Wirklichkeit. Jedoch, solange eine starke Reservearmee vorhanden ist, sind die Lohnsteigerungsmöglichkeiten infolge der ungünstigen Arbeitsmarktlage begrenzt, und sie können nur durch entschiedenen ökonomischen Klassenkampf und gutes solidarisch organisiertes Zusammengehen der Arbeiter durchsetzbar sein. Insgesamt kann man daraus folgern, daß im Verlauf der Aufschwungsphase — jedenfalls zu einem bestimmten, später noch zu definierenden Zeitpunkt — der Rückkopplungseffekt der Investitionsgüternachfrage auf die Konsumgüternachfrage und damit der sogenannte Multiplikator

[15] Vgl. oben S. 79f.

insgesamt sich verkleinert. Das setzt allerdings voraus, daß der verringerte Beschäftigungseffekt der Produktionssteigerung nicht durch einen vergrößerten Produktionssteigerungseffekt der Investitionen kompensiert wird.

Die mangelnde Stabilität des Multiplikators ebenso wie die Abhängigkeit der Nettoinvestitionen von der Produktionssteigerungsbeschleunigung bringt eine Labilität gerade jener Faktoren mit sich, die nach unserer Analyse die vermindernde Wirkung des ständigen Rückgangs des U-Potentials auf die Investitionsgüternachfrage wenigstens für einen längeren Zeitraum kompensieren und ein frühzeitiges Ende des Aufschwunges verhindern sollen. Jedoch haben wir dabei noch nicht die tiefen Widersprüche beachtet, die im Wirkungsmechanismus dieser positiven Rückkopplungen bestehen und die auf diesen grundlegenden und bekannten Widersprüchen des kapitalistischen Reproduktionsprozesses beruhen. Das hing damit zusammen, daß wir bei der Erörterung dieser positiven Rückkopplungen eine Übereinstimmung der Nachfragesteigerung auf der einen und der Steigerung — wenn nicht des Produktionsvolumens y, so doch der Produktion, gemessen nach laufenden Goldgeldpreisen Y — zunächst angenommen haben. Damit wäre im Grunde gerade der Elementarfall der allgemeinen Überproduktion, der im Überwiegen der Produktion über die Nachfrage besteht, jedenfalls als Auslösung der Krisenphase ausgeschlossen und als ein solcher Auslösungsfaktor nur noch eine Überproduktion von konstantem fixen Kapital möglich, wobei wir der Realität des zyklischen Prozesses keineswegs gerecht würden. Von einer solchen Einseitigkeit hat sich die marxistische Analyse des Zyklus, obwohl sie die Bedeutung der Bewegung des konstanten fixen Kapitals immer betonte, im allgemeinen ferngehalten. Wurde doch in diesen Analysen immer wieder von einer Tendenz der schrankenlosen Ausdehnung der Produktion gesprochen, wobei natürlich nur die Aufschwungsphase und nicht die Krisenphase gemeint sein konnte, sowie die Tendenz zu einem Auseinanderklaffen zwischen steigender Produktion und der Nachfrage betont. Das hieße also, daß die Selbstverstärkung des Aufschwungs, die positiven Rückkopplungseffekte, sich nicht nur bei der Nachfrage, sondern auch bei der Produktion selbst zeigen, wobei die Rückkopplungseffekte auf die Produktion und Nachfrage eben nicht als gleich angenommen werden dürfen, sondern im Gegenteil diese Gleichheit nur ein seltener Zufall sein kann.

Dem entspricht auch das bekannte Modell der keineswegs marxistischen Ökonomen Harrod und Domar, wobei bei ihnen diese Ungleichheit eben in der Nichtübereinstimmung des Nachfrageeffektes der Investitionen auf der einen und des Kapazitätseffektes auf der anderen Seite bestand.[16] Da danach der kapitalistische Wachstumsprozeß nicht nur als labil im Sinne möglicher Gleichgewichtsstörungen erscheint, sondern er sich im Grunde nie im Gleichgewicht befindet, wurde das Modell bzw. wurden die Schlußfolgerungen daraus als unrea-

[16] Vgl. dazu z. B. R. G. D. Allen, Mathematische Wirtschaftstheorie, a. a. O., S. 90—96 und W. Krelle/G. Gabisch, Wachstumstheorie, in: Lecture Notes in Economics and Mathematical Systems, Berlin—Heidelberg—New York 1972, S. 24—36.

listisch heftig kritisiert. In Wirklichkeit gab es, worauf noch einzugehen sein wird, in der historischen Wirklichkeit kaum je ein Gleichgewicht zwischen Produktion und Nachfrage, zwischen den positiven Rückkopplungseffekten der sich verändernden Produktion auf die Nachfrage bzw. auf sich selbst. Ist doch in der Aufschwungsphase die Nachfrage zumeist größer als die Produktion, während in der absteigenden Phase zumeist das Gegenteil der Fall ist.[17] Der Mangel des Harrod-Domar-Modells liegt deshalb nicht darin, daß aus ihm ein ständiges Ungleichgewicht zu folgern wäre, sondern vielmehr darin, daß in ihm jene negative antizyklische Rückkopplung fehlt, die verhindert, daß das Überwiegen der Nachfrage über die Produktion in der Aufschwungsphase einen „ewigen" Aufschwung, einen „ewigen" Boom herbeiführt; es fehlt die negative Rückkopplung, die wir als Verminderung des U-Potentials infolge steigender Produktion erklärt hatten. In diesem Zusammenhang kann aus dem Harrod-Domar-Modell auch nicht erklärt werden, wie ein Überwiegen der Nachfrage für die Produktion in sein Gegenteil umschlägt. Einem solchen Verständnis steht auch die Vernachlässigung der Steigerung der Goldgeldpreise im Aufschwung und der ausschließlichen Konzentration auf die Produktion bzw. das Nationaleinkommen, gemessen nach konstanten Preisen, entgegen.

Dabei wird allerdings wohl in der Agitation der revolutionären Arbeiterbewegung, aber nur wenig in der theoretisch-ökonomischen marxistischen Literatur betont, daß die Tendenz zur schrankenlosen Ausdehnung sich nicht nur auf das Produktionsvolumen, sondern auch auf die Preise bezieht, obwohl gerade letzteres ein wesentlicher Faktor ist, welcher von einem Überwiegen der Nachfrage zum Gegenteil führt. Dieses Gegenteil kann also sogar dann eintreten, wenn sich der Umfang, ja das Wachstumstempo der Investitionen noch gar nicht verringert hat. Selbst gleichbleibende hohe Investitionen können den elementaren Überproduktionsfall eben nicht ausschließen, wenn der Nachfrageeffekt geringer als der Produktionseffekt, der Effekt auf Y, die Produktion gemessen nach Goldpreisen, ist. Allerdings wird in einer solchen Lage das Auseinanderklaffen zwischen Produktion und Nachfrage nicht im Investitionsgütersektor Y_i, sondern vielmehr im Konsumgütersektor Y_k eintreten. Im Unterschied zu dem Kapitalisten bedeuten ja für den Arbeiterkonsumenten höhere Preise nicht auch höheres Einkommen, und die Erhöhung der Produktion erhöht die Konsumentennachfrage unmittelbar nur in dem Maße, in dem sie die Beschäftigung steigert und mittelbar, in dem sie durch erhöhte Beschäftigung die Arbeitsmarktlage verbessert und damit auch die Möglichkeit, durch ökonomischen Klassenkampf eine Erhöhung der Nominallöhne zu erreichen. Führt die Tendenz zur schrankenlosen Ausdehnung der Produktion auch zu einer Ausdehnung der Konsumgüterproduktion über die Schranken hinaus, die durch die Lohnsumme gegeben ist, dann ist der

[17] Diese elementare, leicht zu beobachtende Tatsache wird in der Literatur nur selten beachtet. Eine Ausnahme stellt dabei Dupriez dar. Vgl. dazu L. H. Dupriez, Des mouvements economiques generaux, Louvain 1951, S. 87f.

Weg zu einer vom Konsumgütersektor ausgehenden Krise offen. In diesem Falle können die positiven Rückkopplungseffekte den Abbruch des Aufschwunges nicht nur nicht verhindern, sondern vermögen ihn sogar im Gegenteil eher herbeizuführen. Jedoch ändert auch das nichts an der Feststellung, daß die positiven Rückkopplungen trotz Labilität und möglicher Widersprüche zwischen ihnen es vermögen, dem Aufschwung trotz baldigen Rückganges des U-Potentials eine gewisse Dauer zu verleihen und zu gewährleisten, daß der Schritt zurück in der Krise zu drei Schritten vorwärts der erweiterten kapitalistischen Reproduktion führt. Daß diese drei Schritte vorwärts sich nicht im Rahmen einer harmonischen Entwicklung, sondern im Rahmen eines zyklischen Aufschwungs mit seinen tiefen, sich in ihm entfaltenden Widersprüchen vollziehen, zeigt, daß der Preis der Krise für den Fortgang des kapitalistischen Reproduktionsprozesses nicht nur einmal gezahlt werden muß, daß die Überproduktionskrise aus den Bedingungen und Widersprüchen des durch sie ermöglichten Aufschwungs immer wieder neu entsteht. Da diese Bedingungen bereits skizziert wurden, kommt es jetzt darauf an, sie in ihrer Verknüpfung darzustellen und auf dieser Grundlage den Aufschwung und die Entwicklung der Krisen aus den Aufschwüngen aus deren Widersprüchen zu entwickeln.

KAPITEL 7

Die Entstehung der Überproduktionskrisen aus den Bedingungen und Widersprüchen der Aufschwünge (bis zur Mitte des 20. Jahrhunderts)

Die Aufschwünge nach den industriellen Revolutionen unterscheiden sich von den vorherigen Perioden erweiterter Reproduktion vor allem dadurch, daß sie in etwa fünf bis sieben Jahren bedeutende soziale und technisch-ökonomische Veränderungen mit sich brachten. Während der Aufschwünge vollzog sich seit den industriellen Revolutionen in immer größerem Maße und schließlich ganz überwiegend, und zwar ausgehend von der Industrie, das mengenmäßige Wachstum der Produktion. Ebenso wie die Krisen die Voraussetzung für den Aufschwung schaffen, erzeugt dieser wiederum die Bedingung der neuen Überproduktionskrise, womit Aufschwung und Krisen zu auf- und absteigenden Phasen eines Zyklus werden. Betrachten wir nun den Ablauf dieser aufsteigenden Phase im Hinblick gerade auf die Krisenerzeugung. Wir wollen das in Form einer schematischen Verallgemeinerung der wirtschaftshistorischen Erfahrungen über die Entwicklung bis zur Mitte des 20. Jahrhunderts tun. Die Verallgemeinerung ist schematisch, insoweit sie von wichtigen Besonderheiten der Einzelaufschwünge abstrahiert, wir werden allerdings die Darstellung der wirtschaftshistorischen Realität insoweit annähern, daß wir unter anderem auf die Annahmen der Gleichheit der Größen Y, Y_w und y, also der Produktion gemessen nach Goldgeldpreisen, Wert und konstanten Preisen verzichten. Noch nicht verzichtet werden soll allerdings auf die bisher bei der theoretischen Analyse der erweiterten kapitalistischen Reproduktion gemachten vereinfachenden Annahme eines „reinen" nach außen geschlossenen Kapitalismus. Das macht es erforderlich, bei der an historische Erfahrungen anknüpfenden Darstellung auch jetzt noch soweit wie möglich solche Elemente auszuschalten, die ihre Existenz nur den Abweichungen des realen vom „reinen" Kapitalismus verdanken. Es erscheint aber trotzdem zweckmäßig, zunächst diese Gefahr in Kauf zu nehmen, um dann später den Einfluß dieser Abweichungen auf Zyklus und Krise näher zu analysieren.

Im Zuge unserer schematischen Darstellung können wir die aufsteigende Phase des Zyklus in drei Stadien einteilen. Das erste Stadium ist dabei durch ein Überwiegen der Nachfrage über die Produktion bestimmt, deren erste Anzeichen sich bereits am Ende der Krisenphase zeigen. Dabei entstand dieses Ungleichgewicht zugunsten der Nachfrage durch die Nachfragesteigerung für Waren des Investitionsgütersektors zum Zwecke der Erneuerung und Ausdehnung des konstanten fixen Kapitals, die zumeist durch die in der Krise überschüssig gewordenen, an ihrer Umwandlung in Geldkapital gehinderten Geldfonds finanziert wurden, so wie die dadurch induzierte Steigerung des variablen Kapitals und damit der Massenkonsumgüternachfrage. Die Zunahme des fungierenden, bereits tätigen Gesamtkapitals war gewöhnlich schneller als die Zunahme des virtuellen Kapitals im Konsumgütersektor, die durch den Zeitaufwand für Fertigstellung oder Inbetriebnahme der neuen Produktionskapazitäten verzögert wurde.

Falls die ursprünglichen Investitionen sich überhaupt auf den Konsumgütersektor bezogen, konnte die erhöhte Nachfrage nur zu einer solchen Steigerung des Produktionsvolumens im Konsumgütersektor führen, die durch verstärkte Auslastung vorhandener, in der Krise überschüssig gewordener Kapazitäten erreicht wurde; ein sofortiger erhöhter Verbrauch war nur auf Kosten der Warenbestände möglich.

Insoweit im ersten Stadium des Aufschwunges die Lohnsumme, das variable Kapital rascher und danach wenigstens ebenso rasch zunahm wie das fungierende konstante, insbesondere konstante fixe Kapital, erwies sich die Massenkaufkraft, die Konsumentennachfrage der arbeitenden Konsumenten, mehr als hinreichend, um das Produkt des Konsumgütersektors zu realisieren. Da in diesem Stadium die Erhöhung dieser Konsumentennachfrage auf der teilweisen Absorbierung der industriellen Reservearmee beruhte, verminderte sich in diesem Zeitabschnitt der Widerspruch zwischen dem Lohn als Kosten- und dem Lohn als Kaufkraftfaktor. Das zentrale Problem der Realisierung, die Tatsache, daß sich die steigende Produktion keinesfalls selbst die entsprechende zusätzliche Nachfrage schafft, konnte damit auch im Konsumgütersektor zunächst in den Hintergrund treten. Das sollte sich allerdings im zweiten Stadium des Aufschwunges ändern.

Das zweite Stadium des Aufschwunges ist zunächst einmal dadurch gekennzeichnet, daß sich jetzt die Abnahme des U-Potentials bemerkbar macht. Die Abnahme war als Folge der Produktionssteigerung schon im ersten Stadium eingetreten. Sie beginnt jedoch infolge Zeitverzögerung erst im zweiten Stadium einen Einfluß in Richtung der Verminderung von Investitionen auszuüben; dieser Einfluß ist allerdings jetzt auch deshalb nicht groß, weil seine Stärke von dem Grad der Erschöpfung des U-Potentials, also von seiner Größe selbst, abhängt und deshalb, solange das U-Potential von seiner Erschöpfung noch weit entfernt war, gering bleiben mußte. Dafür aber, daß dieser schwache Effekt zur Verminderung der Investitionen nicht schon am Beginn des zweiten Stadiums zum Ende des Aufschwunges führte, sorgte die bereits erörterte positive Rückkopplung des Aufschwunges auf sich selbst, der Zunahme der Produktion auf die Investitionsgüternachfrage. Auch sie setzte infolge der Zeitverzögerung gerade jetzt erst ein und erwies sich gewöhnlich stark genug, das Ende des Aufschwunges hinauszuzögern bzw. seine Beendigung durch Rückgang der Investitionsgüternachfrage und daraus sich ergebende Überproduktionserscheinungen für längere Zeit (mehrere Jahre) zu verhindern.

Auf der anderen Seite nimmt aber während des zweiten Stadiums die Gefahr einer Überproduktion zu, die nicht durch Verringerung der Nachfrage, sondern durch ein Zurückbleiben einer steigenden Nachfrage — ΔZ — hinter einer noch mehr steigenden Produktion — ΔY — d. h. durch $\Delta Z > \Delta Y$, ausgelöst wird. Diese Gefahr ergibt sich dadurch, daß sich jetzt eben die bereits erörterte Selbstverstärkung nicht nur bei der Nachfrage, sondern auch bei der Produktion geltend macht; die stärkere direkte Beeinflussung der Produktion durch den Aufschwung, durch den Trend der Wachstumsgeschwindigkeit der Nachfrage tritt im zweiten Stadium deutlich zutage. Das ist aber mit einer zunehmenden Verselbständigung der Produktion gegenüber der laufenden Nachfrage verbunden, wodurch die Möglichkeit entsteht, die laufende Nachfrage weit zu überholen, und das vor allem im Konsumgütersektor. Dabei vollzieht sich die Erhöhung des physischen Volumens der Produktion auf der Grundlage der durch die vorherigen Investitionen neu geschaffenen Produktionskapazitäten, durch bessere Auslastung dieser sowie der bereits vorhandenen Produktionskapazitäten, während sich bei den Preisen ebenfalls schon eine steigende Tendenz bemerkbar macht. Auf der anderen Seite wird der Konsumgüternachfrageeffekt der steigenden Gesamtproduktion dadurch gemindert, daß das jetzt fungierende konstante Kapital, insbesondere das konstante fixe Kapital, schneller wächst als das variable Kapital, der Beschäftigungszuwachs also hinter dem Produktions- und Kapitalzuwachs zurückbleibt, die organische Zusammensetzung des Kapitals höher wird.

Unter diesen Voraussetzungen wurde es immer wahrscheinlicher, daß insbesondere zu dem Zeitpunkt, in dem die durch die erste Investitionswelle in Angriff genommenen Kapazitäten zu produzieren begannen, es zu einem Überwiegen der Konsumgüterproduktion zu den laufenden Preisen über die Konsumgüternachfrage der Konsumenten kam. Dieses Überwiegen fand zunächst in einem übermäßigen Anwachsen der Vorräte, insbesondere im Handel, also einer Überproduktion des Warenhandlungskapitals, seinen Ausdruck, Das Anwachsen der Vorräte schien aber zunächst, worauf Karl Marx hingewiesen hat, durch den steigenden Trend der Nachfrage gerechtfertigt.[1] Dabei wurde ein Nachlassen der Steigerungsgeschwindigkeit, ja sogar eine absolute Abnahme der Nachfrage zunächst als vorübergehend angesehen. Aber wenn sie länger anhielt, kam es zu einem um so schrofferen Abfall der Käufe des Handels, was die Überproduktion des Konsumgütersektors offenkundig machte. Die auf diese Weise hervorgerufene Teilüberproduktionskrise wurde zu einer Gesamtkrise dadurch, daß die Nachfrage nach Produktionsmitteln nicht etwa kompensierend stieg. Das Gegenteil traf ein. Führt doch ein Rückgang der Konsumgüterproduktion nach konstanten Preisen, die damit verbundene Zunahme der Überschußkapazitäten zu einer Verminderung der Ersatzinvestitionen und darüber hinaus zu einer radikalen Einschränkung der Erweiterungsinvestitionen. Bei den Erweiterungsinvestitionen führte sogar

[1] K. Marx, Theorien über den Mehrwert, in: MEW, Bd. 26.2, a. a. O., S. 80ff., S. 148ff.

infolge der schon erörterten positiven Rückkopplung der Produktionssteigerung (Akzeleratoreffekt) bereits ein Nachlassen des Wachstums des Produktionsvolumens, und natürlich noch mehr ein zeitweiliger Stillstand, zu einem Rückgang. Auch unter dieser Voraussetzung mußte es dann zu einer unmittelbaren Krise der Produktionsgüterindustrie kommen, wobei Ausgangspunkt dieser Krise eben auch der Konsumgütersektor war. In diesem Falle ist es also der Widerspruch zwischen der — zunächst vor allem mengenmäßigen — Erweiterung der Produktion auf der einen und der Beschränkung der Kaufkraft der Hauptkonsumenten (unter Ausnutzung der industriellen Reservearmee) auf der anderen Seite, der zur Überproduktionskrise führte; wir wollen diesen Widerspruch, als eine Konkretisierung des Grundwiderspruchs, Widerspruch I nennen.

Eine solche Überproduktionskrise setzte aber keineswegs immer im zweiten Stadium des Aufschwunges ein; das war vor allem dann nicht der Fall, wenn die Investitionen im ersten Stadium sich auf den Produktionsgütersektor konzentrierten. Dann konnte eben der Konsumgüterproduktion zumindest mengenmäßig kein größeres Wachstum gelingen, als es dem durch die Zunahme der Gesamtproduktion induzierten Zuwachs der Konsumgüternachfrage der Hauptkonsumenten, der Lohnsumme, entsprach. Somit können wir auch die Aufschwünge, jedenfalls bis zum zweiten Weltkrieg, in zwei Gruppen einteilen: erstens in die Gruppe derjenigen, die bereits im zweiten Stadium mit einer vom Konsumgütersektor ausgehenden Krise endeten, und in die Gruppe derjenigen, die ihr Ende erst im dritten, dem Boom-Stadium, fanden. Zum Boom-Stadium konnte es nur darum kommen, weil das bisherige Überwiegen der Nachfrage über die Produktion nicht ins Gegenteil umschlug, sondern sich sogar noch verstärkte. Die dadurch erzeugte zunehmende Tendenz zur Preissteigerung begann sich aber jetzt immer mehr zu verselbständigen, sich von der laufenden Nachfrage zu emanzipieren. Bei Preisen für solche Waren, welche das konstante Kapital vergegenständlichten, vermochte das Preisniveau sogar über das durch die Nachfrage bedingte Maß hinauszugehen; die Preise konnten steigen, weil die Preise stiegen. Die entsprechende Nachfrage der Kapitalisten, einschließlich der Konsumgüter kaufenden und bevorratenden Handelskapitalisten, vermochte mittels der Finanzierung durch Kredit B dieser Preisbewegung nachzukommen. Sie wurde durch die Preissteigerungsrate sogar noch stimuliert, während bei der Konsumgüternachfrage der Konsumenten das Gegenteil der Fall war. Daraus ergibt sich vor allem wegen der Preissteigerung ein zunehmendes Überwiegen der Produktion zu laufenden Preisen über die Nachfrage mit den bekannten Folgen auf der Grundlage des Widerspruches I in einer Form, welche wir die Form Ib nennen können; eine Form, in der die Preissteigerungsbewegung eine wesentliche Rolle spielt.

In der historischen Realität des Boom-Stadiums trat aber diese Form der Zuspitzung nicht allein auf. Vielmehr erlangte im Verlaufe des Booms die Erschöpfung von U entscheidende Bedeutung. Sie spielte auch bei den Preissteigerungen eine wesentliche Rolle. Damit trat jetzt eine weitere Gruppe von

Widersprüchen als Konkretisierung des Grundwiderspruches in den Vordergrund. Das war zunächst der innerhalb der sich auch mengenmäßig weiter ausdehnenden Produktion zuspitzende Widerspruch II zwischen der voraneilenden industriellen Produktion und der zurückbleibenden Produktion des Rohstoff-, vor allem des landwirtschaftlichen Sektors, der Widerspruch zwischen dem Wachstumstempo von beiden, der nur durch u_3 als Teil des U-Potentials gemildert werden konnte, der sich aber jetzt mit einer mehr zunehmenden Verringerung von u_3, der Verminderung der überschüssigen Bestände an Rohstoffen, immer stärker fühlbar machte. Das sind die Erscheinungen, die Karl Marx vor allem an einer Stelle im dritten Band des „Kapital" als relative Unterproduktion bezeichnet hat.[2] Es ist dies eine Unterproduktion, die sich nicht aus der Zerstörung von Produktivkräften, sondern aus — im Gegensatz zur Krisenphase — negativen Disproportionen der Produktion ergibt, hinter denen sich auch Disproportionen der Produktivkräfte verstecken können. Diese Bemerkungen von Karl Marx, die durch die wirtschaftshistorischen Beobachtungen bestätigt werden, weisen darauf hin, daß die Krise im Boom-Stadium keine „reine" Überproduktionskrise ist, bzw. zu sein braucht, sondern daß auch Unterproduktionserscheinungen bereits eine wesentliche Rolle zu spielen beginnen. Das Faktum, daß die 1929 begonnene Weltwirtschaftskrise bereits nach dem zweiten Stadium des Aufschwunges eintrat, hat den Blick für die Bedeutung dieses Faktors, der Verminderung von u_3, auch bei den marxistischen Ökonomen — von den Keynesianern gar nicht zu sprechen — getrübt.

Als Karl Marx von der *relativen* Unterproduktion, also nicht von der allgemeinen sprach, hat er diese der relativen Überproduktion der Industrie gegenübergestellt, was dem Charakter einer Disproportionalität, die sich im Verlaufe des Aufschwunges zugespitzt hat, entspricht. Dabei muß in Bezug auf die Überproduktion beachtet werden, daß sie partiell ist und sich nur auf einen — wenn auch den führenden — Sektor bezieht, und weiter, daß das Über sich auf ein Unter in der Produktion, nicht aber unmittelbar auf die Nachfrage im Sinne eines allgemeinen Absatzmangels als Auslösungsfaktor einer zyklischen Überproduktionskrise bezieht. Es wäre ja denkbar, und wir werden noch Gelegenheit haben darauf einzugehen, daß die negativen Disproportionen, die partiellen Unterproduktionserscheinungen bei der weiteren Verlängerung des Aufschwunges zu einer allgemeinen Unterproduktionskrise führen. Im dritten Stadium des Aufschwunges tritt diese Folge jedoch nicht ein.

Vor allem war die Erschöpfung von u_3, die Zuspitzung des Widerspruches II zunächst noch nicht stark genug, um ein Ende des Aufschwunges zu erzwingen; es war dazu in der historischen Realität noch die Mitwirkung anderer Widersprüche notwendig. Deshalb bestand die Wirkung der jetzt doch schon sehr fühlbaren Verminderung von u_3 zunächst gerade darin, die aus anderen Grün-

[2] K. Marx, Das Kapital, Bd. 3, in: MEW, Bd. 25, a. a. O., S. 129; vgl. auch Theorien über den Mehrwert, in: MEW, Bd. 26.2, a. a. O., S. 517.

den — wie wir gesehen haben — sich vollziehende Preissteigerungsbewegung zu verstärken, sowie den Schwerpunkt dieser Verstärkung auf agrarische und andere Rohstoffe zu legen, wobei diese Preise im Kapitalismus der freien Konkurrenz eine führende Rolle spielen. Durch die Stimulierung der Preisbewegung, die spekulativ vorangetrieben wurde, kam es zu einer weiteren Zuspitzung des Widerspruches I b in einer Form, in der vor allem Konsumgüterpreise davon betroffen wurden. Das führte dazu, dem Aufschub der Teilkrise des Konsumgütersektors und damit dem Aufschub der Gesamtkrise ein Ende zu bereiten.

Indem auf der anderen Seite die rapide Verminderung von u_3, das besonders rasche Ansteigen der Rohstoffpreise die relativen Preise für Industriewaren senkte, verschlechterte sich die Profitabilität der entsprechenden Investitionen zunächst vor allem im Konsumgütersektor. Das wirkte in Richtung eines Nachfragerückgangs im Investitionsgütersektor. Damit mußte dieser Sektor noch mehr als bisher zu seinem eigenen Absatzmarkt werden. Erinnern wir uns doch, daß eine Krise des Konsumgütersektors im zweiten Stadium des Aufschwunges und damit der Übergang zu einer allgemeinen Überproduktionskrise vor allem nur dadurch vermieden werden konnte, daß die Konsumgüterkapazität sich nicht über die von der Massenkonsumgüternachfrage gesetzten Schranken hinaus ausdehnte. Wenn wir nun weiter beachten, daß — worauf wir sogleich eingehen werden — noch andere Komponenten von U auf die Investitionsgüternachfrage einzuwirken begannen, sehen wir, daß insoweit eine vom Konsumgütersektor ausgehende Krise noch vermieden werden konnte, die Voraussetzungen für eine vom Investitionsgütersektor ausgehende Krise geschaffen wurden.

Das zeigte sich in der wirtschaftshistorischen Realität besonders deutlich bei einem sehr wichtigen Boom, dem der Gründerjahre.[3] Hier hatten die Absatzschwierigkeiten der Konsumgüterindustrie nicht dazu ausgereicht, unmittelbar eine allgemeine Überproduktionskrise herbeizuführen. Es waren dabei die durch den Aufschwung selbst induzierten Investitionen und die daraus resultierende Nachfrage, welche dieser Umwandlung für etwa ein Jahr einen Riegel vorschoben, dann aber stieß der Boom im Jahre 1873 — wie ähnlich auch andere Booms — auf die durch den niedrigen Stand des U-Potentials gesetzten Schranken. Als besonders wirksame Schranke erwies sich dabei die weitgehende Absorbierung der industriellen Reservearmee, also von u_2, als der grundlegenden Voraussetzung des Aufschwungs, ja der Stabilität des Kapitalismus überhaupt. Am Ende des Booms von 1873, ebenso wie anderer Booms, die nicht vorher durch eine Krise zum Stillstand gebracht worden waren, begann sich ein Arbeitskräftemangel zu zeigen. Innerhalb des Booms begann jetzt die profitmindernde Wirkung über die profitsteigernde Wirkung der Absorbierung der proletarischen Reservearmee zu überwiegen; der Widerspruch III, der Widerspruch zwischen

[3] H. Mottek, Die Gründerkrise, in: Jahrbuch für Wirtschaftsgeschichte, Berlin 1966, Teil I, S. 60ff.

ihrer profitsteigernden und ihrer profitmindernden Wirkung spitzte sich in einer den Aufschwung gefährdenden Richtung zu, die drohende bzw. schon eingetretene Umkehr in der Marktlage für die Ware Arbeitskraft, in der Klassenkampfsituation, den Druckmöglichkeiten auf die Arbeitsintensität, mußte die Investitionen bzw. die Investitionspläne vermindern. Die Profitabilität der Investitionen, insbesondere in Bezug auf die Erweiterung des konstanten fixen Kapitals, wurde bedroht, selbst wenn sich das im Verhältnis der in dieser Zeit erzielten Profite zum gesamten konstanten fixen Kapital bzw. zum Gesamtkapital noch nicht widerspiegelte bzw. widerspiegeln konnte, ein Fall der Profitrate also noch nicht eingetreten war.

Bei der Analyse dieser Situation gewinnt ein nicht unbekannter Ausspruch von Karl Marx besondere Beachtung, der in der Auseinandersetzung mit Unterkonsumtionsthesen auf ein hohes Lohnniveau kurz vor Ausbruch der Krise hinwies.[4] Dieser Ausspruch von Karl Marx hat ein eigentümliches Schicksal gehabt. Manche Marxisten haben diesen Ausspruch ebenso wie Marxens Bemerkung über relative Unterproduktion ignoriert und entsprechend den entscheidenden Grund der Krisen nur im Widerspruch zwischen schrankenloser Ausdehnung der Produktion und Beschränkung der Massenkonsumtionskaufkraft gesehen. Es gibt aber umgekehrt auch andere Auffassungen, die sich auf Marx berufen und mit Hinweis auf diesen Aufschwung die Rolle dessen, was wir als Widerspruch I bezeichneten, völlig ignorieren, ja sogar in der Auseinandersetzung mit dem Keynesianismus auf die Kennzeichnung der zyklischen Krisen als Überproduktionskrisen verzichten. Bei diesem Verzicht mag die Verwechslung zwischen Überproduktion als Überwiegen der Gesamtproduktion über die Gesamtnachfrage auf der einen und dem Überwiegen der Konsumgüterproduktion über die Konsumentennachfrage für Konsumgüter auf der anderen Seite eine Rolle gespielt haben. Hinzu kommt schließlich, daß die meisten Krisentheoretiker nicht bereit waren oder sind, zuzugeben, daß die historischen Krisen überwiegend vom Konsumgütersektor ausgegangen sind. Auf der anderen Seite bedeuten eben keineswegs immer höhere Löhne, ja sogar höhere Reallöhne, daß die gesamte Produktion realisiert werden kann, ein Überschuß ist auch im Investitionsgütersektor möglich. Sogar wenn dieses Überwiegen noch nicht eingetreten ist, kann verminderte Profitabilität der Investitionen zu einer vom I Sektor ausgehenden Krise führen. Eine höhere Lohnsumme und damit höhere Massenkaufkraft kann eben, falls man sich der Vollbeschäftigung nähert, nur durch Erhöhung der Löhne erreicht werden.

Die negative Rückwirkung des Rückganges von u_2 auf die Profitabilität von Investitionen wurde durch den Rückgang von u_1 verstärkt, d. h. dadurch, daß die mit der schnell ansteigenden Produktionsmenge sich beschleunigende Verbreitung vorhandener technischer Fortschritte mehr erprobte technische Neuerungen verbrauchte, als neue hinzukamen. Die Erhöhung der Profite durch

[4] K. Marx, Das Kapital, Bd. 2, in: MEW, Bd. 24, a. a. O., S. 409f.

Anwendung technischen Fortschritts wurde dadurch schwieriger, die Zunahme der Arbeitsproduktivität wurde gehemmt und soweit sie vorhanden bzw. möglich war, konnte dies nur auf Kosten eines zunehmenden Investitionsaufwandes pro Mengeneinheit von Produkten und Produktivität gehen, auf Kosten einer Zunahme der organischen Zusammensetzung des Kapitals.

Schließlich wurde die Profitabilität von Investitionen gerade auf dem Höhepunkt des Booms durch die rapide Reduzierung von u_4 vermindert, durch das, was die zeitgenössischen Beobachter, aber auch Theoretiker, gewöhnlich als Kreditverknappung bezeichneten. Dabei beschränkten sich die Wirkungen der Kreditverknappung keineswegs auf das konstante fixe, sondern erstreckten sich im besonderen Maße auch auf die Erweiterung und Erneuerung des konstanten zirkulierenden sowie des Warenhandlungskapitals. Wenn auch die Kreditverknappung allen sichtbar war, so kann das nicht für ihre Wirkungen gesagt werden. Manche unter den modernen bürgerlichen Theoretikern sehen die Ursache dafür in Fehlern der Notenbanken, die sich weigern, der steigenden Kreditnachfrage durch höhere Kredit„produktion" zu „normalen" Preisen, zum „normalen" Zins entgegenzukommen und die Nachfrage durch Zinserhöhung bzw. Kreditkontingierung einschränken. Aber abgesehen davon, daß auch „Fehler" einer gewissen Gesetzmäßigkeit unterliegen, wird dabei übersehen, daß bei der Goldwährung die Kreditmöglichkeiten der Notenbank sowie auch des Bankensystems durch die Goldreserven begrenzt sein müssen. Das Goldwährungssystem, wie auch andere Währungssysteme, welche die Stabilität des Kapitalismus sichern sollen, muß bestimmte Schranken in der Kredit„produktion" haben. Das lange Festhalten an der Goldwährung bedeutete Festhalten an solchen historisch entstandenen Schranken.

Dabei machte sich eine Verteuerung, jedenfalls des kurzfristigen Kredits, schon lange vor dem Höhepunkt des Booms bemerkbar, aber die Wirkung einer solchen Verteuerung ist anfänglich noch sehr gering; sie ist nur als zusätzlicher Faktor zu den anderen die Profitabilität mindernden Faktoren zu werten, wobei diese auch ohne die Kreditverteuerung zum Ende des Aufschwunges führen konnten, wenn sie sich als stark genug erwiesen, die Selbstverstärkungseffekte des Aufschwunges zu überkompensieren. Geschieht das nicht, steigen die Preise weiter, spitzen sich die Disproportionen immer mehr zu, verhindert die Erschöpfung der proletarischen Reservearmee, die Arbeitskräfteverknappung die Durchführung von Investitionsprojekten noch nicht, dann erweist sich das Kreditsystem in seiner historisch entstandenen Struktur als letzte Schranke, um eine Weiterführung des Aufschwunges zu verhindern. Diese Schranken werden infolge des sich zuspitzenden Widerspruches IV zwischen der steigenden Nachfrage nach Kredit und der auf Grund seiner Struktur unter Berücksichtigung grundlegender Stabilitätserfordernisse des Kapitalismus vorhandenen „Produktions"-kapazität dieses Kreditsystems wirksam.

Dabei zeigten sich die Folgen der Kreditverknappung am schnellsten und am dramatischsten in einem Bereich, den wir bisher nicht berücksichtigt haben, und zwar in dem vor allem in Aktienpapieren verkörperten fiktiven Kapital, das dem in Arbeitsmitteln und Arbeitsgegenständen und sonstigen Waren verkörperten realen Kapital gegenübersteht. Das Hinauftreiben der Aktienkurse und damit des „Wertes" des fiktiven Kapitals auf schwindelhafte Höhe mittels des Kredits ist für den Höhepunkt des Aufschwunges kennzeichnend. Der Sturz der Aktienkurse kennzeichnet in vielen Aufschwüngen bzw. Booms das einsetzende Sinken der Profitrate, die abnehmende Profitabilität neuer Kapitalerweiterungen, deren spätere Profitabilität die „heutige" Steigerung der Aktienkurse „rechtfertigen" konnte. Mit dem Kurssturz an der Börse sind die Erscheinungen des Krachs verbunden, die zumeist am Beginn der absteigenden Phase des Zyklus stehen.

Aber ganz gleich, ob es zu einem solchen Krach kommt oder nicht, immer muß jedenfalls die zurückgehende Profitabilität von Erweiterungen des konstanten fixen, des zirkulierenden bzw. des Warenhandelskapitals zur Verringerung der Nachfrage führen und damit zu einem Überwiegen der Produktion bzw. Produktionskapazität über die Nachfrage, zur allgemeinen Überproduktion, zur Überproduktionskrise. Insoweit die alten Investitionsprojekte noch weitergeführt werden, was zumeist, aber keineswegs immer geschah, verringerte sich die Nachfrage im Sinne des Kaufes von Maschinen und Anlagen nicht sofort, sondern nur die Aufträge. Das hatte aber zur Folge, daß die weiterlaufende Produktion von fertigen Produkten des Investitionsgütersektors sich auf die vorhandenen Bestände von Arbeitsgegenständen als Güter, die die stofflichen Bestandteile des Warenkapitals des Investitionsgütersektors verkörperten, stützte, und daß dementsprechend die Nachfrage nach diesen Teilen der Bruttoproduktion des Sektors I sich radikal verminderte, die Überproduktion und ihre Folgen sich dort zuerst zeigten. Das ist der Grund für die Erfahrungstatsache, daß auch bei Krisen, die von diesem Investitionsgütersektor ausgingen, dessen Endprodukte also Arbeitsmittel waren, jene Krise sich mengenmäßig nicht zuerst bei den Endprodukten, sondern den dafür erforderlichen Arbeitsgegenständen auszuwirken begann. Vom Rohstoffsektor abgesehen, führte das zu einer Verminderung des konstanten zirkulierenden sowie des Warenhandlungskapitals. Diese war physisch, wenn die entsprechenden Bestandteile von Arbeitsgegenständen sich mengenmäßig verminderten, nicht physisch, wenn nur eine Entwertung infolge Preisfalls erfolgte. Das ist ein Prozeß, der sich auch bei der vom Konsumgütersektor ausgehenden Krise zeigte. Bei beiden Krisenarten kam es dann aber im Endergebnis zu einem unmittelbaren Nachfragerückgang für die Endprodukte des Investitionsgütersektors. Dieser führt auch schon im 19. Jahrhundert zur Einschränkung des Produktionsvolumens, während der Preisrückgang in diesem Sektor viel geringer ist. Dort entstehen große überschüssige Produktionskapazitäten (Zerstörung von fungierendem, aber keineswegs virtuellem Kapital) mit all ihren zunächst negativen Effekten auf Ersatz- bzw. Erweiterungsinvestitionen in diesem Bereich. Zu unausgelasteten Produktionskapazitäten mit ähnlichen Wirkungen auf das fungierende fixe Kapital kommt es in geringerem Maße auch in anderen Sektoren der Industrie.

Insgesamt ist so, was paradox anmuten mag, die unmittelbare Folge des Produktionsrückganges in dem ersten Stadium der absteigenden Phase des Zyklus keineswegs eine verminderte bzw. sogar eine beseitigte Überproduktion, sondern das Gegenteil. Das hängt einmal damit zusammen, daß das verringerte Produktionsvolumen zu einer verringerten Beschäftigung und damit zu einer verminderten Lohnsumme führt, was die Konsumentennachfrage nach Massenkonsumgütern verkleinert. Derselbe Effekt tritt sogar, wie bereits an anderer Stelle angedeutet, bei einem gleichbleibenden Produktionsvolumen infolge zunehmender Arbeitsintensität, aber auch zunehmender Arbeitsproduktivität ein. Bei letzterer ist aber noch zu beachten, daß die verringerte Auslastung der vorhandenen Produktionskapazitäten zu ihrer Konzentration auf die leistungsfähigsten führte, was mit einer Erhöhung der durchschnittlichen Arbeitsproduktivität ohne Investitionen bzw. entsprechende Rationalisierungsmaßnahmen identisch ist. Hinzu kommt schließlich, daß insoweit überhaupt noch Investitionen vorgenommen werden, sie jetzt vor allem der Modernisierung, also vor allem dazu dienen, ein bestimmtes Produktionsvolumen mit weniger Arbeitskräften zustande zu bringen. Diese Verringerung der Massenkaufkraft durch Minderbeschäftigung entspricht der Vermehrung durch Mehrbeschäftigung vor allem im ersten, aber auch im zweiten Stadium des Aufschwunges. Was aber die Nachfrage der Bourgeoisie nach Luxusgütern betrifft, so haben wir ihre Erhöhung gar nicht ausgeschlossen, aber sie in ihrem Umfang weit weniger determiniert angesehen als die Erhöhung der Massenkonsumgüterkaufkraft. Für die absteigende Phase des Zyklus können wir in Bezug auf eine etwaige Verminderung der Luxusgüternachfrage weitgehend dasselbe sagen; jedoch dürfte unmittelbar mit dem Beginn der Krise, insbesondere wenn sie mit einem Krach einsetzt, diese Verminderung nicht unbeträchtlich sein; es dürfte auch im Gegensatz zur Wende von der absteigenden zur aufsteigenden Phase des Zyklus dieser zyklische Effekt sofort eintreten. Die Tatsache, daß verminderte Produktion im ersten Stadium der Krisenphase nicht zu einer Beseitigung der Überproduktion, sondern zu ihrer Steigerung bzw. ihrer Aufrechterhaltung führt, hängt aber auch damit zusammen, daß ebenso wie der Aufschwung, die zunehmende Produktion, zu einer Selbstverstärkung, zu einer positiven Rückkopplung auf sich selbst durch die positive Wirkung auf die Investitionsgüternachfrage führt, was in umgekehrter Richtung, also in Richtung der Verminderung der Investitionsgüternachfrage auch für den Abschwung gilt. Auch haben wir hier einen Einfluß der Preisbewegung auf das Investitionsvolumen, auf den quantitativen Umfang der Bruttoinvestitionsgüterproduktion.

Die verminderte Produktion vermag nur dann zu einer Beseitigung der Überproduktion zu führen, wenn sie größer ist als die Verminderung der Nachfrage durch die Krisen. Das kann analog zu den entsprechenden Vorgängen im Aufschwung folgendermaßen geschehen: In der Krise kann sich der Trend der Abwärtsbewegung der Produktion verselbständigen (ebenso wie sich im Aufschwung der Trend der Aufwärtsbewegung der Produktion verselbständigt hatte), was zu einem Zurückbleiben der laufenden Produktion gegenüber der laufenden Nachfrage und damit zum Überwiegen der Nachfrage über die Produktion führen kann. Solche Erscheinungen gab es nach dem Krach in Teilen der Produktion von Arbeitsgegenständen, die nicht den Rohstoffbereich berühren konnten. Sie haben aber gewöhnlich nicht die Kraft, die Verstärkung der Überproduktion aufzuhalten bzw. sogar die allgemeine Überproduktion zu beseitigen. Eine größere Bedeutung hat das Überholen der Nachfrageeinschränkung durch die Produktionseinschränkung, wie bereits erwähnt[5], für den Konsumgütersektor. Aber das tritt nur ein, wenn es vorher wie in der Krise der 20er Jahre besonders auch im Konsumgüterbereich zu einer erheblichen mengenmäßigen Einschränkung der Produktion gekommen war. Aber solange, was zumeist noch der Fall war, die Investitionsgüternachfrage weiter zurückging, vermochten solche Erscheinungen, der entsprechende Tiefstand des aus Konsumgütern bestehenden Warenhandlungskapitals, keine entscheidenden Wirkungen auszuüben. Der wesentliche Faktor bei der Beendigung der Krisenphase, bei der Ingangsetzung des Aufschwunges ist aber die von uns schon eingehend betrachtete Zunahme des U-Potentials, die Reproduktion der Reservearmee, die überschüssigen Geldfonds, überschüssigen Rohstoffvorräte und der Zustrom an profitabel nutzbaren technischen Neuerungen, die eine Erhöhung des virtuellen Kapitals, vor allem des konstanten fixen, trotz ungünstiger Absatzlage profitabel machen.

Allerdings ist es uns jetzt möglich, einen wichtigen Unterschied herauszustellen. Während in der Aufschwungsphase der entgegengesetzte antizyklische Effekt der Verminderung von U durch die Zuflüsse zu diesem Potential abgeschwächt wird, erhöhen dieselben Zuflüsse von U in der Krisenphase dieses Potential und damit seine antizyklischen, gegen die Fortdauer der Krisenphase gerichteten Effekte; d. h., die Zuflüsse zu U wirken in der Aufschwungsphase in der Richtung des Zyklus und in der Krisenphase gegen diese Richtung. Das ist ein wesentlicher Grund dafür, daß die Krisenphase das Wachstum im Aufschwung nicht vollständig rückgängig macht, daß auch die Abnahme des Produktionsvolumens in der Krise gewöhnlich weit schwächer ist als die Zunahme im Aufschwung. Dieser Faktor macht sich auch bei dem Wachstum der Produktion, gemessen in Goldgeldpreisen, also bei Y, bemerkbar, wenn auch in weit geringerem Maße. Nur auf diese Weise kann die Überproduktionskrise mit ihrem Schritt rückwärts in der erweiterten kapitalistischen Reproduktion zu drei Schritten vorwärts im Aufschwung führen.

Daß die Krise somit mehr als eine Unterbrechung eines Wachstumsprozesses ist, sondern vielmehr einen nicht weniger als fünf Jahre, gewöhnlich aber länger andauernden verhältnismäßig ungestörten Verlauf dieses Wachstums ermöglicht, hatten wir bereits festgestellt. Allerdings beziehen sich diese Erwägungen streng genommen eben nur auf das Zustandekommen des Aufschwunges, aber nicht unmittelbar darauf, warum der Aufschwung, einmal zustande gekommen, beendet werden muß, warum diese Beendigung durch die Krise bestimmte Funktionen erfüllt, obwohl das erste einen plausiblen, wenn auch keineswegs einen strengen logi-

[5] Vgl. oben S. 84f., sowie auch S. 81.

schen Schluß auf das zweite zuläßt. Es treten eben andere Seiten der Krise in den Vordergrund, wenn man sie als Zeit nach dem Aufschwung anstatt als Zeit vor dem Aufschwung betrachtet. Wir können das, sehr vereinfacht, wenn auch nicht ganz korrekt, so ausdrücken: Als Zeitabschnitt, als Phase nach dem Aufschwung sahen wir sie als Ergebnis bestimmter Widersprüche, als Zeitabschnitt vor dem Aufschwung als Beseitigung dieser Widersprüche. Das ist aber deshalb nicht ganz korrekt, weil, wenn wir vom Grundwiderspruch zunächst einmal absehen, sich bei der Konkretisierung des Grundwiderspruches im Aufschwung immer nur eine Seite jedes konkreten Widerspruches zuspitzt, während in der Krisenphase die Zuspitzung der anderen Seite des Widerspruches sich vollzieht und diese damit den Aufschwung hervorbringt. Das zeigt sich besonders deutlich bei den Widersprüchen II bis IV, die sich im Aufschwung als Zurückbleiben des U-Potentials gegenüber der Produktion zusammenfassen lassen und in der Krisenphase als Zurückbleiben der Produktion gegenüber dem zunehmenden U-Potential. Das zeigt sich weniger deutlich infolge einer bestimmten Asymmetrie zwischen Aufschwung und Krise bei dem Widerspruch I. Auch hier tritt allerdings im Aufschwung ein Zurückbleiben der Massenkaufkraft gegenüber vor allem der Konsumproduktion hervor, während es in der Krisenphase zu einer Umkehrung als Zurückbleiben der Konsumgüterproduktion gegenüber der Nachfrage kommen kann. Das aber muß aus bereits dargelegten Gründen nicht erfolgen. Allerdings ist auch nicht notwendig, daß gerade der Widerspruch I überhaupt als bestimmender Faktor auftritt, der zum Übergang von der Aufschwungsphase zur Krisenphase führt. Jedoch ist eine strenge Scheidung zwischen beiden Komplexen, d. h. dem Komplex, der die Widersprüche von II bis IV umfaßt und dem Komplex, der den Widerspruch I betrifft, naturgemäß ausgeschlossen und in der historischen Wirklichkeit tritt eine Verflechtung zwischen beiden ein. Das zeigt sich schon darin, daß es die Steigerung des U-Potentials ist, welche mit der Induzierung eines längeren aufsteigenden Trends jene Tendenz zur schrankenlosen Ausdehnung, insbesondere der Konsumgüterproduktion, jene Verselbständigung in den Vordergrund rückt, die wir im zweiten und dritten Stadium des Aufschwungs beobachten konnten.

Aus der Notwendigkeit, beide Komplexe zu beachten, folgt, daß es eine reformistisch-tradeunionistische Illusion ist, zyklische Krisen nur durch Reallohnerhöhung bzw. Erhöhung der Massenkaufkraft vermeiden zu können. Der berechtigte Kampf der Arbeiterklasse um höhere Löhne vermag sicherlich die Gefahr einer vom Konsumgütersektor ausgehenden, auf dem Widerspruch I berührenden Krise zu vermindern. Aber er vermag keineswegs der anderen Gefahr, die sich aus der Senkung des U-Potentials ergibt, zu begegnen. Indem der revolutionäre Kampf der Arbeiterklasse gegen die Krise und Krisengefahr auch diesen Widerspruchskomplex beachtet, geht er vom Grundwiderspruch aus, richtet sich damit gegen die privatkapitalistische Aneignung der einen immer höheren Grad der Vergesellschaftung annehmenden Produktion. Dieser Widerspruch wird auch nicht durch die Faktoren aufgehoben, welche den realen Kapitalismus von dem „reinen" unterscheiden, Faktoren, deren Einfluß auf den Reproduktionsprozeß aber beträchtlich ist.

KAPITEL 8

Vom „reinen“ Kapitalismus zum realen Kapitalismus

Es ist eine allgemein bekannte Wahrheit, daß es „reinen“ Kapitalismus mit nichts anderem als nur kapitalistischen Produktionsverhältnissen, nur aus Bourgeoisie und Arbeiterklasse bestehend, nie gegeben hat und nie geben wird. In der Wirklichkeit existiert nur eine durch kapitalistische Produktionsverhältnisse bestimmte Wirtschaft, in der vor allem im agrarischen Sektor die einfache Warenproduktion weiterbesteht. Im außeragrarischen Bereich wird dieser Sektor durch das Handwerk verkörpert, in der Zirkulationssphäre durch den kleinen Kaufmann. Im agrarischen Sektor wird die einfache Warenproduktion durch den bäuerlichen Betrieb ohne oder mit geringer Lohnarbeit verkörpert. Dabei büßte auch lange Zeit nach Beginn der industriellen Revolution der nichtkapitalistische Bauernbetrieb in der Landwirtschaft in weit geringerem Maße seine Bedeutung ein als der handwerkliche im Gewerbe. Hinzu kam, daß der nichtkapitalistische Sektor auch — im Weltmaßstab ist das auch heute noch der Fall — keineswegs nur für den Markt, sondern auch — im unterschiedlichen Maße — für den eigenen Bedarf produzierte. Bekanntlich blieb das quantitative Verhältnis zwischen kapitalistischer Warenproduktion und den weiterbestehenden anderen Formen der vorkapitalistischen Produktion auch im 19. Jahrhundert nicht gleich. Vielmehr liegt gerade ein weiteres Merkmal des mit der industriellen Revolution beginnenden kapitalistischen Industrialisierungsprozesses darin, daß die kapitalistische Warenproduktion auf Kosten der anderen Produktionsform vordringt. Weiterhin vollzieht sich eine Verschiebung der Proportionen zwischen Industrie und Landwirtschaft. Deshalb, sowie infolge der geringeren Widerstandsfähigkeit der einfachen Warenproduktion im außeragrarischen Sektor, entstand eine gewisse Parallele zwischen dem Wachstum der kapitalistischen Industrie und der Entfaltung des Kapitalismus im Weltmaßstab, da eben die Industrie zum Hauptausdehnungsfaktor der kapitalistischen Produktionsverhältnisse wurde.

Durch die Berücksichtigung dieser Tatsachen erhält die theoretische Betrachtung der erweiterten Reproduktion neue Aspekte, vor allem in sozialökonomischer Richtung. Gewiß führt die erweiterte Reproduktion auch im Rahmen des „reinen“ Kapitalismus zu sozialökonomischen Veränderungen, wie etwa zum Vordringen von Großbetrieben und Großunternehmen und auf dieser Grundlage auch des

Monopols. Aber hinzu kommt eben im realen Weltkapitalismus die Zurückdrängung der einfachen Warenproduktion und anderer Formen der vorkapitalistischen Produktion. Dadurch erhält der bekannte Gedanke von Karl Marx über die erweiterte Reproduktion als erweiterte Reproduktion kapitalistischer Produktionsverhältnisse im nationalen wie auch im Weltmaßstab einen historischen Inhalt. Das bezieht sich nicht zuletzt auf die Reservearmee, deren erweiterte Reproduktion unter diesen Voraussetzungen sich nicht nur auf den Quell überflüssig gemachter, freigesetzter Lohnarbeiter bzw. ihrer biologischen Vermehrung, sondern auch auf die Ruinierung einfacher Warenproduzenten bzw. sogar naturalwirtschaftlich produzierender Bauern stützen kann. Außerdem braucht, solange ein solcher bäuerlicher Bereich existiert, die für den Kapitalismus lebensnotwendige Reservearmee noch nicht vollständig die Form einer modernen Arbeitslosigkeit mit all ihrem sozialen Sprengstoff anzunehmen, sondern vermag, wenn auch in immer geringerem Maße, in der Form einer agrarischen Überschußbevölkerung zu verbleiben, bei der die Betroffenen auch ohne Lohnarbeit und ohne Arbeitslosenunterstützung noch nicht zu verhungern oder zu betteln brauchen. Die nicht auf dem Reproduktionsprozeß der kapitalistischen Industrie beruhende Zunahme dieser Überschußbevölkerung schwächte die spontanen, im Aufschwung gegen ihn sich entwickelnden Kräfte, die Verminderung des U-Potentials ab, ebenso wie sie in der Krisenphase die sich in ihr vollziehende Erhöhung des U-Potentials, der proletarischen Reservearmee noch weiter vorantrieb. In derselben Richtung wirkte sich auch im 19. Jahrhundert das Zurückströmen von Arbeitskräften in die Landwirtschaft aus, bei der sich im Boom-Stadium bereits eine Verknappung zeigen konnte. Über die Reservearmee hinaus werden durch diese Unterschiede zwischen „reinem" und realem Kapitalismus die Wachstumsmöglichkeiten, die Widerstandsfähigkeit gegen Störungen für den Kapitalismus erhöht, so z. B. wird nicht nur das U-Potential vergrößert, sondern auch die Klassengegensätze werden dadurch wesentlich schwächer, schwächer als wenn die Kapitalisten, wie im „reinen" Kapitalismus, allein ihren Lohnarbeitern gegenüberstehen müßten. Auf der anderen Seite gibt es, wie bereits erwähnt, keinerlei Beweise dafür, daß nur der nichtkapitalistische oder außerkapitalistische Sektor eine erweiterte Reproduktion möglich macht, indem ohne ihn das Realisierungsproblem unlösbar sei. Auch die einfachen Warenproduzenten können ohne Geldreserven und ohne Kredit nicht mehr kaufen, als sie vorher verkauft haben. Als Käufer auf dem Arbeitsmittelmarkt, dem Markt für Waren also, die das fixe konstante Kapital vergegenständlichen, spielen sie jedoch eine geringere Rolle als die kapitalistischen Unternehmer; dafür unterliegt ihre Nachfrage auch geringeren Schwankungen; von einer schrankenlosen Ausdehnung der Produktion nach Menge und Preis kann bei ihnen nicht die Rede sein.

Wenn aber von der Lösbarkeit bzw. erleichterten Lösung der Grundprobleme der erweiterten Reproduktion, nicht zuletzt aber auch der Realisierung infolge des Nichtbestehens eines „reinen" Kapitalismus gesprochen wird, dann verbindet man das gewöhnlich mit dem Einfluß eines solchen Faktors wie der Außenhandel, der

Waren- und Kapitalexport, der Rohstoffimport. Berücksichtigt man das aber, dann sieht man von einer grundlegenden Abstraktion ab, die wir nach dem Beispiel von Karl Marx bisher gemacht haben. Gemäß dieser Abstraktion gab es ja gar keinen Außenhandel, gab es keine Teilung in Landeswirtschaften, die miteinander in Außenhandelsbeziehungen treten konnten, wie es der Realität entspricht. Allerdings kann man auch bei der Beachtung der Existenz von Landeswirtschaften, insbesondere bei kapitalistisch entwickelten Ländern, auf eine Landeswirtschaft im Sinne eines endogenen Modells eine entsprechende Abstraktionsmethode anwenden, und zwar so, daß man bei einer solchen Landeswirtschaft von den Außenwirtschaftsbeziehungen absieht bzw. voraussetzt, daß Einwirkungen dieser Beziehungen auf das untersuchte Problem, in unserem Fall eben der ökonomischen Krise, sich ausgleichen, gegenseitig aufheben. Das hat allerdings erstens nur dann einen Sinn, wenn es sich bei der Landeswirtschaft eben um eine voll entwickelte Volkswirtschaft handelt, in der alle entscheidenden Zweige der Wirtschaft vertreten sind und zweitens, was mit dem ersten Punkt eng zusammenhängt, kapitalistische Produktionsverhältnisse in dieser Landeswirtschaft zu einem bestimmenden Faktor geworden sind. Das ist auch die Richtung der Krisengeschichte und Krisentheorie, die, insoweit sie sich auf die realen Faktoren stützt, von einzelnen entwickelten, fortgeschrittenen kapitalistischen Ländern bzw. der Gruppe der kapitalistischen Länder als Ganzes ausgeht und die Krise, vor allem aus der inneren Entwicklung dieser Länder heraus betrachtet, um dann noch auf die Wirkung äußerer Faktoren, vor allem des Außenhandels einzugehen.

Auf dieser Grundlage erweist es sich als sehr viel leichter, im Ablauf der beschleunigten erweiterten kapitalistischen Reproduktion, des raschen Wachstumsprozesses in den betreffenden Ländern eine alsbaldige Zuspitzung der Widersprüche I bis IV zu vermeiden, bzw. in der Krisenphase die Wirkungen dieser Widersprüche zu überwinden und den Übergang zum Aufschwung zustande zu bringen. Das läßt sich auch so ausdrücken: Die Auswirkungen von wachstumshemmenden Disproportionen lassen sich leichter vermeiden, lassen sich leichter durch entgegengesetzte Faktoren aufheben bzw. vermindern, wenn außenwirtschaftliche Beziehungen vorhanden sind. Nehmen wir als Beispiel die englische Baumwollindustrie, wo auf der Grundlage der neuen Technik und entsprechender Kapitalanlagen ihre Entwicklung sich als die eines alle anderen Bereiche überholenden führenden Zweiges vollzog. Diese Industrie konnte ihr Wachstumstempo nur aufrechterhalten, weil und solange die Eroberung neuer Außenmärkte die Wirkung der durch dieses Wachstumstempo geschaffenen inneren Disproportionen, die Zuspitzung der Widersprüche zwischen der Beschränkung des Konsums und der Tendenz unbeschränkter Erweiterung der Produktion ausglich. Daß dabei der Ausgleich nur durch Ruinierung einfacher Warenproduzenten im Ausland, insbesondere in der britischen Kolonie Indien, möglich war, änderte nichts daran, daß die „sozialen Spannungen" in England vermindert wurden.

Dasselbe zeigt sich auch, wenn wir die Widersprüche II bis IV betrachten. Ohne zusätzliche Rohstoffimporte wäre das Wachstum des Produktionsvolumens in den Anfängen, bzw. die Überwindung der Krisen und das Zustandekommen der Aufschwünge nur insoweit möglich gewesen, als der technische Fortschritt sowie die entsprechenden Investitionen zu seiner Durchsetzung eine Erweiterung der eigenen Rohstoffproduktion ohne wesentliche Erhöhung der Kosten gestattet hätten. Das Fehlen eines solchen technischen Fortschrittes, zu dem es im 19. und vor allem im 20. Jahrhundert keineswegs bei allen Rohstoffen in hinreichendem Umfange gekommen war, hätte daher Stagnationstendenzen und sogar Stagnationsüberproduktionskrisen in den führenden kapitalistischen Ländern zur Folge gehabt, wenn eben nicht in schwächer entwickelten Ländern Rohstoffquellen mit niedrigen Kosten erschlossen worden wären. Dabei beruhten die niedrigen Kosten einmal auf den niedrigen Löhnen bzw. auf der Ausbeutung unfreier Arbeitskräfte, andererseits auf dem niedrigen Grad der Industrialisierung, der es gestattete, die Rohstofferzeugung auf solche Kapazitäten mit günstigen Naturbedingungen zu beschränken. Ein bekanntes Beispiel für den ersten Fall war der bis zur Mitte der 60er Jahre zunehmende Import Großbritanniens, wie auch schon anderer kapitalistischer Länder, der Baumwolle, die von Sklavenarbeitern in den Südstaaten der USA erzeugt wurde. Der zweite Fall trifft im 19. Jahrhundert auf Importe Großbritanniens und anderer kapitalistischer Industrieländer von solchen Produkten wie Wolle, sowie Edelmetall und im 20. Jahrhundert immer mehr auch auf andere mineralische Produkte zu.

Diese Erleichterung der beschleunigten kapitalistischen erweiterten Reproduktion in einzelnen Ländern bedeutete für die Gesamtheit der Landeswirtschaften, für die Gesamtwirtschaft, daß die beschleunigte erweiterte Reproduktion sich nur auf einige Länder, zunächst sogar auf Großbritannien, beschränkte, also eine Gegenüberstellung dieser wenigen kapitalistisch fortgeschrittenen Länder zu der Masse der übrigen zurückgebliebenen. Das war eine Gegenüberstellung, welche die Tendenz hatte, in eine Beherrschung dieser Mehrzahl durch die wenigen umzuschlagen. Diese Tendenz wurde dann in der Wende vom 19. zum 20. Jahrhundert mit der Bildung des imperialistischen Weltsystems auch verwirklicht[1]. Aber schon im 19. Jahrhundert war die Festigung der Landeswirtschaft und ihre Entwicklung zur kapitalistischen Volkswirtschaft in bestimmten Ländern die Voraussetzung dafür, daß dort die Hemmnisse für eine beschleunigte erweiterte kapitalistische Reproduktion, für die industrielle Revolution überwunden wurden, daß es zu starken Aufschwüngen und zyklischen Krisen mit Wirkungen auf die übrige Welt kam.

Ein wesentliches Instrument aber für die Entwicklung, Aufrechterhaltung und Festigung der Landeswirtschaft wurde der moderne Staat, von dessen Wirkung ebenfalls das Modell des „reinen“ Kapitalismus abstrahiert hatte. Es war dieser moderne Staat, der vor allem in der Form des Nationalstaates feudale Zersplitterung, feudale Anarchie auf einem großen Gebiet beseitigte, dort die für die Schaf-

[1] Vgl. W. I. Lenin, Der Imperialismus als höchstes Stadium des Kapitalismus, in: W. I. Lenin, Werke, Bd. 22, Berlin 1960, S. 271, vgl. auch S. 238—280.

fung eines nationalen Marktes notwendige Ordnung sicherte. Damit war aber gleichzeitig eine gewisse Abschließung nach außen verbunden, die uns nicht nur gestattet, von einer nationalen Bourgeoisie, von einem Klassenkampf auf nationaler Ebene, sondern auch von einem Zyklus von Aufschwung und Krise im Rahmen eines Landes mit einem gewissen Recht zu sprechen. Darüber hinaus entstanden auf der Grundlage dieser Abschließung heftige Widersprüche zwischen den einzelnen modernen Staaten, die in dem Maße, in dem die Staaten den Interessen der einzelnen Landesbourgeoisien dienten, auch immer mehr für den internationalen Konkurrenzkampf um die Märkte genutzt wurden. Das findet seinen Ausdruck in den großen Kriegen des 18. und beginnenden 19. Jahrhunderts, in denen vor allem Frankreich und Großbritannien um die Vorherrschaft rangen. Das waren Kriege, die vor allen Dingen wegen ihrer langen Dauer zu zeitweiligen Unterproduktionskrisen dort, wo sich die Kämpfe abspielten, führten. Daß dies nicht in Großbritannien war, hat seine führende Rolle im Prozeß der beschleunigten erweiterten kapitalistischen Reproduktion außerordentlich begünstigt, wenn auch hier der Krieg mit Frankreich die Herausbildung normaler Zyklen verzögerte.

Demgegenüber führten dann die Kriege der kapitalistischen Länder in den folgenden Jahrzehnten nicht zu Unterproduktionskrisen, was den Weg für einen normalen, von Großbritannien ausgehenden Zyklus freimachte. Das hing damit zusammen, daß die Expansion der einzelnen Länder sich auf Kosten schwacher, ökonomisch wenig entwickelter Völker vollzog, wie etwa in Nordamerika auf Kosten der Indianer, in Afrika auf Kosten der von der Industrialisierung und dem modernen Kriegswesen noch weit entfernten Völker. Dementsprechend fehlte auch den Kriegen der Großmächte untereinander noch jene Heftigkeit, die zu Unterproduktionskrisen hätte führen können. Die entscheidende Wende vollzog sich dann am Ende des 19. Jahrhunderts, als mit Lenins Worten die Aufteilung der Welt unter den Großmächten beendet war und damit jede weitere durch das Monopolkapital vorangetriebene Expansion zum Kampf um die Neuaufteilung der Welt führen mußte, wobei die Heftigkeit des Kampfes in Verbindung mit der modernen Militärtechnik Unterproduktionskrisen in weiten Teilen der Erde wieder auf die Tagesordnung setzte. Das Besondere in der Situation im 19. Jahrhundert nach den Napoleonischen Kriegen bestand nicht nur darin, daß Unterproduktionskrisen, sondern daß auch langandauernde, zumeist mit Kriegen verbundene Störungen, z. B. Störungen des Geldsystems, vermieden wurden. Das trug dazu bei, die Einwirkungen des bürgerlichen Staates auf die einzelnen Wirtschaften und damit auf den Zyklus auf einem niedrigen Niveau zu halten.

Diese Einwirkungen der Staaten gingen jedoch auch vor dem 19. Jahrhundert keineswegs nur von den von ihnen geführten Kriegen aus. Erinnert sei dabei an die gewaltsame Beschleunigung der spontan aus der fortschreitenden Warenproduktion entstehenden kapitalistischen Produktionsverhältnisse durch die sogenannte ursprüngliche Akkumulation, die beschleunigte Herausbildung einer proletarischen Reservearmee, von überschüssigen Geldfonds als Voraussetzungen für den Übergang zu einem beschleunigten Reproduktionsprozeß, an die merkantilistische

Wirtschaftspolitik, die Karl Marx als Stütze für den Kapitalismus in seiner Kindheitsstufe ansah.[2] Als Wirtschaftspolitik war der Merkantilismus im Unterschied zur Kriegsführung eine unmittelbar bewußt auf die innere Wirtschaft gerichtete ökonomische Aktivität, der Versuch einer Art von Wirtschaftsregulierung. Als solche wurde sie von der sich ihrer Kraft bewußt werdenden, die industriellen Revolutionen beginnenden Bourgeoisie dann auch beseitigt.

Da es sich sowohl bei diesem Versuch einer Regulierung als auch bei ihrer späteren Beseitigung um ein bewußtes Eingreifen handelte, spielten dabei nicht nur das Interesse der Bourgeoisie, sondern auch die bewußten Vorstellungen über die besten Wege zur Durchsetzung dieses Interesses und damit die ökonomische Ideologie, die bürgerliche Nationalökonomie als Aufklärer und Mobilisator kollektiver Aktionen der Bourgeoisie eine Rolle. Alles das geschah wirklich, und zwar unter dem Banner des ökonomischen Liberalismus. Das war eine Losung, die in Bezug auf den Staat die Beschränkung seiner Aktivitäten auf die Aufrechterhaltung der bürgerlichen Ordnung nach innen durch entsprechende Zwangsgewalt, durch Polizei und Justiz, sowie auf die Bewahrung, den Schutz der Interessen der Bourgeoisie nach außen durch Diplomatie und Militär hinauslief. An dieser Orientierung durch den ökonomischen Liberalismus änderte auch die Tatsache des bürgerlichen Charakters des Staates, der politischen und gesellschaftlichen Macht der Bourgeoisie wenig. Sie erzeugte kein Wohlwollen der Bourgeoisie gegenüber dem Staat. Das beweist die Vorherrschaft des ökonomischen Liberalismus im bürgerlichen England, dessen herrschende Klasse ihren Staat so billig wie möglich halten und seinem Apparat, seinen Politikern so wenig Eingriffskompetenzen wie möglich geben wollte. Hier zeigt sich ein Gegensatz zwischen Bourgeoisie und Staat, der die Erweiterung der staatlichen ökonomischen Kompetenzen nur unter dem Druck der sich aus der wirtschaftlichen Entwicklung ergebenden Notwendigkeiten, d. h. letztlich der Zuspitzung des Grundwiderspruches des Kapitalismus zuläßt. Und an dieser Haltung der Bourgeoisie des 19. Jahrhunderts hat sich auch später nichts geändert. Mit dieser Haltung war durchaus die Tatsache vereinbar, daß es an den Universitäten nicht wenige Professoren gegeben hat, die, ohne Gegner der herrschenden Gesellschaftsordnung gewesen zu sein, etwas anderes als die Lehren des ökonomischen Liberalismus predigten. In Deutschland waren das bereits im letzten Drittel des 19. Jahrhunderts die sogenannten Kathedersozialisten, bedeutete doch ihr Erscheinen und Hervortreten für die Bourgeoisie eben vor allem einen Hinweis auf die Notwendigkeiten zur Erhaltung des Systems sowie eine nicht immer angenehme Erinnerung an sie. Es waren auch diese Notwendigkeiten, welche selbst in Großbritannien — noch mehr in anderen Ländern — zur Zeit des Höhepunktes des Liberalismus die völlige Beschränkung der staatlichen Aktivität auf die Aufrechterhaltung von „Ruhe und Ordnung" sowie auf diplomatische und militärische Wahrung der

[2] Vgl. insbesondere K. Marx, Grundrisse der Kritik der Politischen Ökonomie (Rohentwurf) 1857—1858, Berlin 1953, S. 544; vgl. auch zum folgenden H. Mottek, Wirtschaftsgeschichte Deutschlands, Bd. 1, Berlin 1968, S. 257—263.

Interessen der herrschenden Klassen nach außen verhinderte. Das zeigte sich vor allem im Geldwesen, das neben der Frage der Zölle sowie des Normalarbeitstages im Mittelpunkt wirtschaftspolitischen Interesses nach den großen Krisen der 20er und 30er Jahre des 19. Jahrhunderts stand und von dem ein großer Einfluß auf den Zyklus ausging.

Eine staatliche Aktivität war schon vorher bei der reinen Edelmetallzirkulation, und zwar bei der Umwandlung der Edelmetallwaren in Münzen, notwendig gewesen; jedoch hatte diese Aktivität, das staatliche „Münzprivileg" immer wieder zu Münzverfälschungen als einer Form der vorklassischen Inflation geführt, also dazu, daß die sich aus der Münzabnutzung ergebende Differenz zwischen nominalem und realem Gehalt bewußt zur Erzielung höherer Einnahmen des Staates gesteigert wurde. Dabei wurden beträchtliche Störungen, und zwar Geldkrisen, sowohl durch die Verfälschung selbst als auch durch ihre darauf folgende Beseitigung hervorgerufen. Wenn das auch den ökonomisch-liberalen Argumenten vom Staat als Störungsfaktor Auftrieb geben kann, so steht dem jedoch das Faktum gegenüber, daß eine etwaige Privatisierung der Münzausgabe die Münzverfälschung nur verallgemeinert, die Ordnung des Geldverkehrs zerrüttet hätte, die konsequente Durchführung des liberalen Prinzips also keine Lösung gewesen wäre. Daran vermochte auch das Vordringen nicht edelmetallischer, d. h. nicht in Gold- bzw. Silbermünzen bestehender Zirkulationsmittel nichts Entscheidendes zu ändern.

Was Wechsel anbetrifft, die, wenn sie mehrfache Unterschriften tragen, Kreditgeld-Charakter haben, ebenso wie auch private Bankguthaben, also das Buchgeld, so bedurften sie doch der Deckung durch Edelmetallmünzen, auf die letzten Endes zurückgegriffen werden konnte. Was aber Papierscheine als Surrogate „realen" Geldes angeht, so muß man hier einen Unterschied zwischen zwei Formen machen. Die eine Form ist die des Papiergeldes mit staatlichem Zwangskurs, wie es Karl Marx nennt, das bereits im amerikanischen Unabhängigkeitskrieg und danach im amerikanischen Bürgerkrieg und in den späteren großen Kriegen eine Rolle spielte. Immer dann, wenn dieses Papiergeld in den Vordergrund trat, konnte keineswegs mehr die Rede davon sein, daß eine Nominaleinheit Geld für lange Zeit ein bestimmtes Quantum Edelmetall verkörpert. Die Ausgabe solchen Papiergeldes hatte immer dieselbe Funktion: Es war im Grunde dieselbe, wie früher die Verfälschung von Edelmetallmünzen, und zwar die inflationäre Deckung von Staatshaushaltsausgaben. Es ist der Bourgeoisie allerdings gelungen, in den fortgeschrittenen kapitalistischen Ländern das Auftreten solchen staatlichen Papiergeldes, wie auch der älteren Formen der Münzverfälschung, von den Zeiten großer Kriege abgesehen, längere Zeit zu verhindern. Vom Ende der Napoleonischen Kriege an bis zum ersten Weltkrieg ist mit Ausnahme des amerikanischen Bürgerkrieges die Bourgeoisie von dieser Plage, diesem Störungsfaktor eines normalen, funktionierenden Geldwesens frei. Demgegenüber drang die zweite Form des Papierscheines immer mehr vor. Diese Scheine trugen allerdings, insoweit sie von privaten Banken produziert, z. B. sogar von Goldschmieden ausgegeben wurden, einen privaten Charakter, der, wie auch bei anderen Arten des Kreditgeldes, nur durch die Notwendigkeit der Deckung durch staatlich geprägte Edelmetallmünzen gemindert wurde. Bei der Banknote zeigte sich jedoch schon sehr früh die Besonderheit, daß sich die Ausgabe mit Hilfe des Staates immer mehr in einzelnen privilegierten Banken konzentrierte. Wenn auch diese Banken, wie die 1694 gegründete Bank von England, private Unternehmungen waren, wirkte die staatliche Kontrolle doch darauf hin, daß sie im Unterschied zu anderen Banken nicht auf Profitmaximierung ausgerichtet waren, sondern sich dem kapitalistischen Gesamtinteresse unterordnen mußten. Damit wurden sie dem bürgerlichen Staat vergleichbare Repräsentanten des Gesamtinteresses der Bourgeoisie, erhielten damit einen quasi staatlichen Charakter bei einer — allerdings keineswegs vollständigen — Selbständigkeit gegenüber Regierung und Staatsapparat.

Diese Sonderstellung der Banknote gegenüber anderen Formen des Kreditgeldes hängt, außer mit der größeren Eignung zum Ersatz der silber- bzw. goldgemünzten Zirkulationsmittel, auch mit ihrer Möglichkeit zusammen, die Edelmetallmünzen auch als Deckungsmittel zu verdrängen bzw. wenigstens zu ergänzen. Mit Banknoten konnten eben in zunehmendem Maße Wechsel bezahlt, Bankguthaben eingelöst werden, wodurch die Banknote als eine Art Papiergeld ein Kreditgeld höheren Grades als Bankguthaben und Wechsel darstellte. Deshalb gab es auf dem Höhepunkt des ökonomischen Liberalismus eben eine die Ausgabe von Banknoten regulierende Gesetzgebung, welche nicht nur das Verhältnis Banknotenumlauf—Edelmetallbestand der Notenbanken über das Erfordernis der Konvertibilität hinaus regelte, dementsprechend wurde auch festgelegt, für welche anderen „Gegenwerte" Banknoten gedruckt und dem „Verkehr" überliefert werden durften. Dabei suchte man, wie bereits an anderer Stelle erwähnt[3], die Deckung durch kurzfristige, gute Warenwechsel zu sichern, wodurch auch der höhere Rang der Banknote über andere Formen des Kreditgeldes, vor allem eben gerade den Wechsel, einen sinnvollen Ausdruck fand. Außerdem wurde jedoch auch die Rolle des Staates insoweit beschränkt, daß er im allgemeinen von der Kreditnahme, oder besser gesagt, vom Notenbankkredit ferngehalten wurde; die Deckung eines staatlichen Haushaltsdefizits durch die Notenpresse, durch den entsprechenden Notenbankkredit wurde ausgeschlossen. Das sollte nicht nur die Wiederholung einer für das Stabilitätsinteresse des Kapitalismus gefährlichen Geldkrise verhindern (nach dem Beispiel der Münzverfälschung, des staatlichen Papiergeldes mit Zwangskurs bzw. dem von John Law am Anfang des 18. Jahrhunderts praktizierten Übergang von der Banknote zu solchem Papiergeld mit den bekannten und von der Bourgeoisie als schädlich erachteten Folgen), es sollte auch den Staat bei seinen Kredit- und Anleihewünschen vom privaten Geldkapital abhängig machen bzw. diese Abhängigkeit aufrechterhalten.

Die Entwicklung des Geldes im allgemeinen und der Banknote im besonderen im Verhältnis zum Staat ist nur von dieser historischen Erfahrung heraus zu verstehen. Dabei vermochte auch kein ökonomischer Liberalismus zu verhindern, daß

[3] Vgl. oben S. 96.

in Großbritannien im 19. Jahrhundert, worauf Friedrich Engels hingewiesen hat[4], der Staat immer mehr zum Garanten der Banknoten wurde. Man muß außerdem beachten, daß ohne diese und andere Hilfeleistungen des bürgerlichen Staates die Ersetzung des Edelmetallgeldes durch Kreditgeld keineswegs im selben Maße möglich gewesen wäre. Die Verminderung überschüssiger Geldfonds, also von u_4, im Aufschwung hätte sich eher als sonst als Schranke des Aufschwunges erwiesen, die zyklische Krise hätte sich verschärft. So stießen alle liberalen Widerstände gegen die ökonomische Aktivität des Staates im Geldwesen auf entscheidende Schranken; der Einfluß des Staates auf die Banknote konnte ebensowenig ausgeschaltet werden wie schon seit langem bei der Vermünzung von Gold bzw. von Silber. Damit konnte aber auch die Möglichkeit einer gerade daraus erwachsenden Geldkrise nicht verhindert werden, einer Geldkrise, die aus dem Widerspruch zwischen dem bürgerlichen Staat und der bürgerlichen Ökonomie herrührte.

Eine Ausschaltung des Staates im Sinne seiner Beschränkung auf politische und militärische Funktionen konnte auch bei der Ingangsetzung und Aufrechterhaltung des Aufschwunges während der industriellen Revolutionen auf einem wesentlichen Sektor der Produktion keineswegs erreicht werden, und zwar der Transportindustrie, zuerst bei der Kanalschiffahrt und später der Eisenbahn. Auch insoweit die Eisenbahnen, was zunächst überwiegend der Fall war, in privaten Händen, in den Händen privater Gesellschaften sich befanden, wären die sprunghafte Ausdehnung der Eisenbahnkapazität, die großen Anlageinvestitionen in den Eisenbahnen ohne Unterstützung des Staates kaum möglich gewesen. Der Staat gewährte das Recht des zwangsweisen Ankaufes von erforderlichem Land, natürlich gegen finanzielle Entschädigung, wobei es in den USA sogar zu staatlichen Landschenkungen kam; der Staat sicherte in Preußen durch die sogenannte Zinsgarantie die Profitabilität für die Eisenbahnkapitalisten. Von einem liberalen Widerstand gegen diese staatliche Aktivität konnte kaum die Rede sein; eher war das aber bei den Verstaatlichungsprozessen der Fall, die sich in Deutschland und Frankreich im letzten Drittel des 19. Jahrhunderts vollzogen. Wenn auch der Anteil der Eisenbahninvestitionen in dieser Zeit und in diesen Ländern abnahm, so war doch die Zunahme des Anteils der vom Staat ausgehenden Anlageinvestitionen für die entsprechenden Zyklen nicht ohne Bedeutung.

Diese Bedeutung liegt vor allem in folgendem. Im Gegensatz zu den privaten Investitionen bestand bei den staatlichen zumindest die Möglichkeit, daß sie nach ihrem Umfang und Zeitpunkt nicht durch ihre unmittelbare Profitabilität, sondern vielmehr ganz bzw. teilweise von dem Gesamtinteresse der herrschenden Klasse bestimmt wurden. Insoweit das der Fall war, also zumindest eine gewisse Unabhängigkeit von der Profitabilität bestand, wäre die Bezeichnung „autonome" Investitionen angebracht, welche die Ökonomen der keynesianischen Schulen für alle nicht durch die Bewegung der Produktion bzw. der Nachfrage in der gleichen Richtung induzierten Kapitalerweiterungen angewandt haben, vor allem auch

[4] Vgl. K. Marx, Das Kapital, Bd. 2, in: MEW, Bd. 24, a. a. O., S. 409f.

solche, welche wir aus dem U-Potential abgeleitet hatten. Da die staatlichen Investitionen im 20. Jahrhundert schon vor dem Zweiten Weltkrieg eine ansteigende Tendenz aufwiesen — und das ganz besonders in Deutschland —, gewann die Frage ihres etwaigen autonomen Charakters bzw. ihrer Autonomisierung an Aktualität. Dabei stand die infrastrukturelle Wirkung solcher Anlagen, z. B. von Elektrizitätswerken, im Vordergrund. Ganz offensichtlich war der autonome Charakter aber bei solchen infrastrukturellen Anlagen, die, wie etwa der Straßenbau, keinerlei Einnahmen brachten. Auf der anderen Seite stand weniger der Autonomisierung als vielmehr der Erweiterung öffentlicher Investitionen — gerade auch in Deutschland, aber nicht nur dort — das allgemeine Bestreben der Bourgeoisie einschließlich der Monopolbourgeoisie entgegen, den Anteil des Staates — oder, wie man damals in Deutschland sagte — der „öffentlichen Hand" nicht zu groß werden zu lassen, diesen Anteil sogar dort, wo er hoch war, möglichst zu verringern. Ein solches Bestreben, das ihr Ansteigen allerdings nur hemmen, aber keineswegs zum dauernden Stillstand bringen konnte, gab es von altersher auch bei öffentlichen Ausgaben ohne Investitionscharakter; Ausgaben, die man, da sie nicht unmittelbar auf eine Erzielung von Profit gerichtet waren, in demselben Sinne wie bei den Investitionen als autonom bezeichnen kann. Dabei rückte der Gesichtspunkt der Systemerhaltung, der mit der Zuspitzung des Grundwiderspruchs immer mehr in den Vordergrund trat, besonders deutlich bei den Sozialausgaben in Erscheinung. Demgegenüber spielte beim aufsteigenden Trend der Rüstungsausgaben zwar nicht der Profit des ausgebenden Staates eine wesentliche Rolle, wohl aber der Profit von hinter ihm stehenden einflußreichen Gruppen der Monopolbourgeoisie, die an den Rüstungsaufträgen verdienten. Es überwog allerdings im tatsächlichen Geschichtsverlauf bei der Induzierung von Rüstungsausgabensteigerungen die Wirkung des Gesamtinteresses der herrschenden Klasse in den einzelnen Ländern — im Imperialismus mit seiner zunehmenden Militarisierung das Interesse der Monopolbourgeoisie — an der Verstärkung der militärischen Maschinerie zur Durchsetzung ihrer politischen Ziele. Die Tatsache aber, daß diese Ziele in unterschiedlichen Zeiten — entsprechend der äußeren politischen Situation — einen unterschiedlichen Aufwand für Rüstungen erforderten, führte zu stärkeren Schwankungen nicht nur der Rüstungsausgaben, sondern mit ihnen der gesamten Staatsausgaben. Die Höhepunkte dieser Schwankungen mußten naturgemäß mit großen und langen Kriegen zusammenhängen, in denen der staatliche Markt, wie bereits im ersten Weltkrieg, den privaten mit wesentlichen Wirkungen für den Zyklus in den Hintergrund drängen konnte. Es war die rasche Ausdehnung dieses nunmehr entscheidenden staatlichen Marktes, welcher nach dem schon erörterten „Kriegsstoß" im ersten Weltkrieg eine durch die äußerliche Erscheinung der Überproduktion im Sinne von Absatzmangel, Absatzstockung ausgelöste ökonomische Krise hinausgeschoben hatte. An deren Stelle trat zeitweilig eine sogenannte Kriegskonjunktur, hinter der sich allerdings, wie wir gesehen hatten, in wichtigen imperialistischen Ländern eine Unterproduktion verbarg, die mit einer sich verstärkenden Inflation verbunden war.

Während vom Standpunkt des Marxismus-Leninismus die in dem Trend zur Zunahme von öffentlichen Investitionen und sonstigen Ausgaben — aber keineswegs nur darin — zum Ausdruck kommende Verstärkung der ökonomischen Aktivität des bürgerlichen Staates sich als gesetzmäßige Folge der Zuspitzung der Widersprüche des Kapitalismus, insbesondere aber des Grundwiderspruches, als wesentliches Element des Überganges zum staatsmonopolistischen Kapitalismus darstellt, war das bei der bürgerlichen Ideologie naturgemäß völlig anders. Sicherlich gab es gerade in Deutschland nicht nur bei den reformistischen Theoretikern Lobpreisungen dessen, was diese Theoretiker den „organisierten" Kapitalismus nannten; bemerkenswerter ist jedoch, daß auch in Deutschland, und keineswegs nur in den USA, abgesehen von der Kriegszeit, innerhalb der Monopolbourgeoisie und ihrer Ideologen trotz aller Rückschläge immer wieder, also auch während der allgemeinen Krise des Kapitalismus, die alte negative Haltung zur Verstärkung der ökonomischen Rolle des bürgerlichen Staates durchbrach.

Im Deutschland der 20er Jahre unseres Jahrhunderts hatten dabei die insbesondere von den Unternehmerverbänden benutzten ökonomisch-liberalen Argumente eine stärkere Beziehung zum Krisenproblem. Führte man in dieser Richtung die „liberalen" Argumente theoretisch zur letzten Konsequenz, so käme man letzten Endes zur Behauptung, die staatlichen Eingriffe in den spontanen Verlauf der Wirtschaft seien die Ursachen der Krisen. Das wäre ganz im Sinne des liberalen Dogmas von den Segnungen und der inneren „Harmonie" eines ungestört wirkenden „freien" Marktes, ganz im Sinne der Lobpreisung der ausschließlichen Regelung des Produktions- und Zirkulationsprozesses durch den Markt der freien Konkurrenz. Das müßte allerdings eine Regelung sein, die, ganz im Gegensatz zu unserer bisherigen Analyse, sich nicht gerade der Überproduktionskrisen bediente, sondern ohne sie auskäme. Auf der anderen Seite läßt die Leugnung der konsequent liberalen These unter den Bedingungen einer erhöhten Labilität des Kapitalismus den Weg frei für Theorien und entsprechende wirtschaftspolitische Vorstellungen innerhalb der Bourgeoisie, die auf eine vom bürgerlichen Staat ausgehende Bekämpfung von Überproduktionskrisen gerichtete Regulierung hinauslaufen. Damit wurde die Frage, unter welchen Voraussetzungen also im Rahmen der kapitalistischen Gesellschaftsordnung Überproduktionskrisen vermieden bzw. gemildert werden konnten, zu einer Existenzfrage des Kapitalismus und damit zu einem Grundproblem der bürgerlichen Theorie, die sich auf diese Weise allmählich zum Ratgeber der herrschenden Klasse in entscheidenden Fragen der Wirtschaftspolitik entwickelte.

KAPITEL 9

Freie Konkurrenz, Krise und Staat

Die theoretischen Betrachtungen bürgerlicher Ökonomen gehen traditionsgemäß zumeist von dem Zustand der freien Konkurrenz aus. Darin liegt scheinbar eine Übereinstimmung mit der marxistischen Analyse, die der Erörterung des monopolistischen und staatsmonopolistischen Kapitalismus die des Kapitalismus der freien Konkurrenz voranstellt. Aber diese Übereinstimmung ist eben nur scheinbar. Denn für den Marxisten ist einmal diese Reihenfolge nicht bloß die des Überganges vom einfachen zum komplizierteren, sondern die Abbildung eines historisch notwendigen Entwicklungsprozesses, bei dem die freie Konkurrenz ihr Gegenteil, das Monopol, erzeugt und in den Vordergrund bringt. Damit aber ist für den Marxismus der Kapitalismus der freien Konkurrenz eine solche Erscheinung der historischen Realität, die von dem abstrakten bürgerlichen Lehrbuchmodell eines Zustandes der freien Konkurrenz sehr weit entfernt ist; sie ist nur als Vorgänger und Gegenstück des monopolistischen Kapitalismus zu verstehen. Im Unterschied zum lezteren gibt es in seinem Vorgänger noch keine ökonomisch-gesellschaftliche Vorherrschaft von Monopolen, deren Anfänge noch nicht imstande sind, der freien Konkurrenz wesentliche Schranken aufzuerlegen. Die üblichen Lehrbuchbeispiele eines Modells der freien Konkurrenz beinhalten jedoch weit mehr als das Fehlen solcher mächtigen Monopole; sie bedeuten vielmehr schon in ihren älteren Formen Regelung der Produktion durch Preise, die von den einzelnen Kapitalistenproduzenten praktisch unbeeinflußt sind, ihnen gewissermaßen von außen durch den Markt gegeben werden, Preise, welchen sich der Produzent in der erzeugten Menge nur anzupassen hat. Das erfordert aber für jede einzelne Ware eine Vielzahl von Konkurrenten, was nur bei einer begrenzten Anzahl homogener Waren möglich ist. Hier aber bereits erzeugt der Zustand der freien Konkurrenz die Tendenz zu seiner eigenen Aufhebung, denn Homogenität von Waren bedeutet, jedenfalls in der Industrie, Massenproduktion von diesen homogenen Waren, Großbetriebe, Erleichterung der Bildung von Monopolen. So ist es doch kein Zufall, daß sich Kartelle gerade zumeist dort gebildet haben, wo solche weitgehende Homogenität in den Waren hergestellt wurde, so etwa in der chemischen Industrie. Demgegenüber gab es zum Beispiel im Maschinenbau keine solche Homogenität, was die Kartellbildung erschwerte, aber auf der anderen Seite eine Unabhängigkeit des

Preises von den Produzenten ausschloß. Es gibt auch keine Anzeichen dafür, daß Karl Marx von einer solchen Unabhängigkeit ausging. Ganz im Gegenteil, kommen bei ihm die kapitalistischen Produzenten mit einem von ihnen kalkulierten Preis ihrer Waren auf den Markt. Dabei erweist sich die Realisierung zu diesem Preis immer als gefährdet, und die fehlende Realisierung, ein entsprechendes Profitdefizit, wirkt sich auf Produktions- und Kapitalbewegung aus. In unserer Analyse der Warenproduktion vermochten wir festzustellen, daß, wenn die fehlende Realisierung einen ganzen Zweig betrifft, darin der Ausgangspunkt für eine Teilüberproduktionskrise liegt.

Schon in den älteren Modellen der freien Konkurrenz wird außer der Voraussetzung einer unbegrenzten Anzahl nicht durch direkte oder indirekte monopolistische Vereinbarung zusammenwirkender Produzenten, einer begrenzten Anzahl homogener Waren und des Fehlens einer staatlichen Beschränkung der freien Konkurrenz, einer staatlichen Einflußnahme auf den Preis, noch eine andere Bedingung hervorgehoben. Für diese Bedingung hat man das schöne Wort „Markttransparenz" gebraucht. Damit ist nichts anderes als folgendes gemeint: Eine wirksame Konkurrenz gibt es nur dann, wenn der Käufer bzw. der Konkurrent vom Preis der Ware des anderen etwas weiß, genau darüber informiert ist. Und hier stoßen wir auf das für das Modell sehr wichtige Informationsproblem. Bei der Kalkulation seines Verkaufspreises, bei der Festlegung von Produktionsmengen und Sortiment geht der einzelne Kapitalist von den Daten über Preise aus, die er selbst bzw. seine Konkurrenten oder auch die Verkäufer der stofflichen Bestandteile seines Kapitals erhalten haben. Ohne Festlegung durch Monopolverband oder Staat gewinnt er erst aus der Verarbeitung all dieser Daten etwas, was dem nahekommt, was wir als den für ihn maßgeblichen sogenannten gegenwärtigen Preis bezeichnen können. Dabei ist die Orientierung durch einen von außen her gegebenen eindeutigen „gegenwärtigen" Preis, selbst in den wenigen Fällen, eine weitgehende Fiktion, in denen es eine Börse und einen Börsenkurs für die betreffenden Waren gibt. Denn für ein Geschäft zwischen zwei Börsenkursen können die Käufer bzw. Verkäufer vielleicht gerade unter dem Einfluß des vorherigen Kurses und seines Vergleiches mit den früheren Kursen einen anderen Preis als den letzten Börsenpreis anbieten bzw. verlangen, ihren Geschäften einen anderen Preis zugrunde legen. Vor allem aber setzt zum mindesten weitgehende Markttransparenz solche Intensität der Information auch zwischen den Konkurrenten voraus, daß damit die Konkurrenz mit dem Preis notwendigerweise gefährdet wird. Indem die Makrttransparenz die Isolierung der Produzenten voneinander ausschaltet, tendiert sie auch zu monopolistischen, die Preiskonkurrenz begrenzenden Vereinbarungen zwischen ihnen. Dieselbe Intensität der Information, die einen „freien" Markt, eine „freie" Konkurrenz möglich macht, wirkt gleichzeitig dieser freien Konkurrenz entgegen. Darauf läuft auch einer der am meisten zitierten Aussprüche von Adam Smith hinaus, wonach die Unternehmer, wenn sie miteinander reden, auch über die Preise sprechen, die sie von ihren Kunden nehmen wollen.

Die Feststellung, daß die sogenannten gegenwärtigen Preise, denen sich die Produzenten nach dem Modell der freien Konkurrenz anpassen sollen, erst im Ergebnis erhaltener Informationen durch ihre Verarbeitung entstehen, ruft folgende schwerwiegende Frage, wie soeben bereits angedeutet, hervor: Warum sollen sich die kapitalistischen Unternehmer bei der Festlegung von Produktion und Sortiment bei ihren Investitionen nach dem sogenannten gegenwärtigen Preis für die Waren richten? Werden sie nicht vernünftigerweise, besonders wenn zwischen Festlegung und Endergebnis ein größerer Zeitintervall liegt, mit ihrer Informationsverarbeitung zu einem Preis im Zeitpunkt eben dieses Endergebnisses zu gelangen suchen? Natürlich werden sie das tun, und natürlich tun sie das. Berücksichtigen wir das aber, dann tun wir etwas, was als Berücksichtigung von „Erwartungen" von manchen als Subjektivismus verpönt wird. Aber schließlich beruht auch die Ausrichtung auf den gegenwärtigen Preis auf der „Erwartung", daß zur selben Zeit die Konkurrenten denselben Preis nehmen und dieser Preis auch, wenn die festgelegte Produktion zum Verkauf gelangt, beibehalten wird. Letztere Orientierung wird dann maßgeblich sein, wenn die Preise sich in der letzten Zeit kaum geändert haben und auch keine besonderen Gründe für eine Änderung vorliegen oder wenn bei Schwankungen keine hinreichenden Anzeichen für einen langjährigen Trend bestehen. Haben sich die Preise aber in einer Richtung und anhaltend in einem nicht zu kleinen Zeitintervall geändert, sind sie z. B. in der aufsteigenden Phase des Zyklus gestiegen, so werden die Produzenten normalerweise einen Fortgang dieser Bewegung annehmen und dadurch diese Bewegung rückwirkend verstärken. Ebenso verstärkt wird eine Steigerung des Produktionsvolumens, wie wir das bei der Analyse des Aufschwunges, vor allem beim dritten, dem Boom-Stadium, gesehen hatten, wo wir die Steuerung durch einen aufsteigenden Preistrend im gewissen Sinne mit der Steuerung durch ein Monopol verglichen. In einer solchen Boom-Phase, in der steigende Preise die Nachfrage kapitalistischer Käufer im Gegensatz zur Nachfrage von den Käufern aus der Arbeiterklasse bzw. auch von anderen Konsumentenkäufern keineswegs vermindern, sondern eher vermehren, wobei Kredit B ihnen den notwendigen finanziellen Rückhalt bietet, hört die Konkurrenz mit dem Preis weitgehend auf.

Auf der anderen Seite sichert auch die Orientierung auf den gegenwärtigen, vom Produzenten „unabhängigen" Preis nach anerkannten Ergebnissen der bürgerlichen Markttheorie ein irgendwie definierbares Gleichgewicht keineswegs in dem Falle, in dem zwischen Produktionsbeginn und Fertigstellung des Endproduktes ein längerer Zeitintervall liegt. Ein bekanntes Beispiel dafür ist der sogenannte Schweinezyklus, wo die Orientierung von Produzenten und Käufern auf die gegenwärtigen Preise zu Schwingungen führt, die unter Umständen sogar explosiv sein können.[1] Ähnliches gilt nicht nur für alle Produkte mit einer längeren Arbeitsperiode wie Schiffe, Gebäude, sondern darüber hinaus auch für strukturelle Änderungen der Wirtschaft, Proportionsveränderungen, wie sie in jedem Aufschwung auftreten. Für diesen Zweck können wir den gegenwärtigen Preis und gegenwärti-

[1] Vgl. dazu R. G. D. Allen, Mathematische Wirtschaftstheorie, a. a. O., S. 3—13.

gen Preistrend zusammenfassen; jedenfalls ist das dann sinnvoll, wenn der Intervall zwischen dem Beginn der Aktivitäten zur Strukturveränderung mehrere Jahre umfaßt, sich im Unterschied zum Schweinezyklus eben ein mehrjähriger Trend herausbildet. Gehen nämlich die Unternehmer bei dem Beginn der Strukturveränderungsaktivität wie bei Investitionen sowie anderen ökonomischen Handlungen nicht nur von den gegenwärtigen Preisen, sondern vom gegenwärtigen Preistrend aus, dann verstärkt sich die Stimulierung, die profitable gegenwärtige Preise bereits haben.

Um solchen gleichgewichtsstörenden Wirkungen wie auch denen einer fehlenden Orientierung auf den sogenannten gegenwärtigen Preis — und auch seiner Unbestimmtheit — wenigstens in einem theoretischen Modell zu entgehen, gibt es zwei „Wege". Der erste Weg besteht in der Annahme einer vollständigen Information über zukünftige Ereignisse. Indem diese Annahme den einzelnen Kapitalisten, das einzelne Wirtschaftssubjekt in einen Laplaceschen Dämon verwandelt, zeigt sie ihren phantastischen, mit den Naturgesetzen im Widerspruch stehenden Charakter. Außerdem führt sie erwiesenermaßen zu logischen Widersprüchen, indem die exakte Kenntnis von der Zukunft das ohne diese Kenntnis kalkulierte Verhalten der Wirtschaftssubjekte verändert. Der zweite Weg besteht darin, vom Unterschied zwischen Produktionsfestlegung, Produktion, Verkauf, überhaupt von jeder Zeitverzögerung abzusehen. Diesen Weg geht Jöhr in seinem Modell über die sogenannte vollkommene Konkurrenz, das seinem Buch über die Konjunkturschwankungen zugrunde liegt.[2] Dementsprechend verzichtet Jöhr auch auf die phantastische Annahme einer vollständigen Information über die Zukunft. Aber auch er vermag mit dem Informationsproblem nicht auf die Weise fertig zu werden, daß er es etwa nur auf die sogenannte Markttransparenz im früheren Sinne beschränkt. Nimmt er doch vollständige Information, wenn auch nicht über die Zukunft, so aber doch über die Gegenwart insoweit an, als es die Aktionen, die Pläne der anderen Wirtschaftssubjekte, vor allem aber auch der Konkurrenten betrifft, sowie weiter auch eine exakte Verarbeitung dieser Informationen.[3] Das läuft aber im Grunde doch wieder auf exakte Vorstellungen über die zukünftige Entwicklung hinaus. Vor allem muß jedoch ein solcher Umfang von Informationen nicht nur die Gelegenheit zum monopolistischen Zusammengehen vergrößern, sondern auch einen Anreiz zum monopolistischen Zusammenschluß bilden. Es handelt sich dabei spieltheoretisch um ein Spiel mit mehreren Spielern, bei dem nicht nur die Spielsituation, sondern auch eben die Pläne der Spieler bekannt sind. Und das gilt nicht nur für die unreale Annahme einer vollständigen Information über die gegenwärtigen

[2] W. A. Jöhr, Die Konjunkturschwankungen, Tübingen—Zürich 1952, S. 25. Das hier erörterte Modell wird außer im 7. Kapitel dieses Buches in W. A. Jöhr, Das Modell der vollkommenen Konkurrenz, seine Stellung und seine Funktion in der Nationalökonomie, in: Konkurrenz und Planwirtschaft, ed. Studiengruppe für theoretische Nationalökonomie 1946, S. 17ff., behandelt.

[3] W. A. Jöhr, Die Konjunkturschwankungen, a. a. O., S. 252.

Fakten und Pläne, sondern auch für ihre realmögliche und tatsächlich stattfindende langsame Annäherung an diesen Zustand. Auch hier erweist sich die Richtigkeit des Theorems, daß jede Zunahme der Information über Marktverhalten, Pläne der Konkurrenten usw. die Tendenz zur monopolistischen Beschränkung der freien Konkurrenz erhöht. Dabei führt die zunehmende Entfernung der ökonomischen Wirklichkeit von dem Idealfall der reinen Konkurrenz aber keineswegs über die kapitalistischen Produktionsverhältnisse hinaus. Der höchstmögliche Grad der Information über die Projekte der verschiedenen Betriebe ist nur auf der Grundlage einer sozialistischen Planwirtschaft erreichbar.

Ein weiterer Weg, um den gleichgewichtsstörenden Gefahren einer ausschließlichen Marktorientierung der Produktion in einem theoretischen Modell zum mindesten weitgehend zu entgehen, besteht in einer Abstraktion von solchen Merkmalen der ökonomischen Realität, welche vorausschauende ökonomische Operationen, umfassende Informationen und ihre Verarbeitung zu einer dringenden Notwendigkeit machen. Sich auf die zukünftige Lage unrichtig einzustellen, ist nicht so gefährlich, wenn man auf unerwartete ökonomische Ereignisse sofort ohne größere Vorbereitung reagieren kann. Eine solche sofortige Anpassung, etwa der Investitionen, liefe aber darauf hinaus, daß es keine Zeitverzögerung, keinen Zeitintervall zwischen dem Beginn der Investition selbst und der durch sie entstehenden Produktionsveränderung bzw. Produktionssteigerung gäbe; oder wenn wir verallgemeinern, hieße das, die Zeitverzögerung zwischen dem Beginn einer ökonomischen Aktivität und ihrem Ergebnis gleich Null zu setzen. Soll diese sofortige Reaktion auf unvorhergesehene ökonomische Vorgänge ohne Verlust erfolgen, dann setzt das auch eine solche Anpassungsfähigkeit voraus, die mit dem Vorhandensein von konstantem fixen Kapital unvereinbar ist.

Betrachten wir zum Beispiel das Gesetz vom Ausgleich der Profitrate, so stellt sich der Umfang des konstanten fixen Kapitals, der in bestimmten, weniger profitablen Zweigen festgelegt ist, einer solchen Angleichung entgegen. Die Umverteilung der gesellschaftlichen Gesamtarbeit nach dem Wertgesetz wird auch durch die Spezialisierung und Ortsgebundenheit der Arbeiter behindert. Die Umverteilung, jede Beseitigung von Disproportionen, nimmt bestimmte Zeit in Anspruch, während derer es zu einer Teilüberproduktionskrise kommen kann, die in eine Gesamtkrise umzuschlagen droht. Das Wertgesetz regelt eben auch ohne Berücksichtigung der kapitalistischen Lohnarbeit jede Umverteilung nur im nachhinein, durch die entstandenen Störungen, durch die entstandene Nichtrealisierung bzw. durch Überproduktionskrisen. Man kann von diesem Zeitintervall absehen, wenn man von den Störungsmöglichkeiten der erweiterten Reproduktion absieht, aber keinesfalls, wenn diese Störungsmöglichkeiten im Mittelpunkt der Aufmerksamkeit stehen. Wenn deshalb Jöhr in seinem Modell der vollkommenen Konkurrenz „den Zeitbedarf der Anpassung“ gleich Null annimmt[4], so sieht er sicherlich im Gegenteil, also in einem größeren Zeitbedarf, eine Störungsmöglichkeit. Nun hat das

[4] Ebenda.

Fehlen von Zeitbedarf und Zeitverzögerung mit vollkommener Konkurrenz in dem Sinne, in dem gemeinhin dieser Begriff bisher gebraucht wird, nichts zu tun; vielmehr besagt die diesbezügliche Jöhrsche Annahme nur, daß selbst die unbeschränkte Konkurrenz den Reproduktions- und Zirkulationsprozeß keineswegs störungsfrei zu regulieren vermag. Außerdem ist im Gegensatz zur Unvollständigkeit der Information bei der Zeitanpassung keine Tendenz zur Verringerung erkennbar; die Rolle des fixen Kapitals nimmt nicht ab, der Spezialisierungsgrad von Produktionsmitteln und Arbeitern verringert sich nicht. Von einer entsprechenden Tendenz kann auch in der sozialistischen Wirtschaft keineswegs die Rede sein. Gerade die Tatsache, daß der Zeitbedarf der Anpassung nicht gleich Null wird, ist für die praktische und theoretische Begründung der Planung der sozialistischen Volkswirtschaft von grundlegender Bedeutung.

Insgesamt kann man feststellen, daß alle Versuche gescheitert sind, die Möglichkeit einer spontanen Regelung der kapitalistischen Wirtschaft durch den Markt der freien Konkurrenz ohne Überproduktionskrise, ohne Zyklus, wenigstens theoretisch zu beweisen. Es gibt auch keinerlei Anzeichen dafür, aber alle dagegen, daß in der realen kapitalistischen Wirtschaft Tendenzen überwiegen, die zu dem führen, was Jöhr den Zustand der „reinen" oder sogar den darüber hinausgehenden Zustand der „vollkommenen" Konkurrenz nannte[5], einen Zustand, in dem er von allen Faktoren abstrahierte, die seiner Meinung nach irgendwie Krisen, oder wie er es nennt, Konjunkturschwankungen überhaupt möglich machen. Selbst für eine Annäherung an den Zustand auch nur der „reinen" Konkurrenz — geschweige denn für seine Verwirklichung — kämen nur bewußte Aktionen, z. B. vor allem zur Beseitigung monopolistischer Beschränkungen in Betracht. Vorschläge, Versuche für solche Aktivitäten, welche dem liberalen Grundprinzip, der Beschränkung des bürgerlichen Staates auf seine polizeilich-militärischen Funktionen widersprechen, hat es zwar gegeben; aber sie sind auch nach dem Urteil der bürgerlichen Ökonomen halbherzig und ineffektiv gewesen. Hier sei nur an die bekannten Antitrust-Gesetze in den USA gedacht, welche die Monopolisierung, also die immer stärkere Entfernung von einem Zustand der „reinen" freien Konkurrenz, nicht aufzuhalten vermochten. Diese zunehmende Entfernung mußten auch solche bürgerliche Ökonomen anerkennen, die der marxistisch-leninistischen Theorie von der Entstehung des Monopols auf der Grundlage des durch die Konkurrenz vorangetriebenen Konzentrationsprozesses sehr fern standen. Dadurch konnten Vorstellungen vordringen, wonach sinngemäß die „Mängel" der Regulierung von seiten eines immer weniger — im Sinne des theoretischen Modells — „freien" Marktes durch ein stärkeres Eingreifen des Staates jedenfalls dann wettzumachen seien, wenn diese „Mängel" die Stabilität des Kapitalismus ernsthaft gefährdeten. Und als eine solche Gefährdung erwies sich, wie bereits erwähnt, die Überproduktionskrise. Damit war in der Theorie dem Sieg des Keynesianismus der Weg bereitet. Dieselben realen Prozesse, welche diesem Sieg zugrunde lagen, haben dann auch

[5] Ebenda.

auf entsprechende Veränderungen in der Wirtschaftspolitik, die wir praktischen Keynesianismus nennen wollen, hingedrängt. Dabei hat es diesem theoretischen und praktischen Keynesianismus in der Bourgeoisie im allgemeinen und in der bürgerlichen Ideologie bzw. Theorie im besonderen an Gegnern nie gefehlt.

Die Orientierung des Keynesianismus — den wir auch unter theoretischem Aspekt hier keineswegs mit der Theorie von J. M. Keynes identifizieren — ging in ihrem Kern von der äußeren Erscheinung der Überproduktion als eines Überwiegens der Produktion über die Nachfrage aus, ein Überwiegen, das durch zusätzliche staatliche Nachfrage beseitigt bzw. verhindert werden sollte. Das klang so plausibel und überzeugend, daß sogar marxistisch sein wollende Ökonomen die Flucht ergriffen, indem sie den Terminus Überproduktion, Überproduktionskrise nicht mehr gebrauchten. Die Marxsche äußere Grundform wurde damit ebenso ignoriert wie alle seine Hinweise auf das Realisierungsproblem, den salto mortale der Waren. Aber zu einer solchen Panik besteht gar kein Grund. Zunächst einmal wäre die Frage zu beantworten, wie, im Gegensatz zur bisherigen kapitalistischen Praxis, zusätzliche Nachfrage überhaupt geschaffen werden kann. Da an eine Übertragung vorhandener Nachfrage bzw. vorhandenen Nachfragepotentials durch Steuern von den Keynesianern keineswegs gedacht wurde, blieb nur die Nachfrageerweiterung mittels ihrer Finanzierung durch zusätzliches Geld. Nun kann auch der Staat zusätzliches reelles Geld in der Gestalt von Goldmünzen keineswegs produzieren, sondern höchstens Geldsurrogate, etwa in der Form von Banknoten, falls er in irgendeiner, wenn auch versteckten Form, die Verfügung über die Notenpresse erlangt. Banknoten gab es allerdings schon ohne diese Verfügungsmöglichkeiten. Aber diese Banknoten verkörperten doch, wie schon mehrfach betont, unter der Herrschaft der Goldwährung immer und für lange Zeit ein bestimmtes Quantum Gold. Das aber mußte mit der staatlichen Verfügung über die Notenpresse aufhören, so daß es sich bei der zusätzlichen Nachfrage nicht um durch Goldgeld, worunter wir ja auch goldgedecktes Geld verstehen, zahlungsfähig gemachte Nachfrage handelt. Oder anders ausgedrückt: Die Schaffung zusätzlicher Nachfrage auf dem keynesianischen Weg mußte mit der Auflösung der Goldwährung verbunden sein, bzw. konnte nur auf dieser Grundlage geschehen. Eine zusätzlich durch Goldgeld zahlungsfähig gemachte Nachfrage vermochte also auf diese Weise nicht geschaffen zu werden. Insoweit die Produktion nach laufenden Preisen stieg, waren es dann nicht mehr Goldgeld-, sondern Papiergeldpreise; der für alle früheren Zyklen gültige Maßstab war damit verlorengegangen.

Allerdings schloß das keineswegs aus, daß auch mit diesem Papiergeld gewisse Effekte zusätzlicher Nachfrage für eine bestimmte Zeit erzielt werden konnten. Zeitweilig konnte auch der Gefahr vorgebeugt werden, daß der einzige Effekt des praktischen Keynesianismus in erhöhten Preisen bestand und nicht in einer Zunahme der Produktion, gemessen nach konstanten Preisen, die jetzt zum ersten Male zum Indikator des Aufschwungs wurde. Bei einer großen ökonomischen Stärke entstand für die einzelnen Länder für einen längeren Zeitraum auch noch nicht die dringende Gefahr einer Hyperinflation, d. h. einer solchen Krise der

Ware-Geld-Beziehungen, bei der das Geld nicht mehr imstande ist, seine Transportfunktionen zu erfüllen, die Bewegung vom Verkäufer zum Käufer zu induzieren und zu vermitteln, in der also die Umwandlung W—G verhindert und der Reproduktionsprozeß damit gestört ist. Eine solche Hyperinflation drückt sich u. a. dadurch aus, daß die Preise schneller steigen als die durch Papiergeld zahlungsfähig gemachte Nachfrage. Da zwischen der Produktion, gemessen nach Papiergeldpreisen, und der entsprechenden Nachfrage eine Differenz besteht, ist sogar eine formelle Ähnlichkeit zum Tatbestand der Überproduktion vorhanden; man kann mit einer gewissen Berechtigung von einer Hyperinflations-Überproduktionskrise sprechen. Diese Gefahr ist unter kapitalistischen Bedingungen aber immer bei einer Zerstörung der festen Verbindung zwischen einem Quantum reellen Geldes und einer Einheit nominellen Geldes vorhanden. Der Preis für etwaige zeitweilige Erfolge keynesianischer Manipulierung ist die Zerstörung eines effektiven und stabilen Geldsystems. Das war in der Geschichte ein Geldsystem, welches sich die Bourgeoisie mühselig im Kampf gegen Inflation früherer Zeiten sowie gegen die Münzverfälschungen errungen und welches die Entfaltung des Kapitalismus bis zur allgemeinen Krise einigermaßen gesichert hatte. Dabei war dieses System zu einem wesentlichen Teil das Ergebnis von Bemühungen, den bürgerlichen Staat von der Notenpresse, ja sogar von der Umwandlung von Goldbarren in Goldmünzen fernzuhalten. Das sollte, wie bereits erwähnt[6], die Bourgeoisie nicht nur vor einer Störung in den Funktionen des Geldes sichern, die in den vorangegangenen Jahrhunderten sehr häufig war; das sollte den Staat auch in seiner Geldbeschaffung vom privaten Kapital abhängig machen, diesem zusätzliche Profitquellen eröffnen. Die Aufgabe dieses Prinzips bedeutete eine Umwälzung, eine im Zuge der Entwicklung des staatsmonopolistischen Kapitalismus vorgenommene qualitative Veränderung, die nicht nur das Geldsystem betraf. Das war eine Umwälzung, die, indem sie zum Zwecke der Systemsicherung die Gefahr weiterer Überproduktionskrisen zurückdrängen sollte, neue Gefahren nach einer zeitweiligen Erleichterung heraufbeschwören mußte.

Diese Gefahren ergaben sich daraus, daß der keynesianische Weg sich ausschließlich auf die äußeren Erscheinungen, eben auf die Überproduktion, auf die „Absatzstockung" konzentrierte und die tiefliegenden Widersprüche ignorierte. Selbst wenn es also gelang, diese äußerlichen Erscheinungen, diese äußerlichen Symptome hinauszuschieben, wurde damit die innere Krankheit noch nicht geheilt. Da die Überproduktionskrise bestimmte Funktionen erfüllte, wie die der Beseitigung drückender negativer Disproportionen in der Produktion, der Beseitigung des Abweichens der Preise vom Wertniveau und der damit verbundenen Gefahren für die Funktionsfähigkeit des Geldes, der Beseitigung der Gefahr der Umwandlung der von Marx als Merkmal der Aufschwungperioden erwähnten „in-

[6] Vgl. oben S. 127.

flation of prices"[7] in eine Inflation oder sogar Hyperinflation sowie der Sicherung der Reproduktion der industriellen Reservearmee. Das Hinausschieben der Überproduktionskrise durch Verlängerung des Aufschwungs mußte dementsprechend das Hinausschieben der Erfüllung dieser Funktionen bedeuten und unter den Bedingungen eines Aufschwungs zu einer gefährlichen Zuspitzung negativer Disproportionen führen und damit letzten Endes zu einer Unterproduktionskrise, zu einer Weiterführung der Preissteigerungsbewegung in Richtung einer Inflation und Hyperinflation und vor allem zur Absorbierung der Reservearmee mit allen daraus für den Kapitalismus entstehenden Drohungen, wie der Zuspitzung des ökonomischen Klassenkampfes. In dem Maße, wie die Gefahr einer Form der akuten ökonomischen Krise, und zwar der Überproduktionskrise, zurückging, mußte die Gefahr der Verwirklichung anderer Formen der akuten ökonomischen Krise zunehmen, vor denen zu schützen ja gerade die Funktion der Überproduktionskrise war. Und das ist im Verlauf der historischen Entwicklung auch tatsächlich eingetreten. Um das zu verstehen, gilt es, sich mit diesen Zusammenhängen, mit der konkreten Entwicklung des realen Kapitalismus und dem historischen Krisenzyklus näher auseinanderzusetzen.

[7] „... geht den Krisen meist eine allgemeine inflation of prices vorher in allen der kapitalistischen Produktion angehörigen Artikeln." K. Marx, Theorien über den Mehrwert, in: MEW, Bd. 26.2, a. a. O., S. 506.

KAPITEL 10

Die Entwicklung des Kapitalismus und die Krisen

Mit der ersten industriellen Revolution am Anfang der 80er Jahre des 18. Jahrhunderts in England vollzog sich bekanntlich eine im Verhältnis zur vergangenen Zeit außerordentliche Zunahme des Tempos der erweiterten kapitalistischen Reproduktion. Diese vollzog sich zunächst in einem Land, wirkte sich jedoch im 19. Jahrhundert auch auf andere Länder aus. Das waren zunächst Länder, in denen sich kapitalistische Elemente bereits vorher entwickelt hatten und der Durchbruch durch feudale Produktionsverhältnisse auf der Grundlage bürgerlicher Umwälzungen vollzogen worden war, oder wo zum mindesten wie in Preußen bereits erhebliche Fortschritte in dieser Richtung erreicht worden waren. Es begann so eine Ausbreitung dieser Wachstumsbeschleunigung, vor allem in der Industrie, und damit unter den Bedingungen des 19. Jahrhunderts die Ausbreitung auch der beschleunigten Entwicklung kapitalistischer Produktionsverhältnisse, welche die Industrie beherrschten. Diese Entwicklung kapitalistischer Reproduktion bedeutete, daß, selbst wenn in Großbritannien das am Beginn der industriellen Revolution stark erhöhte Wachstumstempo danach gleich blieb, das Wachstumstempo der kapitalistischen Produktion im internationalen Mapstab sich außerordentlich steigerte, also der Gesamtumfang der kapitalistischen Produktion, der Produktion überhaupt, überexpotentiell stieg; d. h. diese Wachstumsrate mußte zum mindesten solange zunehmen, wie der Prozeß der Ausbreitung auf immer neue Länder unvermindert voranging.

Dieselbe Tendenz zum überexponentiellen Wachstum gab es aber darüber hinaus sogar in den einzelnen Ländern, in denen sich die industrielle Revolution vollzog. Wenn wir solch ein einzelnes Land isoliert betrachten, breitete sich doch auch hier die maschinelle Technik, die verstärkte Kapitalakkumulation von einem Zweig auf die anderen Zweige, von einem Teil des Territoriums auf die anderen aus, sprang auf diese über. Dabei ging es auch hier, wie im internationalen Maßstab, vor allem um eine Informationsausbreitung und nicht vorwiegend um eine Übertragung von akkumuliertem Kapital von einem Gebiet zum anderen. Es wurde also nicht so sehr das akkumulierte Kapital übernommen — obwohl das auch der Fall war —, sondern vielmehr die Voraussetzungen für einen gesteigerten eigenen Akkumulationsprozeß. Das zeigt sich besonders deutlich im Verhältnis der englischen industriellen Revolution zu den entsprechenden Prozessen in Deutschland, Frankreich, Belgien und der Schweiz, bei deren industriellen Revolutionen als äußere Faktoren nur zum Teil das importierte englische Kapital, vor allem aber das englische Beispiel, der Informationsstrom aus England wirkte. Jedoch war diese zum hyperbolischen Wachstum[1] tendierende beschleunigte kapitalistische Reproduktion, wie wir gesehen hatten, nur durch Überproduktionskrisen möglich geworden, die jeweils einen neuen Abschnitt des Reproduktionsprozesses einleiteten, weil anderenfalls dieser Reproduktionsprozeß durch negative Disproportionen der Produktion und andere Störungen bald nach seinem Beginn zum Stillstand gebracht bzw. in das Gegenteil verwandelt worden wäre. Der Preis für ein rasches beschleunigtes Wachstum in einem Jahrzehnt etwa insgesamt, war damit die Unterbrechung dieses Wachstums in einem Teil desselben Jahrzehnts, eben die Überproduktionskrise, die absteigende Phase des Zyklus. Von der Länge und Stärke dieser notwendigen Unterbrechung hing die Schnelligkeit der Gesamtentwicklung wesentlich ab. Dabei ist allerdings, wenn wir eine minimale Stärke der Krisenerscheinungen in den einzelnen Jahren im Sinne eines Schwellenwertes voraussetzen, die Länge der Krise im Sinne der Anzahl solcher Jahre nicht nur leichter festzustellen, sondern auch von einem besonders großen Effekt auf die gesellschaftliche Entwicklung. Beachten wir das, dann ist offenkundig, daß die Länge der absteigenden Phasen in der Zeit vom Ende der Napoleonischen Kriege bis Anfang der 40er Jahre weit größer war als in der Zeit vom Anfang der 40er Jahre bis Anfang der 70er Jahre, und daß wiederum vom Anfang der 70er Jahre an im letzten Drittel des 19. Jahrhunderts ein Überwiegen der absteigenden Phase in der sogenannten großen Depression bis Mitte der 90er Jahre festzustellen ist. Dem folgte dann wiederum ein Übergang zu einem ansteigenden Rhythmus, als es zu einem Überwiegen der aufsteigenden Phasen des Zyklus von der Mitte der 90er Jahre bis zum Beginn des ersten imperialistischen Weltkrieges kam. Es ist dies eine Erscheinung, die seit Kondratjew, Spiethof und anderen ebenso bekannt wie umstritten ist, eine Erscheinung, die wir als einen Zyklus der Zyklen, als einen Überzyklus bezeichnen können, wobei den aufsteigenden Überphasen mit langen Aufschwüngen und kurzen Krisen absteigende Überphasen mit kurzen Aufschwüngen und langen Krisen folgten. Für den Wirtschaftshistoriker, der sich nicht nur auf die unzulänglichen statistischen Daten verläßt, sondern dem Urteil der Zeitgenossen darin folgt, was als ungünstige Phase der ökonomischen Entwicklung anzusehen ist und wie lange diese ungünstige Phase dauerte, bleibt ein solcher Überzyklus eine unbestrittene Tatsache. Es kann also für ihn auch über den Rhythmus der Zyklen wenig Zweifel geben. Das schließt keineswegs aus, daß sich für einzelne kapitalistische Länder die überzyklischen Schwankungen

[1] Vgl. zur Frage des hyperbolischen Wachstums: M. Peschel/W. Mende/M. Voigt, Dynamic Models of Growth. Reports of the Austrian Research Society of Cybernetics, April 1979, Wien 1979.

auch als Schwankungen der Wachstumsrate, zum mindesten seit Mitte des vorigen Jahrhunderts, statistisch nachweisen lassen.[2]

Daß dabei diese Verlangsamung mit einer Verlangsamung des Zuflusses nutzbaren technischen Wissens, eines Zuflusses zu u_1 zusammenhängt, ist naheliegend, obwohl wir bei unserer bisherigen Analyse von einer Gleichmäßigkeit dieses Zuflusses, aber einem ungleichmäßigem Verbrauch ausgegangen waren. Jedoch lag in dieser Annahme eines gleichmäßigen Zuflusses eine Vereinfachung, die bei Betrachtung einzelner Zyklen sich zunächst als berechtigt erweist, die aber bei einer Betrachtung längerer Zeitabschnitte aufzugeben ist. Dabei beruht die langfristige Ungleichmäßigkeit auf folgenden Tatsachen: Die industrielle Revolution, wie andere Beschleunigungen des Prozesses der erweiterten Reproduktionen, setzen qualitativ neue Richtungen des technischen Fortschrittes voraus, die miteinander verknüpft sind und ein System bilden[3]. Diese neuen Richtungen waren bei den industriellen Revolutionen die Spinnmaschine, das Puddelverfahren bei der Herstellung schmiedbaren Eisens und der moderne Kanal. Diese Richtungen gaben am Beginn — das war die Vorbereitungsperiode der industriellen Revolution — nur geringe Möglichkeiten zum Wachstum, weil die Vervollkommnung und Verbreitungsmöglichkeiten der betreffenden Techniken sich als noch klein erwiesen, die Schwierigkeiten bei ihrer Anwendung noch zu groß waren. Dann nahmen die auf diesen Wegen erzielbaren Wachstumsmöglichkeiten zu, die industrielle Revolution bzw. andere Perioden der Beschleunigung in der kapitalistischen erweiterten Reproduktion setzten ein, um in der Folge, während die Vervollkommnungsmöglichkeiten der betreffenden Techniken sich zu erschöpfen begannen, von Perioden der Verlangsamung abgelöst zu werden. Diese für eine bzw. mehrere führenden kapitalistischen Länder charakteristische Entwicklung wird aber durch die Ausbreitung des industriellen Kapitalismus und damit der neuen Technik modifiziert. Erschöpfung der Wachstumsmöglichkeiten auf der Grundlage einer bestimmten Technik in einem Land ist eben nicht mit einer Erschöpfung im internationalen Maßstab gleichbedeutend. Dennoch ging das Überspringen der industriellen Revolution von den Britischen Inseln auf Kontinentalländer mit dem Aufkommen neuer Technik, vor allem den Eisenbahnen und den damit zusammenhängenden Investitionen, dem massenhaften Eisenbahnbau einher, wobei die auf dem Kontinent industriell vorwärts drängenden Länder in hohem Maße zum Absatzgebiet der aufblühenden Abteilung I Großbritanniens wurden. Auf dieser Grundlage vollzog sich eine Beschleunigung des Reproduktionsprozesses in England, wie in der kapitalistischen Welt insgesamt.

Dieser Prozeß wurde noch durch das sprunghafte Anwachsen der Goldproduktion nach der Entdeckung großer Goldvorkommen in Kalifornien und Australien

[2] Vgl. dazu H. Mottek/W. Becker/A. Schröter, Wirtschaftsgeschichte Deutschlands, Bd. 3, Berlin 1975, S. 179f.

[3] Vgl. H. Mottek, Wirtschaftsgeschichte und Entwicklung von Wissenschaft und Technik, in: Jahrbuch für Wirtschaftsgeschichte, Berlin 1975/IV, S. 19f.

beträchtlich gefördert, auf Grund dessen von 1848 bis 1862 die Goldproduktion die Hälfte der gesamten Goldförderung in den davorliegenden 350 Jahren erreichte[4]. Das bedeutete im internationalen Maßstab einen Vorlauf der Goldproduktion vor der Warenproduktion im allgemeinen. Diese günstigen Entwicklungsbedingungen für u_4 wurden im führenden kapitalistischen Land noch durch die nach der Krise Ende der 30er Jahre vorangetriebene Veränderung des Geldsystems in der Richtung eines staatlich garantierten Kreditgeldes zunächst in England verstärkt. Damit sicherte sich das Pfund seine Rolle als kapitalistische Leitwährung. Schließlich war für die rasche Entfaltung der kapitalistisch erweiterten Reproduktion der Übergang zur bürgerlichen Revolution eine wichtige Voraussetzung. Für das Verständnis eines Überzyklus sind eben auch die Veränderungen im Überbau neben den strukturellen Veränderungen in den Produktionsverhältnissen und Produktivkräften zu berücksichtigen.

Die Notwendigkeit struktureller Veränderungen zeigte sich besonders deutlich bei der mit dem Krach von 1873 einsetzenden und bis 1878/79 andauernden Krisenphase, die eine neue Folge von Zyklen einleitete, in der die absteigenden Phasen überwogen, in der das Wachstum in den führenden kapitalistischen Ländern sich ebenso verlangsamte wie die Ausbreitung der industriellen Revolution von diesen Ländern auf andere. Diese Verlangsamung ist eng mit den entsprechenden Prozessen beim Zufluß technischer, profitabel verwertbarer Neuerungen in den führenden kapitalistischen Ländern verbunden; die aus dem Produktivkräftekomplex Dampfmaschine — Eisenbahnen sich ergebenden Quellen für Investitionszunahmen begannen zu versiegen. Einer weiteren Mechanisierung stand der immer komplizierter werdende Transmissionsmechanismus bei der Dampfmaschine im Wege[5]. Die Konkurrenz zwischen den führenden kapitalistischen Ländern, die mit der Brechung der englischen Vorherrschaft auf dem Weltmarkte sich vergrößerte, tendierte zur Verminderung der Profitrate. Dem stand auch keineswegs, wie in den 40er Jahren, eine entsprechende Zunahme des Absatzes der Produktionsgüter entgegen. Eine erneute Beschleunigung des Wachstums des kapitalistischen Reproduktionsprozesses war unter diesen Bedingungen nur durch strukturelle Änderungen möglich. Insoweit war die Krise von 1873 bis 1878/79 eine strukturverändernde Krise, sie brachte qualitativ neue Züge für den Kapitalismus. Diese qualitativ neuen Züge lagen in sozialökonomischer Hinsicht vor allem im siegreichen Vordringen des Monopols. Ganz im Gegensatz zu allen neoliberalen Weisheiten überwand der Kapitalismus seine zeitweiligen Wachstumsschwierigkeiten keineswegs durch eine größere Annäherung an das „Traumparadies" der freien Konkurrenz, sondern vielmehr durch seine zunehmende Entfernung davon. Die Zurückdrängung der freien Konkurrenz durch das Monopol sicherte dem Kapital zunächst

[4] Zahlen nach A. Soetbeer, Goldwährung und deutsche Münzverhältnisse, in: Vj. f. Volkswirtschaft und Culturgeschichte, Jg. 1863, Bd. 3, Berlin 1863, S. 164.

[5] Vgl. H. Mottek/W. Becker/A. Schröter, Wirtschaftsgeschichte Deutschlands, Bd. 3., a. a. O., S. 281.

eine bessere Profitabilität für neue Anlagen. Die Verschmelzung von Bank- und Industriekapital erleichterte ihre Finanzierung; sie erleichterte auch die Zunahme des Kapitalexports verbunden mit einem erhöhten Warenexport von Produktionsmitteln. Auf diese Weise erwies sich z. B. in Lateinamerika der Eisenbahnbau, der in den Hauptländern des Kapitalismus nicht mehr ein tragender Faktor für eine Zunahme der Anlageinvestitionen und damit für den Aufschwung war, im internationalen Maßstab doch noch in einem gewissen Maße als ein solcher Antriebsfaktor. Darüber hinaus vollzog sich in den führenden kapitalistischen Ländern eine Umwälzung im System der materiell-technischen Produktivkräfte, es kam zu einem beschleunigten Zufluß zu u_1; seine äußeren Kennzeichen waren der massenhafte Einsatz des Elektromotors, beschleunigte Elektrifizierung, Prozesse, für die das letzte Drittel des 19. Jahrhunderts eine Vorbereitungsperiode bildete. Diese Zeit war eine Vorbereitungsperiode auch für die Motorisierung, Chemisierung, für die Entfaltung der modernen Großproduktion von Stahl auf der Grundlage des Bessemer-, des Thomas- und des Siemens-Martin-Verfahrens sowie für die Entfaltung der Massenproduktion von Konsumgütern in der Konfektion, im Fahrrad- und später Kraftfahrzeugbau in den USA, sowie für eine Überwindung von Hemmnissen in der Mechanisierung weiterer Arbeitsgänge. Schließlich brachte, ähnlich wie in der Mitte des Jahrhunderts in Kalifornien, die infolge technologischer Neuerungen und Entdeckung neuer Vorkommen in Südafrika und Alaska plötzlich ansteigende Goldproduktion Impulse für die zyklischen Aufwärtsbewegungen, für die Beseitigung von Schranken gegen ihre Neuentstehung und Verlängerung; sie schob eben die Zeitspanne hinaus, in der es durch das Zurückbleiben der Goldproduktion gegenüber der Warenproduktion insgesamt zu einer Krise des Goldwährungssystems kommen mußte. In dieselbe Richtung drängte auch das rasche Vordringen des nicht nur durch Gold, sondern auch durch Banknoten gedeckten Buchgeldes. Dennoch führte gerade die durch Gold und Buchgeld vorangetriebene Expansion des Kapitalismus, die Beschleunigung in den Wachstumsraten nicht nur von y, der Produktion gemessen nach konstanten Preisen, sondern auch von Y, der Produktion gemessen nach laufenden Goldgeldpreisen, doch schon in den ersten Jahren nach der Jahrhundertwende zu einem Auseinanderklaffen zwischen der Förderung von Gold und der Gesamtproduktion und damit zu einer Erschütterung der Goldwährung. Der Trend zu einer von Zyklus zu Zyklus ansteigenden Preisbewegung in der Periode von 1895 bis 1913 wurde auch dadurch verstärkt, daß die Aufschwünge Boom-Charakter annahmen, sich damit Erscheinungen der relativen Unterproduktion im Rohstoffsektor und insbesondere in der Landwirtschaft, z. B. bei der Baumwolle, zeigten. Die Unterproduktionserscheinungen wurden durch die in jener Periode nur schwachen Krisen von 1900 und 1907 auch keineswegs in dem Maße überwunden, daß sich in den folgenden Aufschwüngen nicht noch Ansatzpunkte für eine stärkere Unterproduktion finden konnten. Die schwachen zyklischen Krisen erfüllten in dieser Hinsicht ihre Funktionen ebensowenig wie ihre Aufgabe, die Abweichung des Preisniveaus vom Wertniveau nach oben zu beseitigen. Die Folge davon war eine Zuspitzung des ökonomischen Klas-

Industrie, und zwar um etwa 26%.[7] Die vom Krieg unmittelbar betroffenen Länder erreichten den Vorkriegsstand der industriellen Produktion wesentlich später — in Großbritannien erst 1929, Frankreich 1924, Deutschland im Jahre 1927.[8] Betrachten wir, unter Außerachtlassung der Tatsache, daß 1914 keine Überproduktionskrise, sondern eine Unterproduktionskrise einsetzte, die Zeit von 1914 bis 1928 als einen Zyklus besonderer Art, so bleibt die Steigerung der Weltindustrieproduktion mit etwa 42% noch weit hinter der in der Zeit von 1898 bis 1913 von ungefähr 84% zurück.[9] Dieser Verlangsamung in der Industrie insgesamt stand eine in den überseeischen Gebieten, vor allem USA und Kanada, auch Argentinien, beschleunigte Ausdehnung der agrarischen Warenproduktion gegenüber, die nach der Erholung der europäischen Landwirtschaft zu einer internationalen sogenannten chronischen Agrarkrise führte. Das war ein ähnlicher Prozeß, wie er sich schon Anfang des 19. Jahrhunderts nach den Napoleonischen Kriegen abgespielt hatte. Der Aufschwung bzw. die Aufschwünge, die unmittelbar der Nachkriegszeit folgten, vermochten bis 1928/29 die vorhandenen Überschüsse keineswegs abzubauen. Auch die industrielle Reservearmee wurde, obwohl sie sich während der Aufschwünge verminderte, dennoch keineswegs absorbiert. Auch das ist ein Ausdruck dafür, daß die Aufschwünge — das gilt auch für die USA — das Boom-Stadium keineswegs erreichten. So etwas war im 19. Jahrhundert, etwa 1878/79 sowie Ende der 80er Jahre auch vorgekommen. Und auch in diesen Fällen können wir jene chronische Arbeitslosigkeit beobachten, die von manchen Beobachtern als ein Novum der 20er Jahre aufgefaßt wurde. Das Novum bestand nur darin, daß diese Erscheinung jetzt als ein für die Stabilität des Kapitalismus gefährliches Phänomen angesehen wurde im Gegensatz zu solchen früheren Krisenzyklen, in denen es auch nicht zu einer Vollbeschäftigung gekommen war. Das hing einmal mit der Umwandlung der althergebrachten agrarischen Überschußbevölkerung[10] in die moderne Arbeitslosigkeit zusammen, die in Deutschland um 1900 abgeschlossen war, doch in Großbritannien schon wesentlich früher, während Ost- und Südosteuropa noch weit davon entfernt waren, wobei wir von den kolonialen und halbkolonialen Ländern noch ganz absehen wollen. Das hing weiter mit der Erschütterung des kapitalistischen Weltsystems durch die Große Sozialistische Oktoberrevolution, mit der allgemeinen Zuspitzung des Klassenkampfes zusammen. Aus diesem Grunde erfordert die für den Kapitalismus notwendige Erhaltung der Reservearmee in Form der modernen Arbeitslosigkeit die Einführung einer staatlichen Arbeitslosenversicherung.

Nicht nur in Bezug auf die Reservearmee, also auf u_2, sondern auch in Bezug auf die verfügbaren Geldfonds, also auf u_4, konnte man jedenfalls in den USA

[7] Vgl. ebenda.
[8] Ebenda.
[9] Ebenda.
[10] Vgl. oben S. 121.

während der „normalen" Aufschwünge der 20er Jahre, in der relativen Stabilisierung, keineswegs von einer Verknappung oder der Gefahr einer Verknappung sprechen. Der unter den Bedingungen einer in den USA bestehenden Goldwährung für die Ausdehnung der Produktion von Kreditgeld notwendige Goldvorrat war in den USA, in denen sich seit dem Kriege ein großer Teil der Goldvorräte der kapitalistischen Welt konzentrierte, vorhanden. Auf der anderen Seite fehlten diese Vorräte in den übrigen kapitalistischen Ländern, nicht zuletzt auch in Deutschland. Hinzu kam der Rückgang der Goldproduktion in den Nachkriegsjahren. Auf dieser Grundlage war die vollständige Wiederherstellung der bereits von 1914 erschütterten Goldwährung nicht mehr möglich. Die seit der Inflation — in Deutschland nach der Hyperinflation von 1922/23 — im Interesse der Stabilisierung des Kapitalismus neu errichtete Währung war Goldwährung nicht mehr im früheren Sinne. Goldmünzen sollten nicht mehr zirkulieren, eine Einlösungspflicht bestand entsprechend nicht mehr. Deshalb sprach man von einer Goldkernwährung. Zur Deckung wurden in Deutschland und in anderen Ländern auch bestimmte Devisen herangezogen; deshalb sprach man auch von einer Golddevisenwährung. Brauchte man jetzt also für die Realisierung eines bestimmten Warenvolumens weniger Gold, da dieses im Geldsystem jetzt nur noch zur Deckung und zum Zahlungsbilanzausgleich verwendet wurde, so war das doch nur eine einmalige Verminderung; danach mußte im Gegenteil der Goldbedarf, insbesondere während der Aufschwungsphase, infolge der wachsenden Produktion wieder zunehmen, jedenfalls dort, wo, wie in Deutschland, die Überschüsse an Goldvorräten gering waren. Der Weg, sich dieses zusätzliche Gold durch eine aktive Handelsbilanz gegenüber vor allem den USA zu verschaffen, war nicht zuletzt wegen der protektionistischen Politik der USA und anderer Länder verschlossen. Als aufschwungstützender Ersatz erwies sich die Kapitaleinfuhr aus den USA. Durch diese Einfuhr wurde der innere Kredit nicht nur durch den ausländischen Kredit ergänzt, sondern mittelbar seine Ausweitung durch Vergrößerung der Devisendeckung ermöglicht. Damit stand aber von der Geldseite her der Aufschwung, insbesondere in Deutschland, auf einer schwachen, labilen Grundlage. Darin besteht eine Ursache für die besondere Heftigkeit und den frühen Beginn der Krise in Deutschland, welche mit dem Börsenkrach des Oktober 1929 in den USA zur Weltwirtschaftskrise wurde.

Mit dem Oktober 1929 beginnt im internationalen Maßstab ein neuer, ein Zehnjahreszyklus, der jedenfalls insoweit normal war, als seine konstituierende Phase eine echte Überproduktionskrise und noch dazu eine Überproduktionskrise besonders großen Ausmaßes war. Dabei war der Rückgang der Industrieproduktion um rd. 30% größer als der Rückgang der Weltindustrieproduktion während der Unterproduktionskrise im ersten Weltkrieg. Da die Krise vom Konsumgütersektor ihren Ausgangspunkt nahm, obwohl, im Gegensatz zum Anfang der 70er Jahre des 19. Jahrhunderts, bei den Rohstoffen für Konsumgüter vorher keine Verknappung aufgetreten war, zeigte sich der Grundwiderspruch hier in der Zuspitzung des Widerspruches I zwischen der Massenkonsumgüterproduktion

Übergang zu einer antizyklischen staatsmonopolistischen Regulierung, um eine Verlängerung der Krise zu verhindern. Nur bedeutete das in den USA weit mehr als in Deutschland nicht nur neue Zielrichtung der staatsmonopolistischen Regulierung, sondern vielmehr auch wesentliche Verstärkung, Entfaltung des staatsmonopolistischen Kapitalismus, der dort bisher im Vergleiche zu Europa und Japan noch weit zurückgeblieben war. Von den beiden Hauptherden der Krise breitete sich die Wende zur antizyklischen Regulierung auch auf andere Länder aus, wenn auch zunächst noch abgeschwächt. Dabei hatte die antizyklische Regulierung einen Inhalt, der, obwohl die entscheidenden Politiker zunächst von Keynes selbst keine Kenntnis hatten, dem bereits erörterten praktischen Keynesianismus entsprach; d. h. er lief auf einen Schritt hinaus, welchen bis dahin die herrschenden Klassen ängstlich vermieden hatten, nämlich den Notenbankkredit dem Staat zwecks Finanzierung von Haushaltsausgaben und öffentlichen Investitionen auch außerhalb der Kriegs- und unmittelbaren Nachkriegszeiten zur Verfügung zu stellen. Auf diese Weise wurden jetzt in Deutschland und den USA zunächst Arbeitsbeschaffungsprogramme finanziert, in Deutschland steuerliche Erleichterungen für Ersatzinvestitionen gegeben.

In den USA zeigte sich jedoch in dem Maße, in dem die Krise überwunden wurde und die aufsteigende Phase des Zyklus sich durchsetzte, daß der Widerstand innerhalb der Großbourgeoisie gegen die Entfaltung der staatsmonopolistischen Regulierung im allgemeinen und ihre antizyklische, auf kreditfinanzierte Staatsausgabensteigerung orientierte Richtung im besonderen, zunahm. Das führte zu einer Einschränkung öffentlicher Investitionen, der keine entsprechende Erweiterung der privaten gegenüberstand, und das trug zum vorzeitigen Ende des Aufschwungs schon nach seinem ersten Stadium und damit zur Krise von 1937/38 bei.

In Deutschland dagegen diente seit 1934 die staatsmonopolistische Kreditausweitung schon überwiegend dem gewohnten, traditionellen Zweck der Rüstungsfinanzierung nur mit dem Unterschied, daß dies nicht erst in Zeiten des Krieges, sondern bereits in der Kriegsvorbereitung geschah. Dem entsprach die Tatsache, daß die weitere Verstärkung der staatsmonopolistischen Regulierung sich im Interesse einer Rüstungswirtschaft vollzog, und in Friedenszeiten damit die Erscheinungen einer zwangswirtschaftlichen, direkten Regulierung auftraten, wie sie eben für die moderne Kriegswirtschaft charakteristisch sind. So kann man in Deutschland nicht von einer irgendwie „normalen" aufsteigenden Phase des Zyklus, sondern nur von einer Rüstungskonjunktur sprechen. Diese Rüstungskonjunktur mündete im Gegensatz zu dem nicht voll entfalteten Aufschwung, ebenso wie in Japan und Italien, keineswegs in eine Überproduktionskrise, sondern in einen von eben diesen Staaten ausgelösten Krieg, wodurch die Konjunktur zwar nicht beendet, aber in eine Kriegskonjunktur umgewandelt wurde.

Aber auch außerhalb der faschistischen Länder auf der einen und den USA auf der anderen Seite vollzog sich die aufsteigende „Konjunktur" nach der Krise unter einem außerordentlich hohen Einfluß politischer Faktoren, wie z. B. des Klassenkampfes in Frankreich, wo es zur wirtschaftlichen Sabotage durch entscheidende Teile der Monopolbourgeoisie in den Tagen der Volksfront kam.

Insgesamt läßt sich die Tatsache nicht leugnen, daß die Überwindung der Krise und der Übergang zur aufsteigenden Phase des Zyklus sich trotz Fehlens einer vollen Entfaltung des Aufschwunges vollzog. Immerhin stieg die Industrieproduktion in Großbritannien von 1932 bis 1937 auf 128 % des Vorkrisenstandes;[11] in den USA wurde allerdings erst 1937 der Vorkrisenstand erreicht und etwas übertroffen.[12] Dieser Feststellung entsprach es auch, daß die USA nur bis an das zweite Stadium der Aufschwungsphase herangekommen waren.

Ein besonderes Kennzeichen der aufsteigenden Phase des Zyklus nach 1932 war es, daß diese Phase sich unter den Bedingungen eines Zerfalls der kapitalistischen Weltwirtschaft vollzog. Dieser Zerfall hatte bereits während der Weltwirtschaftskrise begonnen, als die einzelnen kapitalistischen Länder eine Erhöhung der Nachfrage für „ihre“ Waren durch Einschränkung der ausländischen Konkurrenz mittels Zollerhöhung und Einfuhrbeschränkungen, aber auch durch Währungsabwertungen zu erreichen suchten. Das in den 20er Jahren mühsam, wenn auch keineswegs vollständig wiederhergestellte System der Goldwährung brach zusammen. Von einem wirksamen Weltgeld als Antriebs- und Steuerungsfaktor internationaler Warenströme konnte nicht mehr die Rede sein, was zur entscheidenden Verminderung des Welthandels beitrug. Dabei ermöglichte auf der anderen Seite die Beseitigung der Goldwährung, wesentliche Hemmnisse für die staatliche Kreditausweitung und damit für die antizyklische Regulierung wegzuräumen. So ist es auch verständlich, daß der Aufschwung es zu keiner vollen Erholung des Welthandels brachte, der Welthandel an Industrieprodukten hinter der Steigerung der Industrieproduktion weit zurückblieb und vom Export her keineswegs Stimuli für die Konjunktur ausgingen; die Gegensätze zwischen einzelnen kapitalistischen und imperialistischen Ländern wurden dadurch weiter verschärft. Auch aus diesem Grunde war die aufsteigende Phase des Zyklus von besonderer Art, die aber durch den bekannten Ausdruck „Depression besonderer Art“ keineswegs korrekt wiedergegeben wird. Immerhin hatte es sich gezeigt, daß der Kapitalismus in jenen Jahren außerstande war, ohne Forcierung der Rüstung eine ausgeprägte „Konjunktur“ zustande zu bringen. Zu einer auf der Rüstungsproduktion beruhenden „Konjunktur“ kam es dann mit Beginn des zweiten Weltkrieges in allen führenden kapitalistischen Ländern, wobei diese „Konjunktur“ am Ende des Krieges in den von den Zerstörungen besonders betroffenen Ländern in eine Unterproduktionskrise umschlug.

Die Überwindung dieser Unterproduktionskrise, der Verlauf der zyklischen Bewegung nach dem Kriege, wurde entscheidend durch die politischen und gesellschaftlichen Umwälzungen, vor allem durch die Entstehung des sozialistischen

[11] League of Nations, Industrialization and Foreign Trade, a. a. O., S. 140f.

[12] Vgl. ebenda.

Weltsystems beeinflußt. Jetzt entstand ein neues Kräfteverhältnis zwischen den kolonialunterdrückten Völkern und den imperialistischen Großmächten, welches zum Zerfall, zur Liquidierung des Kolonialsystems führte. Eine Kräfteverschiebung zeigte sich auch zwischen den Klassen innerhalb der imperialistischen Großmächte. Damit wurde es zur Hauptsorge der herrschenden Klassen dort, zu verhindern, daß diese Verschiebung zum Ende des kapitalistischen Systems überhaupt führte. Bei Strafe ihres Unterganges waren diese kapitalistischen Länder gezwungen, soziale Konzessionen vorzunehmen, systemstabilisierende Reformen herbeizuführen, den Mechanismus der staatsmonopolistischen Regulierung zu entwickeln und den neuen Erfordernissen anzupassen. Zu diesen Erfordernissen gehörte auch, nicht nur eine Wiederholung der Weltwirtschaftskrise, sondern sogar wesentlich schwächerer Krisen zu vermeiden und in diesem Sinne, trotz aller Vorteile einer großen Reservearmee, eine Massenarbeitslosigkeit möglichst nicht mehr zuzulassen. Gerade zu diesem Zwecke der erforderlichen Vervollkommnung der staatsmonopolistischen Regulierung wurde die bürgerliche Wirtschaftswissenschaft in einem bisher nie gekannten Maß herangezogen; ihre Ratgeberfunktionen gewannen gegenüber den rein ideologisch-apologetischen Funktionen wesentlich an Bedeutung. Dabei beschränkte sich diese Ratgeberfunktion keineswegs nur auf die innere staatsmonopolistische Regulierung, sondern vor allem in Westeuropa auch auf die nach außen gerichteten Elemente der staatlichen Wirtschaftspolitik. Dabei hatte zunächst das Erfordernis den Vorrang, den in der Weltwirtschaftskrise und im zweiten Weltkrieg vollzogenen Zerfall des schon in der relativen Stabilisierung nicht völlig restaurierten kapitalistischen Weltmarktes rückgängig zu machen und für die noch verbliebenen kapitalistischen Länder einen verhältnismäßig einheitlichen Weltmarkt zu schaffen. Nun war aber der kapitalistische Weltmarkt vor dem ersten Weltkrieg durch einheitliches Weltgeld, das Goldgeld, charakterisiert gewesen, das stabile Relationen zwischen den nationalen Währungseinheiten sowie eine freie Konvertibilität zwischen den Währungen sicherte. Da eine solche Wiederherstellung der Goldwährung unmöglich war, bestand Einigkeit zwischen Experten und Politikern, zwar nicht über die Methoden, wohl aber über die Notwendigkeit, einen anderen Ausweg zu finden. Die dabei eingeschlagene Richtung bestand zunächst darin, den Dollar der imperialistischen Hauptmacht, der USA, zur Leitwährung zu machen, zum Goldersatz. Auf der Grundlage dieser Leitwährung Dollar, der überall wie Gold in Zahlung genommen wurde, erreichte man in der zweiten Hälfte der 50er Jahre eine allgemeine Konvertibilität der Währungseinheiten der entwickelten kapitalistischen Länder, und zwar zu stabilen Kursen. Das erleichterte das auf diese Weise durch zollpolitische Maßnahmen geförderte Aufblühen des internationalen kapitalistischen Welthandels. Auf dieser Grundlage vollzog sich also die Neuorientierung der inneren staatsmonopolistischen Regulierung, die Entfaltung des staatsmonopolistischen Kapitalismus in den einzelnen kapitalistischen Hauptländern.

Bei den Formen des staatsmonopolistischen Kapitalismus wurde nach dem zweiten Weltkrieg noch weniger als nach dem ersten an die zwangswirtschaftlichen Methoden der direkten Regulierung angeknüpft. Diese Methoden hat die Bourgeoisie nie als Dauererscheinung akzeptiert. Hinzu kam nach dem zweiten noch mehr als nach dem ersten Weltkrieg die Notwendigkeit, sich im Kampf gegen den Sozialismus die Unbeliebtheit der Kriegszwangswirtschaft zunutze zu machen, mit der man den Sozialismus auf eine Stufe stellte, und die sogenannte freie Marktwirtschaft zu propagieren. Dieses Geschrei um die „freie" Marktwirtschaft sollte auch die Tatsache verhüllen, daß der staatsmonopolistische Kapitalismus sich, wenn auch in anderen Formen als im Kriege, entfaltete, daß er im Vergleich zu der Zeit zwischen den beiden Weltkriegen eine höhere Stufe erreichte. Dabei war die Vervollkommnung der indirekten Methoden der staatsmonopolistischen Regulierung mit dem Siege des praktischen Keynesianismus verbunden, ein Sieg, der sich, wie bereits erwähnt, am Ende der Weltwirtschaftskrise vorbereitet hatte. Obwohl die Hauptfunktionen des praktischen Keynesianismus darin bestanden, eine Wiederkehr systemgefährdender Überproduktionserscheinungen und Krisen durch staatlich organisierte Kreditschöpfung zu verhindern, gingen seine Wirkungen doch weit darüber hinaus. Eine seiner weiteren Wirkungen bestand darin, den Widerstand gegen die Vergrößerung anderer, nicht unmittelbar auf die Bekämpfung bzw. Vorbeugung von Überproduktion gerichteten staatlichen Geldausgaben auf der Grundlage eines staatlichen Notenbankkredits abzuschwächen. Das bezieht sich vor allem auf den Widerstand gegen Rüstungsausgaben sowie gegen Verschwendung jeder Art. Das bezieht sich aber auch auf die Erhöhung der aus anderen Gründen erforderlichen sozialen Ausgaben. Auf diese Weise gab es eine starke Tendenz zur Ausdehnung der Staatsausgaben, zur Schaffung einer zusätzlichen staatlichen Nachfrage; dadurch wurde auch die Ausdehnung des privaten Kredits vorangetrieben, dessen Schranken durch die Aufhebung der Goldwährung ohnedies entscheidend geschwächt waren.

Aber nicht nur die Entwicklung der staatsmonopolistischen Regulierung war ein aufschwungs- und wachstumsfördernder Faktor. Vielmehr zeigten sich, wie in der Mitte der 90er Jahre des vergangenen Jahrhunderts, auch seit Beginn der 50er Jahre neue profitable Investitionsgelegenheiten, insbesondere auch in Westeuropa. Das hing mit dem verlangsamten Wachstum in der vorangegangenen Zeit zusammen, was eine Anhäufung ökonomisch anwendbarer, aber noch nicht voll genutzter technischer Fortschritte, also eine Zunahme von u_1, zur Folge gehabt hatte, einer Reserve, die jetzt profitabel verwertet werden konnte. Insbesondere gilt das für die Motorisierung, bei der in den anderen kapitalistischen Ländern ein weiter Rückstand gegenüber den USA vorhanden war und die sich deshalb als eine feste Stütze des Aufschwunges erweisen konnte. Darüber hinaus überließen die imperialistischen Staaten jetzt den Zufluß zu u_1, den nutzbaren technischen Fortschritt, nicht mehr völlig der Spontanität. Nicht zuletzt die staatliche Unterstützung ermöglichte jenes steile Ansteigen der Ausgaben für Forschung, die für diese Zeit charakteristisch sind. Darüber hinaus erwies sich die sogenannte Entwicklungshilfe nicht nur als ein Mittel, um zu verhindern, daß die Mehrheit der ehemaligen Kolonialländer einen sozialistisch orientierten Weg einschlug, sondern auch als ein Instrument zur Eroberung neuer Absatzmärkte und, worauf noch zurückzukommen sein wird, neuer Rohstoffquellen.

Das sind Hauptursachen dafür, daß die zwei Jahrzehnte nach dem zweiten Weltkrieg in ihrer zyklischen Entwicklung einen ganz anderen Verlauf nahmen als die Zeit zwischen den beiden Weltkriegen. Dabei bestand schon eine größere Ähnlichkeit mit den beiden Jahrzehnten zwischen 1895 und 1914, in denen das private Monopol sich als ein zeitweiliges Aufschwungspotential erwies und eine Umwälzung der Produktivkräfte in dieselbe Richtung wirkte. Dennoch nahmen die Jahrzehnte nach dem zweiten Weltkrieg doch insoweit eine Sonderstellung ein, als es bis zur zweiten Hälfte der 60er Jahre nur in den USA, dem Hauptland des Kapitalismus, zu einer Reihe schwacher Überproduktionskrisen kam. In anderen kapitalistischen Ländern konnte damals selbst davon noch nicht die Rede sein. So kam die historische Wirklichkeit dem Zustand näher als je zuvor, den wir als verlängerten Aufschwung bezeichnen können. Dabei muß man feststellen, daß in hohem Maße, wenn auch keineswegs ausschließlich, diese Verlängerung eine Folge staatsmonopolistischer Aktivitäten war.

Die Verlängerung des Aufschwunges bedeutete aber auch auf der anderen Seite, daß die Erfüllung grundlegender Funktionen der Überproduktionskrise hinausgeschoben wurde und damit die Gefahr akuter ökonomischer Krisen anderer Art entstand. Eine Funktion der Überproduktionskrise bestand bekanntlich darin, die für den entfalteten Aufschwung charakteristische Preissteigerungswelle zu beenden und darüber hinaus sogar das Preisniveau wiederum dem Wertniveau anzugleichen. Wurde nun diese Bewegung nicht gestoppt, was bisher nur mittels einer Überproduktionskrise geschah, dann mußte diese Welle weitergehen. Sie mußte, soweit eine Goldwährung überhaupt noch bestand, zu ihrer Zerrüttung führen und dann zu einer beschleunigten, den Reproduktionsprozeß störenden Inflation größeren Ausmaßes führen. Nun bestand tatsächlich trotz einiger Überbleibsel in der kapitalistischen Welt in jener Zeit überhaupt keine Goldwährung mehr. Die einzelnen nominellen Währungseinheiten entsprachen auch nicht mehr für lange Zeit einem bestimmten Quantum Gold. Damit konnte man von einer Angleichung der Preise in Nominaleinheiten an ihren Wert nicht mehr die Rede sein. Die Preisbewegung nahm so einen neuartigen Charakter an. Aber auch, oder richtiger, gerade bei den nicht mehr an Gold gebundenen Währungseinheiten bedeutete eine ständige Preissteigerung eine Gefährdung ihrer Funktionsfähigkeit. Die über ein bestimmtes Ausmaß hinausgehende Inflation rief die Unzufriedenheit breiter Schichten, vor allem aber der Sparer hervor, beraubte die Ökonomie eines sichtbaren wirksamen Maßstabes für Profite, Investitionen, und damit eines Schutzes vor zusätzlichen Disproportionen in der Produktion und schließlich brachte es die Gefahr einer Hyperinflation mit sich, als einer solchen Zuspitzung der Inflation, in der die Verwandlung der Ware in Geld durch Abneigung der Produzenten gegen diese Verwandlung entscheidend gestört wird und aus diesem Grunde die Warenproduktion zurückgeht.

Die Überproduktionskrise hatte aber bekanntlich weiterhin auch noch die Funktion, durch den Aufschwung hervorgebrachte negative Disproportionen innerhalb der Produktion, innerhalb des Reproduktionsprozesses zu beseitigen und auf dieser Grundlage einen neuen Aufschwung zu ermöglichen, der durch solche Disproportionen zunächst noch nicht belastet war. Wurde aber durch die Verlängerung des alten Aufschwunges die Beseitigung der in seinem Verlaufe sich notwendigerweise neu bildenden negativen Disproportionen hinausgeschoben, dann erwuchs daraus die Drohung einer Unterproduktionskrise. Bei Fortbestehen bzw. weiterer Verschärfung dieser Disproportionen konnte eine erweiterte Reproduktion der im Vordergrund stehenden Bereiche sich letzten Endes nur auf Kosten der verminderten Reproduktion in anderen Bereichen vollziehen, etwa der verminderten Reproduktion des in Rohstoffen verkörperten konstanten zirkulierenden bzw. Warenhandlungskapitals, wodurch schließlich auch die erweiterte Reproduktion in den im Vordergrund stehenden Bereichen die Grundlage verlieren würde und es zu einem allgemeinen Rückgang des Produktionsvolumens kommen konnte.

Eine besonders starke Gefährdung des kapitalistischen Systems wurde im verlängerten Aufschwung durch eine weitgehende Absorbierung der proletarischen Reservearmee in einzelnen kapitalistischen Ländern herbeigeführt, wobei das Andauern dieses Zustandes durch das Hinausschieben der Überproduktionskrise verlängert und damit für die kapitalistische Klasse, das kapitalistische System, immer bedrohlicher wurde.

Es entsteht nun die Frage, inwieweit diese aus einem verlängerten Aufschwung sich ergebenden Gefahren zum mindesten zeitweilig abgewendet wurden. Was die Entstehung von Unterproduktionserscheinungen infolge Zurückbleibens der Landwirtschaft betrifft, so muß man sich vor Augen halten, daß in der Zeit vom ersten bis zweiten Weltkrieg ein Zurückbleiben der Industrie bestand, daß die damit verbundenen Disproportionen zu der sogenannten chronischen Agrarkrise führten. Die Beschleunigung des industriellen Wachstums infolge vor allem des verlängerten Aufschwungs führte im Bereich der entwickelten kapitalistischen Länder daher keineswegs zu solchen Anforderungen, daß dadurch Disproportionen im Sinne einer Unterproduktion entstehen konnten. Auf der anderen Seite verringerte die Chemie, vor allem die steigende Produktion künstlicher Fasern, jene Abhängigkeit der Textilindustrie und anderer Zweige der Konsumgüterindustrie von der Landwirtschaft, die vor 1914 bestanden hatte. Schließlich war der Vorrat nutzbaren, aber bis dahin noch nicht genutzten Wissens und damit die Produktionssteigerungsmöglichkeiten auf der Grundlage des vorher angehäuften Wissens in der Landwirtschaft der entwickelten kapitalistischen Länder noch größer als in der Industrie, wozu dann noch der Neuzufluß infolge der erweiterten Forschungskapazitäten kam. Auf diese Weise vollzog sich die Chemisierung und Mechanisierung der Landwirtschaft in den entwickelten kapitalistischen Ländern in raschem Tempo. Mechanisierung und Chemisierung bedeuteten aber einen zunehmenden Bedarf an mineralischen Rohstoffen, vor allem aber an Mineralöl, für das der Bedarf schon durch die Motorisierung als ein Rückgrat des verlängerten Aufschwunges sprunghaft wuchs. Die Folge davon war aber zunächst keineswegs Knappheit an Mineralöl, und zwar deshalb nicht, weil außerhalb der entwickelten kapitalistischen Welt, vor allem in arabischen Staaten, zusätzliche Importmöglichkeiten gesichert wurden. Diese Möglichkeiten waren sogar so groß und das arabische, das nahöstliche Mineralöl so billig, daß damit nicht nur der zusätzliche Bedarf für Motorisierung und Chemisierung gesichert, sondern auch noch die Kohle aus ihrer Vorherrschaft in der Energieversorgung der Kraftwerke, der Heizung usw. weitgehend verdrängt werden konnte. So war es vor allem das arabische Öl, das die Entfaltung von Unterproduktionserscheinungen in den führenden kapitalistischen Ländern während des verlängerten Aufschwunges zeitweilig hinausschob. Was andere mineralische Rohstoffe betrifft, so konnte der sprunghaft ansteigende Bedarf dieser Länder in der kapitalistischen entwickelten Welt wenn überhaupt, so doch nur mit steil ansteigenden Kosten befriedigt werden. Dabei hätten Wachstumsstörungen nicht verhindert werden können, wären nicht auch dafür neue billige Quellen in den ehemals kolonialen Ländern erschlossen worden. Das gilt auch für die USA, die in zunehmendem Maße ihre autarke Stellung verloren und auch, abgesehen vom Mineralöl immer mehr zum Rohstoffimporteur wurden.

Was nun die destabilisierenden Wirkungen einer weitgehenden Absorbierung der proletarischen Reservearmeen betrifft, so wurde ihnen dort, wo man von ihrer völligen Liquidierung nicht weit entfernt war, wie z. B. in der BRD, durch den Import von Arbeitskräften aus weniger entwickelten Ländern entgegengewirkt.

Insgesamt wurde auch noch versucht, durch eine den Rahmen der Antikrisenbekämpfung bzw. Vorbeugung überschreitende antizyklische Regulierung auch der sogenannten „überhitzten" Konjunktur, unter der man — jedenfalls nach außen — nur die Gefahr einer raschen Preissteigerung verstand, dem Inflationsprozeß entgegenzutreten, ohne ihn jedoch zu verhindern. Wenn dieser Prozeß auch in den entwickelten kapitalistischen Ländern zum mindesten zunächst in Grenzen gehalten werden konnte, so stellte doch die in diesem Prozeß liegende Tendenz zur Erhöhung der Inflationsrate eine starke Bedrohung dar. Nach einer bestimmten Zeit mußte die Gefährdung der Systemstabilität durch einen der Explosion sich nähernden Inflationsprozeß so groß werden, daß die Bekämpfung der Inflation zu einer Grundfrage der Existenz des Kapitalismus wurde. Nur gab es in der Wirtschaftsgeschichte, wenn man von Währungsreformen, Einführung neuer Währungen nach Hyperinflationen absieht, kein anderes Mittel zum Aufhalten einer lang andauernden, heftig zunehmenden Preissteigerung als eben eine Überproduktionskrise, und alle Bemühungen, ohne eine solche Krise die Preissteigerung mittels einer antizyklischen Regulierung aufzuhalten, sind bis heute gescheitert. Dabei deutete die historische Erfahrung der letzten Jahrzehnte darauf hin, daß die Überproduktionserscheinungen in diesem Entwicklungsstadium des Kapitalismus recht allgemein, tief seien und lange anhalten müßten, um den inflationistischen Trend wirklich aufzuhalten. Das hing mit den Folgen der Monopolisierung, der Entfernung der nominellen Geldeinheiten von Gold zusammen.

Trotz aller entgegenstehenden Faktoren mußte der verlängerte Aufschwung, wenn auch mit größerer zeitlicher Verzögerung, nach dem zweiten Weltkrieg zu den bekannten Unterproduktionserscheinungen führen, mit wesentlichem Einfluß auf die Preisbewegung. Dabei begannen sich in den entwickelten kapitalistischen Ländern Prozesse fühlbar zu machen, die in den sogenannten Entwicklungsländern längere Zeit vorher begonnen hatten. Dort gab es im Gegensatz zu den entwickelten kapitalistischen Ländern schon längere Zeit ein deutliches Zurückbleiben der agrarischen Produktion gegenüber der zunehmenden nichtagrarischen Produktion, also eine relative Überproduktion der Industrie und eine relative Unterproduktion des agrarischen Sektors im Marxschen Sinne, obwohl das von dem Gesichtspunkt des niedrigen absoluten Standes der Industrieproduktion merkwürdig erscheinen mag. Die agrarische Produktion war nicht nur zu gering im Vergleich zu dem mit der Bevölkerungsvermehrung und dem durch die Industrialisierung ansteigenden Bedarf, sondern auch im Vergleich zur zahlungsfähigen Nachfrage, was dazu beitrug, den Inflationsprozessen in der sogenannten dritten Welt einen explosiven Charakter zu geben. Demgegenüber entwickelte sich unter dem Einfluß ausländischen Kapitals, der multinationalen Konzerne, die Förderung von mineralischen Rohstoffen, vor allem Mineralöl, sehr stark; berücksichtigt man nur den Sektor der sogenannten dritten Welt, so geschah das sogar im überproportionalen Maße; nimmt man aber den Sektor der entwickelten kapitalistischen Länder hinzu, dann glich diese steigende Förderung nur das Zurückbleiben der Produktion mineralischer Rohstoffe zu gleichbleibenden Kosten in diesen Ländern aus, ein Zurückbleiben, das ohne diese Förderung und die entsprechenden Importe den verlängerten Aufschwung doch schon sehr bald hätte zum Stillstand bringen müssen.

Bei fortlaufendem Aufschwung, beim zugespitzten Boom Anfang der 70er Jahre zeigte sich jedoch, daß auch unter Berücksichtigung der gesteigerten Rohstoffproduktion der Entwicklungsländer ein Zurückbleiben im Weltmaßstab zu verzeichnen war. Bereits vor dem Oktober 1973, in den ersten drei Quartalen desselben Jahres, stiegen z. B. die Preise für Nichteisenmetalle um 57% im Vergleich zum Jahresmittel des Jahres 1972.[13] Auch bei den pflanzlichen Rohstoffen, die nicht der Ernährung dienten, sowie solchen, die der Ernährung dienten, gab es ein, wenn auch nicht so schroffes Ansteigen. Da sich dabei die Relationen zwischen den im geringeren Maße ansteigenden Preisen für Industrieprodukte und den Preissteigerungen für Rohstoffe zugunsten der letzteren änderten, also die relativen Preise für Industriewaren abnahmen, mußte sich auch die Profitabilität von Kapitalerweiterungen der Industrie vermindern. Das tendierte zu einer Stagnation der industriellen Produktion, gemessen nach konstanten

[13] Vgl. E. Faude u. J. Klose, Kapitalistische Weltmarktpreise, Terms of Trade und sozialistische Volkswirtschaft, in: Horizont, Nr. 31/1975, S. 8.

Preisen; und von dieser Stagnation mußte eine Tendenz zum mengenmäßigen Rückgang ausgehen. Das hängt damit zusammen, daß ein großer Teil der Industrie der entwickelten kapitalistischen Länder für die extensive Erweiterung der Produktion produziert und eine Einstellung dieser Erweiterung im Sinne des an anderer Stelle erörterten Überproduktionsstagnationskrisenfalles[14] zu einem Rückgang, nicht nur der Produktionsmittelerzeugung, sondern auch der Gesamtproduktion tendiert. Diese Entwicklung wurde noch verstärkt durch die Richtung der staatsmonopolistischen Regulierung, welche sich in den wichtigsten kapitalistischen Ländern im Jahre 1973 durchsetzte.[15] Jetzt war bei dieser Regulierung, wenn auch noch nach vielen Widerständen, der Kampf gegen die sogenannte überhitzte Konjunktur und damit, wenn das auch unter vielen Phrasen verborgen war, gegen die Gefahr der völligen Absorbierung der industriellen Reservearmee zum Hauptinhalt geworden. Diesen Zielen diente die sogenannte Stabilisierungspolitik, die vor allem mittels Senkung des Haushaltsdefizits durch Steuererhöhung und Ausgabenverminderung die Nachfrage senkte; so kam es zum Beispiel in den USA zu einem Rückgang des Defizits im Bundeshaushalt von 23,372 Milliarden Dollar 1972 auf 14,849 Milliarden im darauffolgenden Jahre.[16]

Auf diese Weise zeigten sich schon Mitte des Jahres 1973 die Schranken deutlich, auf die der in einen Boom verwandelte, verlängerte Aufschwung jedenfalls in der Industrie gestoßen war. Davon machte auch die BRD keine Ausnahme, wo auch zunächst die innere Nachfrage nach Anlagen und Bauten stark abnahm.[17] Die entscheidende Wendung brachte dann das sprunghafte Ansteigen der Preise für Mineralöl. Es ist hier nicht unsere Aufgabe, auf die konkreten Umstände einzugehen, von denen diese Steigerung ausgelöst wurde und gerade zu diesem Zeitpunkt, also nicht auf die politische Situation im Nahen Osten, die Rolle der Ölkonzerne. Kein Zweifel kann dabei jedoch über die grundlegenden Ursachen bestehen: Sie sind im wesentlichen dieselben, wie bei den lange während des verlängerten Aufschwungs zurückgehaltenen, aber jetzt sich durchsetzenden Preissteigerungen für andere Rohstoffe, wobei die einzelnen Preissteigerungen sich gegenseitig verstärkten. Nur war der Verbrauch von Mineralöl viel mehr gestiegen als der von anderen mineralischen Rohstoffen, und zwar schon deshalb, weil besonders in den 60er Jahren eine Substitution der Kohle durch das billige

[14] Vgl. oben S. 63.

[15] Vgl. zu den einzelnen Maßnahmen z. B. A. Ahnefeld/D. Gebert/D. Spinanger/N. Walter, Die konjunkturelle und währungspolitische Lage der westlichen Industrieländer zur Jahresmitte 1973, in: Die Weltwirtschaft, 1973, Heft 1, S. 9, sowie A. Ahnefeld/D. Gebert/D. Spinanger/N. Walter, Die konjunkturelle und währungspolitische Lage der westlichen Industrieländer zur Jahreswende, in: ebenda, 1973, Heft 2, S. 8—11.

[16] U.S. Bureau of the Census, Statistical Abstracts of the United States, 1978, (99th Edition), Washington, D.C., 1978, S. 257.

[17] G. Flemig/H. Legler/K.-D. Schmidt/R. Soltwedel, Die Lage der westdeutschen Wirtschaft zur Jahreswende 1973/74, in: Die Weltwirtschaft, 1973, Heft 2, S. 27ff.

Erdöl als Energieträger sich vollzogen hatte, wobei die arabischen Länder des Nahen Ostens immer mehr als Bezugsquelle in den Vordergrund getreten waren. Das rückte gerade dort den Zeitpunkt der Erschöpfung näher und machte die Schaffung eines kostspieligen Ersatzes für das Erdöl als Einkommensquelle und Energieträger zu einer äußersten Notwendigkeit. Daß die darauf letzten Endes beruhende Erhöhung des Erdölpreises nicht allein durch das Schalten und Walten des Marktes ausgelöst wurde, sondern daß politische Faktoren dabei eine Rolle spielten, ist unter den Bedingungen der allgemeinen Krise, des Zerfalls des Kolonialsystems und der Entwicklung des staatsmonopolistischen Kapitalismus keineswegs verwunderlich.

Vergleichen wir die Situation im Herbst 1973 mit der im Herbst 100 Jahre davor, als ebenfalls ein Boom von einer Steigerung der Rohstoffpreise begleitet war, so fällt auf, daß 1873 der Krach, der die Krisenphase einleitete, auch die Preishausse für Rohstoffe aufhielt und ins Gegenteil verwandelte.[18] Oder anders ausgedrückt, nicht nur das absolute, sondern auch das relative Ansteigen der Preise für zunächst mineralische Rohstoffe hielt dann als Anzeichen einer relativen Unterproduktion nur so lange an, wie der Boom selbst. Ganz anders 1973, als das Ansteigen sich gerade erst zuspitzte und seine Wirkungen auf die Industrie sich mit denen der schon vorher begonnenen, durch die „Stabilisierungspolitik" geförderten Absatzstockung verbanden. Hier zeigte sich ein entscheidender Unterschied zwischen der großen kapitalistischen Krise, die bis 1975 andauerte, im Vergleich zu allen vorausgegangenen Überproduktionskrisen bis zum zweiten Weltkrieg, welche einen Rückgang, ein relatives Sinken der Rohstoffpreise gebracht hatten, während jetzt in den 70er Jahren zunächst das Gegenteil der Fall war. Ebendeshalb konnte im Gegensatz zu früheren zyklischen Krisen von einer akuten Überproduktionskrise im Rohstoffsektor keineswegs die Rede sein. Das, was man in der Literatur von früheren zyklischen Krisen mit Unrecht behauptete, sie seien nämlich reine Industriekrisen gewesen; das war bei der Krise der 70er Jahre des 20. Jahrhunderts wirklich der Fall. Daß man diese Krise der Industrie auch nicht wie früher an Y, der Produktion gemessen nach laufenden Goldgeldpreisen, messen kann, und zwar einfach deshalb nicht, weil die Messung in Goldgeldpreisen infolge Zerstörung der Goldwährung ihren Sinn verloren hatte, darauf ist schon früher hingewiesen worden. Abgesehen von den relativen Preisen der Industriewaren zu den Rohstoffen, kam, wie ebenfalls bereits erwähnt, nur die industrielle Produktion, gemessen nach konstanten Preisen, also y, als Merkmal einer industriellen Überproduktionskrise in Betracht. Und zu einem Rückgang von y ist es auch in den wichtigsten kapitalistischen Ländern in der Zeit von 1974/75 gekommen. So sank die Industrieproduktion in den USA von 120 im Jahre 1973 auf 109 im Jahre 1975 (1970 = 100), in der

[18] Vgl. dazu die Angaben bei L. Hertel, Die Preisentwicklung der unedlen Metalle, Diss. Halle 1911, S. 28 und S. 35.

BRD von 113 auf 105, in Italien von 114 auf 108, in Japan von 127 auf 110.[19] Währenddessen steigen die Preise ausgedrückt nicht in Gold, sondern in nominellen Währungseinheiten auch für Industriewaren in den Jahren 1974/75.[20] Es hielt das allgemeine Steigen der Preise, die Inflation nicht nur an, sondern verstärkte sich sogar noch. Liegt darin, insoweit man in reellem (Gold- bzw. Silber)Geld ausgedrückte Preise mit denen in Papiergeld überhaupt vergleichen kann, ein Unterschied zu den zyklischen Krisen bis zum zweiten Weltkrieg, so läßt sich das nicht über die Beschäftigung sagen. So sank die Beschäftigung, der gesellschaftliche Arbeitsaufwand, der Wert Y_w, bezogen auf die Industrieproduktion, noch stärker als das Volumen, ausgedrückt in konstanten Preisen, und zwar wie früher gerade infolge der durch die Krise gesteigerten Arbeitsproduktivität.

Da das erste Stadium der zyklischen Krise durch ein, im Gegensatz zur Vergangenheit, vorhandenes Weiterbestehen von relativen Unterproduktionserscheinungen im Rohstoffsektor gekennzeichnet war und nicht nur durch eine Absatzstockung in der Industrie, spielte bei ihrer Überwindung das zeitweilige Aufhören dieser sich gerade in relativen Preissteigerungen der Rohstoffe ausdrückenden Erscheinungen eine wichtige Rolle. Hinzu kam die Tatsache, daß die antizyklische staatsmonopolistische Regulierung — wenn auch später als sonst und, worauf sogleich einzugehen sein wird, nur auf sehr kurze Zeit — von der Inflationsüberwindung als Hauptziel zur Konjunkturbelebung als Hauptziel übergangen war, daß die Kreditbeschränkungen aufhörten und die Staatsausgaben, die Haushaltsdefizite wieder zunahmen. So stieg das Haushaltsdefizit des Bundeshaushalts der USA von 4,688 Milliarden Dollar 1974 auf 45,095 Milliarden Dollar 1975 und 66,446 Milliarden Dollar 1976.[21] So kam es schon im zweiten Halbjahr 1975 bzw. im ersten Halbjahr 1976 zum Übergang in das erste Stadium eines zyklischen Aufschwungs.

Wenn somit die im Herbst 1973 begonnene Krise im Vergleich etwa zu ihrer Vorgängerin genau 100 Jahre früher nur von kurzer Dauer war, sprachen und sprechen alle Anzeichen dafür, daß sie grundlegende Veränderungen einleitete. Eine dieser Veränderungen — und dabei die offensichtlichste — ist die Verlangsamung des Produktionswachstums in den führenden kapitalistischen Ländern. So sank die durchschnittliche jährliche Wachstumsrate des sogenannten Bruttosozialprodukts für die OECD-Länder Europas von 4,5% in der Zeit von 1960 bis 73 auf 2,2% in den Jahren 1973—79.[22] Darin kommen nicht nur der

[19] Vgl. Die Wirtschaft kapitalistischer Länder in Zahlen. In: IPW-Forschungshefte 4/1977, S. 81.

[20] Vgl. U.S. Bureau of the Census, Statistical Abstracts of the United States, 1977, (98th Edition), Washington, D.C., 1977, S. 473ff; Japan Statistical Yearbook 1977, S. 367; Statistisches Jahrbuch 1978 für die Bundesrepublik Deutschland, S. 486.

[21] U.S. Bureau of the Census, Statistical Abstracts of the United States, 1977, a. a. O., S. 257.

[22] Nach Economic Survey of Europe, UN, 1980, S. 46.

absolute Rückgang 1974 und 1975, sondern auch die außerordentlich großen Schwächen in der zyklischen Aufwärtsbewegung im zweiten Halbjahr 1976, 1977 sowie 1978 zum Ausdruck, die Tatsache, daß nur 1979 die Anzeichen eines entfalteten Aufschwungs aufwies. Und auch für die 80er Jahre, für welche die Krise von 1980 eine Einleitung bildet, gibt die Prognose in dieser Hinsicht kein besseres Bild.

Auf der anderen Seite wäre es ohne diese Wachstumsverlangsamung nicht dazu gekommen, daß die realen, oder besser, die relativen Rohstoffpreise ohne Energieträger, d. h. die Rohstoffpreise bezogen nicht auf die nominellen Geldeinheiten, sondern auf die laufenden Preise für Fertigwaren, im Verlauf der 70er Jahre — etwa in dem Zeitraum 1973—79 — ungefähr gleichgeblieben sind. Dabei ist hier schon das beschleunigte Wachstumstempo des Jahres 1979 enthalten, das bei diesen relativen Preisen, noch mehr aber bei den relativen Preisen für Energierohstoffe, eine zeitweilig beschleunigte Steigerung brachte, die nur durch die Auswirkungen der Krise von 1980 aufgehalten, teilweise sogar ins Gegenteil verwandelt wurde. Es sind bisher keine Wege sichtbar geworden, die relativen Rohstoffpreise auch bei einem mit dem der 60er Jahre vergleichbaren Wachstumstempo der kapitalistischen Industrieproduktion konstant zu halten. Das bezieht sich einmal auf die imperialistischen Möglichkeiten beim gegenwärtigen Kräfteverhältnis, die ehemaligen kolonialen und halbkolonialen Länder — die als Rohstoffproduzenten bekanntlich immer wichtiger geworden sind — durch außerökonomischen und ökonomischen Druck, auch bei günstigen Absatzmöglichkeiten, zu Rohstoffexporten zu solchen Preisen zu zwingen. Das bezieht sich aber auch auf die Möglichkeiten — wobei wir zunächst von der Rohstoffersparnis absehen —, durch entsprechenden technischen Fortschritt, also durch Substitution, durch verbesserte Förderungstechnologien einer Verknappungstendenz bei rasch steigender Industrieproduktion entgegenzuwirken.

In noch stärkerem Maße als für Rohstoffe im allgemeinen gelten diese Feststellungen für die im Vordergrund des allgemeinen Interesses stehenden Energierohstoffe, insbesondere das Mineralöl, deren relative Preise im Jahr des entfalteten Aufschwungs 1979 noch weit schneller stiegen, als die der anderen Rohstoffe. Hier sind Substitute mit vergleichbarem Aufwand für die nähere Zukunft bis heute nicht erkennbar. Hier droht sogar dann, wenn die Verminderung des Wachstumstempos anhält, für die zweite Hälfte der 80er Jahre eine erneute ernste Energiekrise. In Bezug auf den Energiesektor kann man deshalb nicht sagen, daß durch die im Herbst 1973 begonnene industrielle Überproduktionskrise die relative Unterproduktion, das Mißverhältnis zwischen der Entwicklung des Produktionspotentials im Rohstoffsektor auf der einen und dem industriellen Sektor auf der anderen Seite, überwunden wurde. In dieser Richtung hat die im Herbst 1973 begonnene Krise ihre Funktionen ebensowenig erfüllt, wie in bezug auf die durch die relative Unterproduktion verstärkte Inflation.

In dieser Situation drängte die Krise darauf, den technischen Fortschritt in die

Richtung der Energieeinsparung, der Umorientierung der Produktion wissenschaftlichen Wissens in die Richtung der Substituierung sich verknappender Energieträger sowie auch anderer knapp werdender Naturressourcen zu orientieren. Sie drängte aber auch zu Veränderungen anderer Art. 100 Jahre vorher bestanden die durch die Krise — welche gerade darin ihren Charakter als strukturverändernde Krise zeigte — eingeleiteten, auch außerhalb des Bereichs der Produktivkräfte sich vollziehenden, also sozialökonomischen Veränderungen, bekanntlich vor allem im allmählichen Übergang zum monopolistischen Kapitalismus, der sich im letzten Viertel des 19. Jh. vollzog. Mehr als ein halbes Jahrhundert später führte die im Herbst 1929 einsetzende strukturverändernde Krise auch zu einer neuen Stufe in der Entwicklung des staatsmonopolistischen Kapitalismus, der staatsmonopolistischen Regulierung. Es ergibt sich nun die Frage, welche Veränderungen in dieser Richtung waren nach der im Herbst 1973 begonnenen Krise zu erwarten gewesen, und zwar nicht nur im allgemeinen Rahmen des kapitalistischen, sondern eines monopolistischen, staatsmonopolistischen Systems, das durch ein großes Ausmaß staatsmonopolistischer Regulierung, durch eine starke ökonomische Rolle des bürgerlichen Staates gekennzeichnet ist. Was gerade die für Krise und Krisenzyklus so wichtig gewordene staatsmonopolistische Regulierung betrifft, so war es für die meisten bürgerlichen Ökonomen im Verlauf der 70er Jahre immer klarer geworden, daß zum mindesten zur Überwindung solcher Gefahren, wie etwa der einer erneuten und verschärften Energiekrise, das bekannte Instrumentarium des praktischen Keynesianismus keineswegs geeignet sei und für die Bekämpfung anderer Krisenformen jedenfalls nicht ausreicht. Das entspricht der in der marxistischen Literatur bekannten Feststellung von einer Krise der staatsmonopolistischen Regulierung. In den führenden kapitalistischen Ländern rückte damit die Frage der Weiterentwicklung, des weiteren Schicksals der staatsmonopolistischen Regulierung in den Vordergrund.

Denkbar wäre in dieser Situation ein Übergang von der indirekten zur direkten Regulierung gewesen. Dem aber stand der früher erwähnte[23] Widerstand gegenüber, der nach dem ersten wie nach dem zweiten Weltkrieg zugunsten der indirekten anstelle der direkten als Zwangswirtschaft, später als Dirigismus angegriffenen Regulierung gewirkt hat. Das zeigt sich sogar bei der sogenannten Einkommenspolitik, die 1973 kurz vor Beginn der Krise vor allem in den USA unter Nixon sowie in Großbritannien unter Heath für einen begrenzten Zeitraum geplant, aber auch praktiziert wurde. Sicherlich kam es für die herrschende Klasse gelegen, auf diese Weise die Lohnbewegung unter Kontrolle zu halten. Jedoch ließ sich eine solche Lohnkontrolle nicht einführen, wenn sie nicht mit irgendeiner Art Preiskontrolle verknüpft war. Darüber hinaus erschien es der Bourgeoisie auf die Dauer gefährlich — jedenfalls beim Weiterbestehen bürgerlich-

[23] Vgl. S. 151f.

demokratischer Rechte — die Höhe der Einkommen ganz und gar zu einer politischen Frage zu machen.

Vor allem aus diesen Gründen wurde der Weg des Übergangs zur direkten Regulierung in Form der Lohn- und Preiskontrolle, der Investitionslenkung nicht beschritten. Die führenden kapitalistischen Länder waren und sind deshalb bemüht, im Rahmen der bisherigen indirekten Regulierungsmethoden zu manövrieren und diese effektiver zu machen. Dabei besteht die Hauptrichtung der Veränderungen einmal darin, eine bessere internationale Koordinierung der Regulierungsoperationen der einzelnen Staaten zu erreichen. Die sich in den 70er Jahren durchsetzende Hauptrichtung besteht aber weiter darin, die durch die Zerrüttung des Währungssystems vor dem zweiten Weltkrieg sowie durch den Sieg des praktischen Keynesianismus zustande gekommene faktische Beseitigung der Goldwährung durch den Versuch auszunutzen, im Sinne des sogenannten Monetarismus der Steuerung der Geldmenge eine bevorzugte Stellung im System der staatsmonopolistischen Regulierung zu geben. Demgegenüber sollte als Instrument der Beeinflussung des Zyklus der Staatshaushalt, die Bewegung der Ausgaben und der Steuern zurücktreten. Allerdings sind all diese Versuche nicht weit gediehen.

Von größerer Bedeutung als diese Versuche, aber keineswegs ohne Zusammenhang mit ihnen, ist die Tatsache, daß sich als vorrangiges Regelungsziel der Kampf gegen die die Stabilität des Kapitalismus gefährdende Inflationsbeschleunigung durchsetzte. Damit ist aber, woran der bekannte theoretische Vertreter dieser Orientierung, Milton Friedman, keinen Zweifel ließ, eine erhebliche Zunahme der Arbeitslosigkeit einkalkuliert, die als erweiterte Reproduktion der proletarischen Reservearmee trotz aller darüber vergossenen Krokodilstränen den herrschenden Kreisen keineswegs unlieb, im Grunde sogar erwünscht ist. Nun ist die offizielle Ausrichtung der staatsmonopolistischen Regulierung auf die Eindämmung der Inflation als Bekämpfung der sogenannten „überhitzten" Konjunktur bekanntlich keineswegs etwas Neues. Jedoch dauerte früher diese Ausrichtung unter der Herrschaft des praktischen Keynesianismus eine recht kurze Zeit; der „Stop" war kurz, dem dann recht bald wieder ein inflationistisches, auf „Konjunkturbelebung" orientiertes „Go" folgte — wobei wir uns einer in der bürgerlichen ökonomischen Literatur viel gebrauchten Ausdrucksweise bedienen, welche diese ganze Art der Regelung als „Stop and Go" bezeichnet. Die neue Tendenz, die im Verlaufe der 70er Jahre immer mehr an Stärke gewann und heute eine entscheidende Rolle spielt, besteht darin, daß das antiinflatorische „Stop" im Gegensatz zu früher gegenüber dem „Go" einen Vorrang erhält, daß die Stop-Phasen sich verlängern, daß sie für einen größeren, mehrere Jahre umfassenden Zeitraum gelten sollen. Damit ist letzten Endes der Verzicht verbunden, auf eine Überproduktionskrise beziehungsweise schon auf die Gefahr einer solchen mit dem keynesianischen oder auch einem anderen Krisenbekämpfungsmechanismus zu reagieren. Ja man sucht, wie es sich am deutlichsten bei Mrs. Thatcher in Großbritannien zeigt, die Überproduktionskrise als ein

Mittel des Klassenkampfes, als Triebkraft für die Umverteilung der gesellschaftlichen Gesamtarbeit, der Vervollkommnung der industriellen Struktur, der langfristigen Erhöhung der Profitrate nicht nur auszunutzen, sondern sogar noch zu verstärken. Auf denselben Pfad, wenn auch nicht mit derselben Brutalität und Konsequenz wie in Großbritannien sowie auch in den USA unter Reagan, geraten allmählich auch die meisten anderen kapitalistischen Länder, nicht zuletzt die BRD.

Diese Neuorientierung der staatsmonopolistischen Regulierung, die sich seit Anfang der 70er Jahre anbahnte, erfordert wie jede Neuorientierung der Wirtschaftspolitik in der Vergangenheit zunächst einmal eine ökonomische Ideologie. Ohne eine solche könnten dafür nicht einmal innerhalb der herrschenden Klasse und des Staatsapparats die Voraussetzungen geschaffen, geschweige denn außerhalb, in den breiten Volksmassen, die notwendige Unterstützung gewonnen werden. Als eine solche ökonomische Ideologie trat der unter dem Banner Friedmans aufgewärmte ökonomische Liberalismus hervor. Unter neuen Vorzeichen und auch unter neuen Bedingungen wurde wieder der Ruf laut, die ökonomische Rolle des bürgerlichen Staates nicht mehr zu verstärken, sie vielmehr sogar zu vermindern. Immerhin sollte dem Staat aber die Steuerung der Geldmenge mit dem vorrangigen Ziel der Geldwertstabilisierung verbleiben. Für alles andere sollte die Kraft des angeblich dann existierenden „freien Marktes" sorgen. Auf diese Art und Weise lassen sich die Einschränkungen der Sozialausgaben ebenso „begründen" wie der offizielle Verzicht auf eine Politik der Vollbeschäftigung.

Die Tendenz zur Neuorientierung der staatsmonopolistischen Regulierung ist aber nicht nur mit dem Vordringen einer bestimmten ökonomischen, sondern auch mit dem Vordringen bestimmter politischer, bürgerlicher Ideologien verbunden. Die gefährlichste und einflußreichste ist dabei, wie schon die Namen Thatcher und Reagan bezeugen, die des reaktionären politischen Konservatismus, welcher — wie zum Beispiel in Preußen lange Zeit im 19. Jh. bei den Junkern — mit der Ideologie des ökonomischen Liberalismus verbunden ist. Ökonomisch-liberal „begründeter" Abbau der sozialen Leistungen und Begünstigungen der Arbeitslosigkeit lassen sich eben besser von einem im konservativen Sinne starken als von einem schwachen Staat durchführen. Dies gilt natürlich noch mehr, wenn wir den Bereich der Wirtschaftspolitik verlassen und die anderen politischen Faktoren in Betracht ziehen — zum Beispiel den gegen die Entspannung gerichteten Kurs der USA und Großbritanniens, der mit der Neuorientierung der staatsmonopolistischen Regulierung in diesen Ländern einherging.

Das Nebeneinander von ökonomisch-liberalen und politischen reaktionär-konservativen Losungen hat auch den Einfluß des reaktionären Konservatismus auf breite Schichten, insbesondere des Kleinbürgertums, keineswegs vermindert.

Das alles verstärkt die Gefährlichkeit dieses reaktionären Konservatismus als Machtfaktor in der gegenwärtigen Weltsituation; eine Gefahr, deren Bedeutung offensichtlich weit über das hier erörterte Problem der Neuorientierung des staatsmonopolistischen Regulierungsmechanismus hinausgeht. Erfolgt doch das Vordringen des reaktionären Konservatismus in einer Situation, die durch das gekennzeichnet ist, was die marxistisch-leninistische Theorie die Verschärfung der allgemeinen Krise des Kapitalismus nennt, eine Verschärfung, bei der industrielle Überproduktionserscheinungen nur einen — wenn auch einen sehr wesentlichen — Ausdruck der Zuspitzung des Grundwiderspruchs des Kapitalismus darstellen. Die in den marxistisch-leninistischen Analysen immer wieder hervorgehobene, auf dem Boden der allgemeinen Krise sich verstärkende Verflechtung unterschiedlicher ökonomischer mit nichtökonomischen Krisen, die Verflechtung etwa von Überproduktionskrisen mit Währungskrisen, mit der Energiekrise, der moralischen Krise, schafft den Hintergrund für eine sehr komplizierte, also schwer durchschaubare Weltsituation, was die Beeinflussungsmöglichkeiten durch reaktionäre Ideologien in bezug auf die Orientierung in Ökonomie und Politik erleichtert.

Das ist umso gefährlicher, als die Verstärkung des reaktionären Konservatismus mit einem Kräftezuwachs für entspannungsfeindliche Tendenzen verbunden ist, welche die Gefahr eines nuklearen, die Existenz der Menschheit bedrohenden Weltkrieges erhöht.

Umso größer ist die Verantwortung all jener Kräfte, insbesondere aus der Arbeiterbewegung, die im Kampf gegen diese Gefahren letztlich auf den fortschrittlichen Ausweg aus der allgemeinen Krise des Kapitalismus weisen.

FSC
www.fsc.org
MIX
Papier | Fördert gute Waldnutzung
FSC® C083411

Kolibri 360 GmbH
Ferdinand-Jühlke-Straße 7
99095 Erfurt, Deutschland
produktsicherheit@kolibri360.de